Christiane Brem

Theatererlebnisse

Mit Kindern Theaterstücke kreativ gestalten

Auer Verlag GmbH

CHRISTIANE BREM, Jahrgang 1964, Lehramtsstudium. Von 1983–1993 Mitarbeit beim sportpädagogischen Projekt TRAUMFABRIK REGENSBURG im Sporttheater-Ensemble und Lehrteam. Seit 1991 Lehrerin an der MONTESSORI-SCHULE Starnberg. 1994 Mitbegründerin des Fortbildungsinstitutes BEWEGUNGSWERKSTATT. Autorin der Bücher „Kinderspielzirkus Sontemori" (Auer Verlag 1996) und „Sinneserlebnisse" (Auer Verlag 1999).

Fotos: Thomas Linkel, München: Fotos S. 6–131; Brigitte Berger-Thüre, Starnberg: Fotos S. 134–147
Zeichnungen: Katja Lechthaler, München

Gedruckt auf umweltbewusst gefertigtem, chlorfrei gebleichtem
und alterungsbeständigem Papier.

1. Auflage 2005

Redaktion: Lektorat Projekte, Gaby Bauer-Negenborn M.A., Weßling
Umschlagfotos: Thomas Linkel, München
Umschlaggestaltung: Paul Schmidt, München
Satz und Layout: profi-druck, München
Druck: Ludwig Auer GmbH, Donauwörth
ISBN 3-403-04460-2

Inhalt

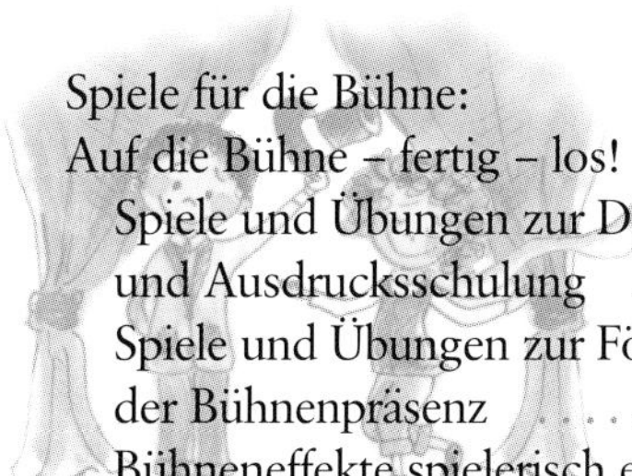

Am Theaterspielen gefällt mir das Freuen auf die Aufführung und auf die Kostüme und dass man selber auch mal der Mittelpunkt ist.

Amina D. 10 Jahre

Theater spielen heißt: sich verkleiden, schminken, maskieren,

Literaturhinweise

Batz, M. / Schroth, H.: Theater zwischen Tür und Angel. Reinbek 1983.

Flemming, I. / Fritz, J.: Darstellende Spiele zum Mitspielen und Vorspielen für Grundschulkinder. Mainz 1995.

Grau, M. / Klingauf, W.: Theater Werkstatt. München 1998.

Lechthaler, K.: Alle Kinder spielen gern Theater. Wiesbaden 2004.

Müller, W.: Auf die Bühne, fertig, los! München 1988.

Paris, V. / Bunse, M.: Improvisationstheater mit Kindern und Jugendlichen. Reinbek 1994.

Pawelke, R. (Hrsg.): Neue Bewegungskultur. Lichtenau 1995.

Portmann, R.: Spiele, die stark machen. München 1998.

Schriever, E. / Weihmeier, U.: Theaterwerkstatt: Von der Idee zur Szene. Düsseldorf 1989.

Thiesen, P.: Fußdialog und Blickkontakt. Ungewöhnliche Interaktionsspiele für die Arbeit mit Jugendlichen und Kindern. Weinheim 2000.

Vlcek, R.: Workshop Improvisationstheater, München 1997.

Musikhinweise

Appenzeller Space Schöttl: Herbstimpressionen (Hackbrett und Bassgeige, interessante Klangteppiche.).

Aubry, René: Steppe.

Aubry, René: Dérives.

Aubry, René: Après la pluie (Alle drei CDs enthalten experimentelle Instrumentalmusik.)

Galli, Johannes / Summ, Michael: Reihe Tanzmeditationen: Tiere.

Haindling: Höhlenmalerei (Zum größten Teil Melodien mit Text, zum Teil Instrumentalmusik, großes Repertoire an Instrumenten: Saxophon, Horn, Tuba, Schlagzeug, Akkordeon, Xylophon, Klavier ...).

Haindling: Perlen.

Haindling: Stilles Potpourri.

Jablkon and the Czech Symphony Orchestra: Symphonic Jablkon.

Penguin Café Orchestra: When in Rome ...

Strand, Leif: De 12 Arstiderna (Stimmungsvolle Instrumentalmusik zu den zwölf Monaten.).

Tomita: The Best of Tomita (Experimentelle Synthesizermusik.).

Vollenweider, Andreas: Caverna magica.

Vollenweider, Andreas: Down to the Moon.

Vollenweider, Andreas: The Essential (Alle drei CDs enthalten Harfenmusik.).

Danke

Es gibt viele Personen, die an diesem Buch und meiner Theaterarbeit auf irgendeine Weise beteiligt waren und ohne die dieses Buch nicht entstanden wäre. Ich möchte mich deshalb ganz herzlich bedanken bei Gaby Bauer-Negenborn, Thomas Linkel, Katja Lechthaler, Paul Schmidt, Jürgen Negenborn, Iris Braun, Gerd Stöckle, Brigitta Berger-Thüre, der Traumfabrik Regensburg unter der Leitung von Rainer Pawelke sowie allen Theaterkindern und deren Eltern. Ein besonderer Dank gilt meinem Mann, Stefan Hohberg und meinen Kindern Antonia und Emilian.

Aufführungen sind stets zwei ältere Kinder ab der 7. Klasse für die Lichtregie zuständig. Die beiden lernen in den letzten Proben das Theaterstück kennen, werden in ihre Aufgaben eingewiesen und beleuchten ab der Probe am Originalspielort das Bühnenstück. Dadurch können sich auch die Schauspielkinder an die Beleuchtung gewöhnen, denn oft verändert das Scheinwerferlicht die Situation auf der Bühne. Außerdem muss die Position der Scheinwerfer getestet werden, damit kein Strahler die Kinder blendet.

Musik

Da die Musik einen wesentlichen Beitrag zur Atmosphäre und den Stimmungen im Theaterstück beiträgt, muss sie besondere Aufmerksamkeit erhalten. Die Bühne sollte mit einer guten Musikanlage ausgestattet sein, die es ermöglicht, den gesamten Theaterraum gut zu beschallen. Für die Bedienung der Musikanlage während der Aufführung bitte ich stets einen Kollegen, der bereits während der Proben das Stück kennen lernt und die Musikeinsätze übt. Zuverlässige Schüler ab der 7. Klasse können die Musikanlage ebenfalls bedienen, müssen aber sehr gut eingewiesen sein und das Stück gut kennen, da Pannen bei der Musikbegleitung ein großes Durcheinander verursachen und die Atmosphäre kaputt machen können.

Beim Einsatz der einzelnen Musikstücke in den Szenen sollte es in der Regel so sein, dass zunächst die Musik eingespielt wird und dann die Akteure die Bühne betreten. Am Ende der Szene sollte entweder die Musik mit der Aktion der Schauspieler gleichzeitig aufhören oder die Musik begleitet die Schauspieler noch von der Bühne, d.h. die Musik läuft länger als die Aktion und wird langsam ausgeblendet. Auf keinen Fall sollte die Musik vor der Aktion auf der Bühne enden. Das schafft peinliche Situationen, die die Schauspieler und das Publikum verunsichern und die Stimmungstöter sind.

Für die Auswahl der Musikstücke zu den einzelnen Szenen sollten Sie sich ausreichend Zeit nehmen, denn die passende Musik kann die Stimmung einer Szene nicht nur unterstützen, sondern auch schaffen. Ich wähle fast ausschließlich Instrumentalmusik, da Gesang oder Text von der Szene ablenken würde. Es sei denn, der Text passt genau zum Stück und wird bewusst eingesetzt. Ich kann nur empfehlen, die angegebenen Musikstücke in diesem Buch zu nutzen. Sie können sich damit viel Sucherei ersparen. Die Musik sollte grundsätzlich das Geschehen auf der Bühne melodisch unterstützen und für die Kinder eine akustische Orientierungshilfe sein. Vermeiden sollten Sie, dass sich die Kinder nach der Musik richten müssen, d.h. auf Takte reagieren wie bei einem einstudierten Tanz. Spielen die Kinder ihre Szene länger als üblich, muss die Musik trotzdem reichen. Deshalb müssen Sie darauf achten, die einzelnen Musikstücke ausreichend lange aufzunehmen.

Jedes Musikstück muss auf eine eigene Kassette aufgenommen werden, damit Sie nicht am Ende einer Szene vor- oder zurückspulen müssen. Man braucht also für jede Szene eine Kassette, die entsprechend der Reihenfolge der Szenen nummeriert, bereit liegt. Natürlich besteht auch die Möglichkeit, alle benötigten Musikstücke auf eine CD zu brennen und dann jeweils zum nächsten Stück zu springen. Dabei ist es günstig, am Ende einer Szene bei der Musikanlage nicht auf Stopp, sondern auf die Pausentaste zu drücken, um dann gleich zum nächsten Stück weiterspringen zu können. Sobald die einzelnen Szenen fertig gestaltet sind, sollte die Musikauswahl stattfinden, damit die Kinder bald die Musik zu ihrer Szene kennen lernen und sich daran gewöhnen können.

in eine andere Rolle schlüpfen,

sich auf einer Bühne präsentieren,

Geschichten erzählen,

Stimmungen erzeugen,

Bilder darstellen,

Fantasien in Gestalt umwandeln,

Experimente wagen,

das Publikum amüsieren,

provozieren,

verzaubern,

bewegen,

... eine eigene Welt, die unendliche Möglichkeiten birgt.

Theater spielen mit Kindern: Ein Plädoyer

Gerade Kinder lieben das Theaterspielen. Sie verkleiden sich gerne, schlüpfen in andere Rollen und kreieren für sich neue Welten. Eine Decke wird zum Boot, ein Stock zum Fernrohr, Ruder oder Schwert – je nach Notwendigkeit und Fantasie.

Alles ist möglich – nichts unmöglich.

Kinder versinken in ihren Fantasiewelten. Sie leben in ihren Rollen und spielen zunächst nicht für ein Publikum.

Gleichzeitig zeigen Kinder auch immer gerne ihr Können. Sie präsentieren sich vor Publikum mit einer ungekünstelten Selbstverständlichkeit, von der viele Jugendliche und Erwachsene nur noch träumen können, und die sie sich wieder hart erarbeiten müssen.

Diese beiden Gaben der Kinder – die Liebe zum Theaterspielen und die Freude, auf einer Bühne zu stehen – sollten viel Raum bekommen und gefördert werden. Vielleicht überdauern sie so die Pubertät und bleiben auch im Erwachsenenalter lebendig. Ich bin davon überzeugt, dass in jedem Mensch ein kleiner oder großer Schauspieler schlummert und auch viele Erwachsene gerne in andere Rollen schlüpfen oder sich auf einer Bühne präsentieren würden. Warum sonst gibt es so viele Faschingsfans und so viele Menschen, die sich zu einem Auftritt im Fernsehen in mehr oder weniger anspruchsvollen Shows bereit erklären.

Wenn Kinder vielfach Raum bekommen, ihre Schauspieltalente zu erproben, erweitern und präsentieren, entwickeln sie ein Gefühl für ihr Können und für ihre Wirkung nach außen. Beide Fähigkeiten sind gerade in unserer Zeit auch für die normale Bühne des Lebens nicht unwesentlich.

Theater spielen macht Kinder stark.

Es gibt Selbstwertgefühl, Selbstbewusstsein und Selbstbestätigung. Es fördert die Kreativität und weckt oft ungeahnte Talente.

Ein weiteres wichtiges Argument gerade in der heutigen Zeit: Theaterspielen holt die Kinder aus der passiven Rolle des Konsumenten und Zuschauers (vor dem Computer und Fernseher) in die aktive Rolle des Schauspielers. Damit erleben die Kinder hautnah, wie Fantasien in die Tat umgesetzt werden können und auch, welche Scheinwelten in der Realität nicht zu erschaffen sind.

Selbst wenn all diese pädagogischen Möglichkeiten nicht existierten, gäbe es noch einen wichtigen Grund, der das Theaterspielen mit Kindern – zumindest für mich – ausreichend legitimiert: Es macht schlicht und einfach Spaß und Freude. Ist das allein nicht Grund genug? Etwas mit Freude zu tun, sich dabei lebendig zu fühlen und gleichzeitig auch noch eine Wirkung nach außen zu erzielen, sprich andere Menschen zu unterhalten, das ist der wahre Grund, der für das Theaterspielen spricht.

Jeder, der mit Kindern Theater spielt, wird dies vor allem aus Freude am Theater tun. Und damit werden Sie die Kinder garantiert begeistern und mitreißen.

Eine andere Art Theater zu spielen

Es gibt viele Theaterbücher für Kinder. Trotzdem möchte ich meine THEATERERLEBNISSE dazugesellen, da sie ein anderes Konzept der Theaterarbeit mit Kindern vorstellen.

Von zahlreichen besuchten Schultheateraufführungen kenne ich Theaterstücke, in denen Kinder vorgegebene Texte mit viel Ausdauer gelernt und dann wortgetreu wiedergeben haben. Bei diesen Theaterstücken suchen die Lehrer/Theaterleiter in der Regel die Kinder für die jeweilige Rolle aus – nach vermeintlicher Eignung der Kinder. Meist werden Theaterstücke aufgeführt, bei denen sowohl die Rollen als auch die Inhalte festgelegt sind und lediglich nachgespielt werden. Der Lehrer übernimmt die Rolle des Regisseurs, die Kinder versuchen, die Regieanweisungen umzusetzen. All dies sind übliche Praktiken bei der Umsetzung eines Theaterstückes.

Ich möchte dieses Vorgehen nicht kritisieren, sondern daneben ein anderes, meiner Meinung nach kindgerechteres Konzept stellen. Die von mir gewählte Form des Theaterspielens hat keine vorgegebenen Texte, es gibt keine festgelegten Rollen, zunächst keinen Regieplan und auch die Rolle des Regisseurs wechselt.

Daraus ergibt sich ein größtes Maß an kreativer Freiheit, Identifikationsmöglichkeit und Gestaltungsfreiraum. Gleichzeitig muss natürlich so viel Begrenzung geschaffen werden, dass sich die Gruppe nicht in der kreativen Freiheit verliert und Chaos entsteht. Diese Balance zu schaffen ist eine der großen Herausforderungen für den Spielleiter bei dieser Art von Theater. Zumal das Ziel jedes Theaterprojekts eine Aufführung ist, die das Publikum unterhält.

Es gibt einiges, das gegen dieses freie Konzept der Theaterarbeit spricht: Als Spielleiter muss man sich auf das Wagnis des Ungewissen einlassen. Es gibt anfangs nichts oder nur wenig, an dem man sich festhalten kann, es gibt keine Vorlage. Es ist eine Menge Zeit, Energie und Know-how nötig, um tatsächlich ein Theaterstück als Ergebnis der Arbeit zu erhalten.

Dennoch ist diese Form Theater zu spielen für mich sehr viel befriedigender, da sie den Kindern und mir entschieden mehr Möglichkeiten bietet, uns einzubringen und somit unser ureigenes Stück zu gestalten.

Ich habe in den vergangenen Jahren auch fertige Stücke inszeniert, u.a. das Dschungelbuch. Es ist eine sehr schöne Aufführung zustande gekommen, aber letztendlich war der Aufwand genauso groß wie bei selbst gestalteten Theaterstücken. Das liegt daran, dass der Großteil der Zuschauer das Dschungelbuch bereits kennt und deshalb Vergleiche anstellen kann. Will man das Publikum unterhalten, muss man sich bei einem vorgegebenen Stück diesem Vergleich stellen und tut sich oft schwer, den unausgesprochenen Ansprüchen der Zuschauer zu entsprechen, d.h. das Stück muss sehr originell umgesetzt sein, um zu gefallen.

Gegen fertige Theaterstücke spricht m.E. auch die Tatsache, dass die Rollen bereits festgelegt sind. Die Kinder müssen sich auf eine vorgegebene Rolle einlassen und haben wenig Auswahlmöglichkeiten. Zudem stellt sich schnell die Frage: Was machen Sie, wenn zwei oder mehr Kinder die gleiche Rolle besetzen wollen? Wer entscheidet schließlich, wer die Rolle bekommt? Welches sind die Entscheidungskriterien: die (vermeintliche) Eignung, Sympathien, Beziehungen? Dieses Problem stellt sich bei selbst gestalteten

Stücken nicht, da sämtliche Rollen ja erst erfunden werden.

Seit vielen Jahren leite ich die Theatergruppe unserer Schule mit bis zu 70 Kindern. Darüber hinaus habe ich auch zahlreiche kleinere Theatergruppen außerhalb der Schule betreut. Jedes Jahr entsteht in unserer Schulspielgruppe gemeinsam mit den Kindern ein neues Theaterstück. Neben all dem Spaß, der dazugehört, ist es natürlich immer auch eine Menge Arbeit, bis die Kinder bei der Premiere stolz auf der Bühne stehen.

Ich möchte Ihnen allen, die Sie gerne mit Kindern die Bühne erobern würden, aber vielleicht noch vor der Mühe oder dem fehlenden, jedoch notwendigen Know-how zurückschrecken, Mut und vor allem Lust auf ein solches Theaterprojekt machen. Ich habe meine Erfahrung aus über zehn Jahren Theaterarbeit mit Kindern sowie aus zehn Jahren Mitarbeit beim sportpädagogischen Projekt Traumfabrik Regensburg unter der Leitung von Rainer Pawelke für Sie zusammengetragen.

Die Traumfabrik Regensburg war und ist seit über zwei Jahrzehnten Wegbereiter für einen kreativen und kooperativen Schulsport. Sie hat das Schultheater durch eine neue Sichtweise sowie durch Themen wie Schwarzes Theater, Schattenspiel, Bewegungstheater oder Spiel mit Objekten bereichert und neu geprägt. Ich bin dankbar für die Erfahrungen, die ich bei der Traumfabrik Regensburg machen durfte und sehe sie als die Wurzeln meiner Theaterarbeit mit Kindern.

Ich freue mich, wenn mit Kindern viel und oft, lebendig und fantasievoll Theater gespielt wird und wünsche mir, dass dieses Buch einen kleinen Beitrag dazu leisten kann.

Gebrauchsanweisung

Dieses Buch ist nicht als Rezeptsammlung gedacht. Es möchte vielmehr Ideenfundgrube und Ratgeber sein. Es will animieren und unterstützen. Wenn Sie als Einstieg ein Stück genau so nachspielen wollen, ist das aber durchaus möglich, da alle Theaterstücke ausführlich beschrieben sind.

Mein Hauptanliegen ist es, die Entstehung Ihres eigenen Theaterstücks zu begleiten, deshalb werden viele Spiele vorgestellt, die Entwicklungsschritte aufgezeigt, Ideen, Effekte sowie praktische und organisatorische Hinweise gegeben.

Theatererlebnisse ist nach einem Baukastensystem aufgebaut. Sie können sich je nach Bedarf aus den verschiedenen Kapiteln bedienen. Das Kapitel Elemente eines freien Theaterkonzepts beschreibt die Grundprinzipien, die zu beachten sind, wenn Sie in dieser offenen Form ein Theaterstück mit Kindern entwickeln möchten. Im Abschnitt Spiele zum Einstieg werden Aktivitäten vorgestellt, die am Anfang eines Theaterprojekts und am Anfang vieler Übungsstunden stehen können. Das Kapitel Spiele für die Bühne enthält zahlreiche Anregungen und Aufgaben, die die Bühnenpräsenz und die schauspielerischen Möglichkeiten allgemein

thematisieren und schulen. Diese drei Abschnitte sind das Handwerkszeug für alle Theaterstücke.

Danach folgen die einzelnen Rahmenthemen. Dabei werden Spiele zum jeweiligen Thema bzw. Spielstrukturen, die auf jedes Thema übertragen werden können, vorgestellt. Es folgen die detaillierten Beschreibungen der einzelnen Stücke sowie Ideen zum Vorprogramm.

Ich möchte noch darauf hinweisen, dass ich in diesem Buch ausschließlich die männliche Personalform gewählt habe. Dies hat lediglich mit der Tatsache zu tun, dass sich die Doppelanrede (er/sie) m. E. holprig liest und ich persönlich sie als störend empfinde. Ich hoffe, alle Leserinnen mögen mir verzeihen und sie fühlen sich dennoch in gleichem Maße angesprochen.

Theatererlebnisse

Der Titel THEATERERLEBNISSE ist nicht nur ein Schlagwort, sondern das Motto, der rote Faden und gleichzeitig ein Grundprinzip der Theaterarbeit, wie sie in diesem Buch vorgestellt wird.

Theatererlebnisse für die kleinen Schauspieler

Das Ziel jedes Theaterprojekts ist eine Aufführung vor Publikum, die für die Akteure hoffentlich ein Erlebnis darstellt. Jeder, der auf der Bühne steht, sollte sich dort in seiner Rolle wohl fühlen. Das Theaterstück muss so geprobt sein, dass sich alle Akteure in ihrer Rolle auch sicher fühlen. Das Theater*spielen* kann erst beginnen, wenn jeder den Ablauf seiner eigenen Nummer sicher beherrscht. Damit ist nicht ein stures Überproben gemeint, bis allen Beteiligten das Stück ‚zum Halse heraushängt', sondern ein Ausfeilen der einzelnen Nummern, bis alle Akteure ihre Rollen souverän spielen und ein Wissen über den Gesamtablauf des Stückes besitzen.

Mit dieser Vorarbeit kann eine Theateraufführung zum Erlebnis für alle Akteure werden. Jeder zeigt sich und sein Können vor Publikum, gleichzeitig ist er in ein Gemeinschaftswerk mit anderen eingebunden. Jeder ist ein Teil des Ganzen – nicht wichtiger und auch nicht weniger wichtig. Ich verzichte in meinen Stücken bewusst auf ‚Starpositionen', mit denen ein Stück steht oder fällt. Der Reiz meiner Stücke liegt im Zusammenspiel aller. Gerade in einer Zeit, in der immer mehr auf Individualität gesetzt wird und der Egoismus immer größer wird, ist das Bewusstsein, in und mit einer Gruppe ein Theaterstück zu erarbeiten, eine wichtige Erfahrung. Es kann das Gefühl großer Verbundenheit entstehen, wenn man ein gemeinsam gestaltetes Theaterstück vor Publikum präsentiert und sich als Teil eines funktionierenden Ganzen erlebt. Die doppelte Erfahrung, einerseits sein Können zu zeigen, aber andererseits dieses Können nur innerhalb eines gemeinschaftlichen Ganzen zur Geltung zu bringen, ist ein besonderes Erlebnis. Dies kann ich voller Überzeugung aus meiner eigenen Bühnenerfahrung bestätigen.

Die Bühne ist immer eine Herausforderung für die Akteure, denn die Reaktionen des Publikums folgen stets prompt, direkt und ehrlich – und es müssen nicht unbedingt die erwünschten oder erhofften Reaktionen sein. Dieses Risiko macht aber gleichzeitig auch den Reiz der Bühne aus. Hat man den Applaus des Publikums geerntet, ist das eine Bestätigung des eigenen Könnens sowie des Könnens der gesamten Gruppe. Welcher Künstler, Schauspieler, Musiker liebt ihn nicht, den Applaus? Es ist ein erhebendes Gefühl, beklatscht zu werden.

Neben der Theateraufführung als Produkt eines Theaterprojekts steht gleichberechtigt auch

der Prozess bis zur Theateraufführung. Der Anspruch ist der gleiche wie an das Produkt: Erlebnisorientierung. Ein gutes Theaterprojekt lässt auch die Entstehung eines Theaterstücks zum Erlebnis werden. Das bedeutet nicht, dass alle Beteiligten immer „Hurra" schreien müssen und ständig unendlich viel Spaß haben.

Zur echten Theaterarbeit mit kreativen Prozessen gehören immer auch Durststrecken, Frusterlebnisse und Durchhänger, die erfahrungsgemäß nicht besonders lustig sind. Aber gerade das Erlebnis, solche ‚Krea-tiefs' gemeinsam zu meistern, nicht gleich aufzugeben, nicht alles hinzuwerfen, wenn es mal mühsam ist, gerade diese Erlebnisse machen den Prozess zu einer wertvollen Erfahrung. Die Grundstimmung bei der Entstehung eines Theaterstücks sollte natürlich eine heitere sein, bei der alle kleinen Schauspieler Spaß und Freude haben.

Während der Entstehung eines Theaterstücks muss Raum bleiben für die Bedürfnisse der Beteiligten. Sie müssen sich ernst genommen fühlen und ernst genommen werden. Es muss Raum bleiben für die Kreativität und die Ideen der Kinder. Aus diesem Grund wähle ich immer Rahmenthemen, bei denen die Kinder viele Möglichkeiten haben, ihre Rollen zu finden und zu gestalten.

Wenn die Kinder an der Entstehung des Theaterstücks beteiligt werden, können sie sich viel intensiver damit identifizieren. Es ist letztendlich *ihr* Theaterstück, das sie mitentwickelt haben. Das sollte allerdings kein pädagogischer Trick sein, sondern ein ernst gemeinter Anspruch des Theaterspielleiters. Sicherlich ergeben sich auch Situationen, in denen der Leiter Ideen einbringt und den Kindern auf die Sprünge hilft, aber die Kinder sollten so weit wie möglich mitgestalten und mitbestimmen.

Theatererlebnisse für den Spielleiter

Mit diesem Anspruch kann die Entstehung eines Theaterstücks auch ein besonderes Erlebnis für den Theaterspielleiter werden. Am Anfang der Theaterarbeit steht das spätere Stück noch nicht fest – auch nicht im Kopf des Regisseurs. Das Rahmenthema grenzt den Spielrahmen ein. Alle Beteiligten erarbeiten das Theaterstück gemeinsam. Dies fordert Flexibilität und ein hohes Maß an Kreativität vom Spielleiter. Er kann in seiner Rolle als Regisseur nicht nur seine eigenen Ideen umsetzen, sondern muss sich auf die Ideen der kleinen Schauspieler einlassen und diese in das gemeinsame Stück einbauen. Gleichzeitig muss er natürlich immer auch den Überblick behalten, die Bedingungen der Bühne, wie etwa die Dramaturgie oder auch den Spannungsbogen, im Hinterkopf haben und die Publikumswirksamkeit beachten. Schließlich ist ein Bühnenstück nur dann ein echtes Erlebnis für die Schauspieler, wenn das Publikum klatscht.

Diese Situation, nur mit dem Rahmenthema und ein paar Ideen ein Theaterprojekt zu beginnen, ist jedes Mal äußerst spannend für mich. Oft entstehen Ideen beim Tun, manchmal zeigen sich die Kinder unbeeindruckt von meinen Vorschlägen und manchmal ist es nicht leicht, die Ideen der Kinder effektvoll zu gestalten. Es gibt auch Zeiten, in denen die Kinder und ich gemeinsam ‚auf dem Schlauch' stehen. All diese Prozesse sind nicht immer leicht auszuhalten und würden mir bzw. uns bei einem festgelegten Theaterstück mit Regieplan erspart bleiben. Aber genau diese Unsicherheiten, die kreativen Durststrecken und Schwierigkeiten machen für mich den Reiz aus. Letztendlich ist es bisher immer gelungen, ein unterhaltsames, effektvolles Programm auf die Bühne zu stellen. Und es war immer ein Unikat, auf das wir stolz sein konnten.

Theatererlebnisse für die Zuschauer

Last but not least muss das Theaterstück auch ein Erlebnis für die Zuschauer sein. Sie sollten sich gut unterhalten fühlen und – wenn möglich – mit in das Spielgeschehen einbezogen werden. Bereits vor der Aufführung auf der Bühne können sich die Zuschauer im so genannten Vorprogramm aktiv beteiligen und sich so auf das Thema der Aufführung einstimmen.

Die Aufführung selbst sollte für die Zuschauer ein Erlebnis sein, bei dem möglichst viele Sinne angesprochen werden. Ein Spektakel, das die Zuschauer zum Lachen, Weinen, Nachdenken oder Träumen bringt, das sie verzaubert und bewegt.

Auch bei den Zuschauern spiegelt sich das Prinzip des offenen Konzepts wider. Werden die Zuschauer mit in das Spielgeschehen eingebunden, werden sie aus der passiven Rolle des Konsumenten in die aktive Rolle des Mitspielers geholt. Das schafft eine Verbundenheit zwischen den kleinen Schauspielern und dem Publikum. Es entsteht ein gemeinsames Ganzes – und damit eine besondere Atmosphäre.

Zudem wird die Theateraufführung weniger planbar und zugleich lebendiger, denn die Reaktionen der einzelnen Zuschauer sind nicht immer vorhersehbar. Natürlich muss diese Mitwirkung der Zuschauer in einem überschaubaren Rahmen bleiben und darf nicht in ein willkürliches Spielgeschehen ausarten. Diese Struktur muss der Spielleiter im Voraus gestalten.

Wie alle diese Ansprüche erfüllt und damit vielfältige Theatererlebnisse geschaffen werden können, zeigen die weiteren Kapitel dieses Buches.

Elemente eines freien Theaterkonzepts

Freies Theaterspiel klingt leicht nach viel Chaos und wenig Ergebnis. Das darf meiner Meinung nach auf keinen Fall sein und es wird auch nicht geschehen, wenn verschiedene Elemente berücksichtigt werden. Das Grundprinzip heißt:

So viel Struktur wie nötig,
so viel Freiheit wie möglich.

So kann ein für alle Beteiligten erlebnisreiches und befriedigendes Theaterprojekt entstehen. Im Folgenden stelle ich Ihnen die wichtigsten Elemente vor, die einem freien Theaterkonzept Struktur geben.

Offener Regieplan

Am Anfang des Theaterprojekts steht lediglich ein Rahmenthema. Es gibt weder einen Regieplan noch ein fertiges Theaterstück, das umgesetzt wird. Dadurch haben alle Beteiligten – Spielleiter wie Kinder – die Möglichkeit, ihre Vorstellungen einzubringen. Gemeinsam entsteht ein Theaterstück, das für die ganze Gruppe passt, da es von allen mitgestaltet wurde. Damit ergibt sich ein großer Freiraum für die Kreativität der Kinder

und des Spielleiters. Die Kinder haben viele Identifikationsmöglichkeiten und werden auf diese Weise Mitregisseure ihres eigenen Theaterstücks.

Selbstverständlich haben Sie als Spielleiter einen Vorsprung an Wissen und Gestaltungsmöglichkeiten. Sie haben sich im Vorfeld mit dem Rahmenthema beschäftigt und bringen einige Ideen mit, wie das Thema umgesetzt werden könnte. Die Betonung liegt auf *könnte*, denn Ihre Ideen und Vorstellungen sollten wirklich nur Orientierungspunkte sein, die Sie den Kindern vorschlagen und bei denen die Kinder die Möglichkeit haben, sie anzunehmen oder auch nicht.

Es kommt bei unseren Theaterstücken immer wieder vor, dass ich Ideen habe, mit denen die Kinder wenig anfangen können und die sie nicht übernehmen wollen. Gleichzeitig gibt es natürlich auch viele Ideen von meiner Seite, die die Kinder gut finden und freudig übernehmen. Entscheidend ist die Offenheit von Seiten des Spielleiters, dass beides möglich ist. Eine Mutter hat mir berichtet, dass ihrem Sohn, der bereits einige Jahre in unserer Schulspielgruppe mitspielte, jedes Mal am besten gefallen hat, dass am Anfang des Schuljahres bei Beginn der Theaterarbeit nie klar war, wie das Stück am Ende aussehen würde, und dass er die Entstehung mitgestalten und miterleben konnte.

Dieser Reiz des Unfertigen ist besonders spannend. Wir sind aus unserem täglichen Leben fertige Lösungen und Antworten gewohnt. Überall gibt es Spezialisten, die uns mit Ratschlägen zur Seite stehen. Besonders Kinder erleben sich fast jeden Tag aufs Neue als Unwissende, die von den Erwachsenen belehrt werden, Anweisungen befolgen und Antworten hinnehmen müssen. Wie wohltuend muss es da sein, nur eine vage Idee, ein Rahmenthema vor sich zu haben, das gemeinsam gestaltet werden kann und muss.

Im Laufe des Theaterprojekts entsteht selbstverständlich ein Regieplan, der die einzelnen Puzzleteile zu einem Ganzen zusammenfügt. Das Entscheidende ist aber, dass der Regieplan erst entsteht und nicht die Vorgabe bildet.

Es bleibt Ihnen überlassen, welches Rahmenthema Sie stellen. Damit ergibt sich auch die gestalterische Freiheit. Je weiter das Thema, desto größer die theatralen Möglichkeiten der Umsetzung, desto offener und vager ist aber auch erst einmal das ganze Vorhaben. Ein enger Rahmen schränkt die kreativen Möglichkeiten ein, gibt aber auch meist mehr Anhaltspunkte. Wichtig ist, dass Sie als Spielleiter sich mit dem Thema wohl fühlen und auch Ideen haben, wie es umgesetzt werden könnte. Und auf jeden Fall sollte es ein Thema sein, von dem Kinder vielfältige Vorstellungen haben, wie etwa beim Thema Märchen, Tiere oder Zirkus. In den späteren Kapiteln stelle ich verschiedene Rahmenthemen und deren Umsetzung vor.

Raum für die Persönlichkeit der Kinder

Kinder sind in der heutigen Zeit sehr gefordert. Der Leistungsanspruch der Schule sitzt ihnen ständig im Nacken. Die Anforderungen sind meist auf kognitive Leistungen reduziert, das heißt ein großer Teil der Persönlichkeit der Kinder ist dabei ausgegrenzt. Die kreativen Anteile ihrer Persönlichkeit, ihr Spieltrieb, das soziale Verhalten – beispielsweise Teamgeist, Zusammenarbeit oder emotionale Kompetenzen – sind zwar durchaus auch in der Schule erwünscht, werden aber weder besonders gefördert, noch erfahren sie eine Wertschätzung durch eine entsprechende Berücksichtigung in der Bewertung als Leistung. Letztendlich zählt doch nur die kognitive Leistung, um das *Prädikat* gut oder sehr gut zu erhalten. Diese reduzierte Sicht eines Menschen ist

grundsätzlich sehr fragwürdig, soll doch die Schule eigentlich lebenstüchtige, selbstbewusste und lebensfrohe Menschen hervorbringen. Sicherlich könnte die Schule das leisten, würde sie ihre Struktur, ihre Bewertungen und auch ihre Sicht der Kinder überdenken, denn grundsätzlich gehen Kinder ja erst einmal wissbegierig, neugierig und freudig in die Schule. Aber genug damit – dieses Thema füllt bereits viele Bücher.

Fest steht für mich, dass Theaterspielen den gesamten Menschen fördert und fordert und somit ein Erfahrungsfeld neben der Schule und den sonstigen einseitigen Anforderungen des täglichen Lebens geschaffen wird. Theaterspielen gibt der gesamten Persönlichkeit der Kinder Raum – oder kann ihr Raum geben, denn auch hier kommt es natürlich darauf an, wie die Theaterarbeit angeboten wird. Mit festgelegten Rollen, engem Regieplan und vorgegebenen Abläufen bietet sich nur wenig Platz für die Entfaltung der Persönlichkeit der Kinder.

Theaterspielen kann die kreativen Potenziale der Kinder ausschöpfen und fördern. Es kann sowohl Selbstbewusstsein und Selbsteinschätzung verstärken, gleichzeitig soziale Kompetenzen wie Kooperation, Rücksichtnahme, Gruppengefühl und Teamgeist fördern. Dazu kommt immer auch die emotionale Ebene, der das Theaterspiel in großem Maße Raum bietet: Angst überwinden, sich auf die Bühne wagen, die Anspannung vor dem Bühnenauftritt aushalten, mit den anderen Schauspielern mitfiebern, sich über den Applaus oder über eigene gute Ideen freuen, die Enttäuschung, wenn es nicht so klappt, wie es klappen sollte, verkraften.

Aber auch die kognitive Ebene hat ihren Platz: Die Kinder entwickeln das gesamte Bühnenstück mit, d.h. sie müssen ihre eigene Nummer durchdenken und gestalten, bei der Entstehung des Stückes mitentscheiden, das gesamte Stück und dessen Ablauf kennen und durchschauen usw. Die Liste lässt sich beliebig weiterführen. Fazit: Theaterspielen kann die gesamte Persönlichkeit der Kinder ansprechen und fördern.

Deshalb muss der Anspruch an die Theaterarbeit sein, all diese Möglichkeiten auch zu nutzen, indem der Rahmen entsprechend gesteckt wird.

Ein Theaterprojekt sollte den Kindern auf jeden Fall die Möglichkeit geben, ihre Rolle selbst zu wählen. Bei einem Rahmenthema, das noch kein fertiges Konzept anbietet, ist es möglich, auf die Rollenwünsche der Kinder auch wirklich einzugehen.

In unserer Theatergruppe wollten z.B. beim Thema MÄRCHEN zehn Mädchen Prinzessin werden, obwohl im Rahmenkonzept nur eine Prinzessin vorgesehen war. Um die zehn Prinzessinnen nicht zu enttäuschen, haben wir unser Stück eben so umgestaltet, dass alle darin ihren Platz fanden.

Dahinter steht für mich eine Grundhaltung den Kinder gegenüber. Ich kann mit einem selbst gestalteten Stück den Kindern mehr Entschei-

dungsspielraum geben und sie damit in ihrer Persönlichkeit und Fantasie ernster nehmen.

Interessanterweise ist die Selbsteinschätzung der Kinder bei der Rollenwahl oft sehr passend. Ein Beispiel: Bei der Inszenierung des Dschungelbuches wollte ich gerne einen kleinen, zarten Jungen mit einer etwas dunkleren Hautfarbe als Mogli gewinnen, da er für mich – rein äußerlich – die perfekte Rollenbesetzung gewesen wäre. Ich habe dem Jungen die Rolle vorgeschlagen, er war aber keineswegs interessiert, sondern wollte lieber eine Banane spielen. Im Nachhinein kann ich nur sagen, dass er absolut Recht hatte, da er mit dieser Hauptrolle völlig überfordert gewesen wäre. Er spielte letztendlich dann doch keine Banane, sondern einen Affen in der Affengruppe und fühlte sich dabei sehr wohl.

Es gibt auch Kinder, die sehr vehement an einem Rollenwunsch festhalten, obwohl nicht klar ist, ob sie der Rolle auch gerecht werden können. In diesem Fall gibt es zwei Möglichkeiten, wie Sie als Spielleiter reagieren können. Einmal ist es Ihre Aufgabe, dem Kind – wenn möglich – den Rahmen zu schaffen, damit es die Rolle entsprechend seinen Möglichkeiten spielen kann, ohne sich auf der Bühne zu blamieren.

Ein Beispiel: Ein Kind in unserer Gruppe wollte gerne Zirkusdirektor werden, obwohl es sehr schüchtern war und eine leise Stimme hatte. Wir haben dann gemeinsam entschieden, dass das Kind einen schüchternen Zirkusdirektor spielt und einen forschen, lautstarken Assistenten dabei hat, der die Ansagen wiederholt, ergänzt und kommentiert. Das hat wunderbar geklappt und beide Kinder waren zufrieden.

Die zweite Möglichkeit liegt darin, dem Kind die Bedeutung der Rolle mit allen Anforderungen deutlich zu machen. Es muss klar sein, dass es viel an sich arbeiten muss, um die Rolle erfüllen zu können. Bleibt es bei seiner Entscheidung, ist es erfahrungsgemäß auch bereit, diese Arbeit zu leisten. Beispielsweise wollte einmal ein Erstklassjunge unbedingt Drachendompteur werden. Ich hatte den Eindruck, die Rolle sei eine Überforderung für ihn und war nicht sehr glücklich über seine Rollenwahl. Er ließ sich aber nicht davon abbringen. Er hatte zunächst große Schwierigkeiten, sich die Reihenfolge der Drachenkunststücke zu merken, den Drachen entsprechend anzuleiten und die Kunststücke zu präsentieren. Nach Rückmeldung seiner Mutter hat er dann zu Hause sehr intensiv und ausdauernd mit ihr geübt. Schließlich stand bei der Aufführung ein souveräner und stolzer kleiner Drachendompteur auf der Bühne, der viel Applaus geerntet hat. In beiden Fällen sind die Kinder über sich hinausgewachsen. Diese Erfahrungen haben mir gezeigt, dass Kinder sehr wohl wissen, was sie sich zutrauen können. Wir sollten ihnen dieses Vertrauen deshalb ebenfalls schenken. Für mich zeigen diese Beispiele auf wunderbare Weise, was Theaterspielen für die Persönlichkeit der Kinder zu leisten vermag.

Am Anfang eines Theaterprojekts stehen immer viele Spiele rund um das Thema, damit die Kinder überhaupt die verschiedensten Ideen entwickeln können, welche Rolle sie denn spielen möchten. Manchmal haben Kinder von Anfang an sehr festgefahrene Rollenvorstellungen oder sie haben sehr wenig Ideen, welche Rolle sie übernehmen könnten. In dieser Phase helfen verschiedene Spiele und Übungen rund um das Rahmenthema der Fantasie der Kinder auf die Sprünge. Letztendlich entscheidet aber doch jedes Kind selbst, welche Rolle es spielen möchte. Einige Kinder bleiben trotz vielfältiger Ideen hartnäckig bei ihrem anfänglich geäußerten Rollenwunsch und das ist dann auch in Ordnung.

Sicherlich gibt es Situationen, in denen nicht jeder Wunsch erfüllt werden kann. Wenn bei-

spielsweise ein Kind Teil eines Riesendrachens werden möchte, sich aber sonst keine Kinder finden, muss das Drachenkind eine neue Rolle wählen. Dieser Rollenwechsel ergibt sich aber aus der tatsächlichen Situation der Gruppe heraus und nicht aus der Fremdbestimmung seitens des Spielleiters. Das ist ein wichtiger Unterschied.

Eine weitere Möglichkeit, die Persönlichkeit der Kinder zu berücksichtigen, ist die Art und Weise, wie die einzelnen Nummern entstehen. Die Kinder bringen ihre Ideen ein: Es wird ausprobiert, aufgeschrieben, abgeändert, gesammelt, gestaltet. Dazu kommen natürlich auch die Ideen und Vorschläge des Spielleiters. So entsteht allmählich eine Szene. Es ist ein Zusammenspiel aller Beteiligten. Damit ist die Identifikation der kleinen Schauspieler mit ihrer Rolle und ihrer Szene sehr groß.

Auch die Umsetzung der Rolle sollte der Persönlichkeit des einzelnen Kindes entsprechen. Jedes Kind darf entsprechend seinen Fähigkeiten, seinem Temperament und seiner ureigenen Art die Rolle, die es gewählt hat, ausfüllen. Selbstverständlich muss dies in Abstimmung mit den Rollen der anderen Kinder und passend zur Szene passieren, aber grundsätzlich haben die Kinder die Möglichkeit, ihre Rolle entsprechend ihrer Persönlichkeit zu spielen.

Viele erwachsene Zuschauer formulieren genau diesen Aspekt oft in ihren Rückmeldungen nach einem Bühnenstück: Die Kinder wirken auf der Bühne sehr authentisch. Sie spielen ihre Rollen entsprechend ihrer Persönlichkeit. Damit erhält das Stück viel Lebendigkeit und wirkt wenig einstudiert. Diese Rückmeldung empfinde ich als echtes Kompliment, denn damit habe ich mein Ziel, der Persönlichkeit der Kinder Raum zu geben, erreicht.

Gemeinschaftswerk aller Beteiligten

Das Theaterstück entsteht erst beim Tun. Damit haben alle Beteiligten die Chance, sich einzubringen und mitzugestalten. Jeder hat eine andere Vorstellung und viele verschiedene Ideen zu einem vorgegebenen Thema. Genau darin liegt die große Herausforderung bei einem offenen Rahmenthema. Alle Beteiligten können auf der einen Seite ihre Ideen einbringen, auf der anderen Seite müssen alle Vorschläge aufeinander abgestimmt werden. Es soll ja letztendlich ein gemeinsames Bühnenstück entstehen. Da heißt es, sich abzusprechen, von eigenen Ideen Abschied zu nehmen, andere Vorstellungen gelten zu lassen, zusammenzuarbeiten. Ein nicht immer leichter Prozess, aber eine wichtige Lernerfahrung. Der Anspruch des Spielleiters sollte dabei sein, dass sich jeder mit seinen Möglichkeiten einbringen kann und letztlich sich alle mit und in dem Bühnenstück wohl fühlen können. Natürlich sind manchmal Kompromisse nötig und keiner wird alle seine Ideen durchsetzen können. Aber genau so funktioniert gute Teamarbeit und genau diese sollen die Kinder und natürlich auch der Spielleiter erleben. Ein Gemeinschaftswerk ist immer die Summe aus den Ideen und Persönlichkeiten aller Beteiligten – und damit mehr als man alleine schaffen könnte. Sich als Teil eines gemeinsamen Ganzen zu erleben und gleichzeitig auch die eigenen Anteile daran zu erkennen, ist eine besondere Erfahrung in der heutigen Zeit, in der viel zu oft der Einzelkämpfer gefragt ist.

Neue Rolle des Spielleiters

Sie als Spielleiter sind die Person, die den Überblick und das nötige Know-how besitzen. Sie leiten und führen das gesamte Theaterprojekt und tragen natürlich auch die Verantwortung für das

Geschehen. Insofern ist Ihre Rolle die gleiche wie bei jedem anderen Theaterstück. Der Unterschied besteht darin, dass auch der Spielleiter nur vor einem Rahmenthema steht und nicht ein fertiges Theaterstück inszenieren kann. Er hat weder eine fertige Vorlage des Stückes, noch denkt er sich selbst einen Regieplan aus.

Der Spielleiter ist bei meinem Theaterkonzept den Kindern viel näher, da er neben ihnen vor der Idee, dem Rahmenthema steht. Alle Beteiligten haben ähnliche Startpositionen und gestalten das Bühnenstück gemeinsam. Der Spielleiter bringt – genau wie die Kinder – seine Ideen ein, bespricht sich, lässt andere Meinungen gelten, gestaltet, verändert, entwickelt das Stück mit. Dabei hat er durchaus ein Rahmenkonzept und vielfältige Ideen zum Thema im Kopf, um den Kindern nötigenfalls auf die Sprünge zu helfen. Aber dieses Rahmenkonzept ist lediglich ein Anhaltspunkt und kann je nach den Rollenwünschen und Ideen der Kinder verändert werden.

Diese Rolle des Spielleiters ist kein pädagogischer Trick, um die Kinder zu motivieren. Es geht auch nicht darum, sich auf die Ebene der Kinder zu stellen, um sich anzubiedern. Dahinter steht wieder die Grundhaltung den Kindern gegenüber: Sie ernst zu nehmen in ihren Persönlichkeiten, indem ihren Ideen möglichst viel Raum gegeben wird und ferner Vertrauen zu haben in die kreativen Kräfte der Kinder.

Es geht aber natürlich nicht um ein kritikloses Übernehmen jeder Kinderidee. Der Spielleiter behält immer den Überblick und muss auf jeden Fall die Publikumswirksamkeit einzelner Szenen einschätzen können. Nicht jede Kinderidee ist bühnenreif. Die Kinder können ihre Wirkung nach außen zunächst schwer oder gar nicht einschätzen, sie können nicht entscheiden, ob eine Szene bühnentauglich ist oder nicht. Dazu sind sie meist zu sehr mit dem eigenen Spiel verbunden. Es gibt beispielsweise viele Kinder, die beim Thema Zirkus gerne den Clown spielen wollen, dann aber nur herumalbern und nicht merken, dass dies für die Zuschauer keinesfalls lustig ist.

Genau hier beginnt die anspruchsvolle Arbeit des Spielleiters: Die Ideen der Kinder aufzugreifen, sie gleichzeitig aber in einen Rahmen zu stellen bzw. sie dramaturgisch so zu gestalten, dass sie auf der Bühne gezeigt werden können. Das Bühnenstück muss ein echtes Erlebnis für die Zuschauer sein und nicht nur den Applaus wohlwollender Eltern hervorrufen. Darum besteht in dieser Aufgabe die Hauptarbeit des Spielleiters. Die Ideen der Kinder müssen gemeinsam mit ihnen so gestaltet, verändert, erweitert, bearbeitet werden, dass eine bühnenreife Szene entsteht. Wichtig ist wieder, dass dies gemeinsam mit den Kindern geschieht und nicht über ihre Köpfe hinweg. Diese Arbeit stellt für mich den größten Reiz eines offenen Theaterprojekts dar. Sie ist gleichzeitig die größte Herausforderung für den Spielleiter.

Wechsel der Regisseurrolle

Normalerweise sind bei der Erarbeitung eines Theaterstückes die Rollen klar verteilt: Der Spielleiter ist der Regisseur, die Kinder sind die Schauspieler. Der Spielleiter leitet an, korrigiert, gibt den kleinen Schauspielern Anweisungen, Ratschläge, Lob oder Tadel und feilt somit am Stück. Bei einem offenen Theaterkonzept wechselt die Rolle des Regisseurs. Das bedeutet, dass auch die Kinder das Stück als Regisseure mitgestalten.

Sie erarbeiten ihre Szenen und spielen diese Teilstücke dann immer wieder der gesamten Gruppe vor. Dabei erleben die zuschauenden Kinder die Entstehung der einzelnen Szenen mit und können sie als Regisseure mitgestalten, indem sie den darstellenden Kindern eine direkte Rückmeldung über die Wirkung geben. Die spielenden Kinder können auf der anderen Seite durch das regelmäßige Vorspielen ihre Szene üben, die Publikumswirksamkeit ihrer Ideen erleben und anhand der Rückmeldung der zuschauenden Kinder an ihrer Szene arbeiten.

Die Rollen des Schauspielers, Zuschauers und Regisseurs wechseln ständig. Durch diesen Perspektivenwechsel lernen alle in jeder Rolle: Die Schauspieler können durch die Rückmeldungen an ihren Rollen feilen. Die Zuschauer erleben die Wirkung einzelner Szenen und werden natürlich auch unterhalten. Gleichzeitig können sie als Regisseure dramaturgische und bühnentechnische Tipps geben. Dieses Know-how erwerben sie zum einen direkt durch die Wirkung der erlebten Szenen und die Kommentare der anderen Zuschauer, zum anderen durch die Hinweise des Spielleiters.

Wenn die Kinder auf der Bühne beispielsweise den Zuschauern ständig den Rücken zudrehen, zu leise sprechen oder die Szene undeutlich spielen, können die zuschauenden Kinder direkt eine Rückmeldung geben. Gleichzeitig achten die Zuschauer immer auch darauf, was schon besonders gut klappt, was ihnen gut gefällt und sie amüsiert. Planen Sie nach jeder Szene immer Zeit für diese Beobachtungen und Rückmeldungen der kleinen Zuschauer ein. Beginnen Sie dabei stets mit den Fragen: Was hat euch gut gefallen? Was hat gut geklappt? Was können die Schauspieler noch besser machen? Eine positive und wohlwollende Kritik ist sehr wichtig. Es geht nicht darum, an den Kindern herumzumäkeln und sie zu frustrieren, sondern Fehler aufzudecken, um sie künftig vermeiden zu können. Deshalb sollte Kritik nach Möglichkeit immer mit Verbesserungsvorschlägen geäußert werden. Nur so wird die Theaterarbeit ein Lernfeld für die Kinder. Sie sollen auf jeden Fall im Laufe eines Theaterprojekts einen Zugewinn an Theater- und Bühnen-Know-how erfahren.

Kinder besitzen, wenn man als Spielleiter darauf achtet und sie darauf hinweist, sehr viel Fingerspitzengefühl bei ihrer Kritik und füllen ihre Regisseurrolle erfahrungsgemäß sehr ernsthaft und engagiert aus. Darüber hinaus sollte nach jeder Szene immer auch Raum für weitere Ideen der zuschauenden Kinder sein. Somit können alle Kinder an allen Szenen mitwirken und das gesamte Stück wird gemeinsam gestaltet.

Selbstverständlich sind auch Ihre Rückmeldungen als Spielleiter nach jeder Szene gefragt. Auch Sie sollten die Wirkung der erlebten Szene den Kindern rückmelden, ihnen Tipps geben und eventuell ergänzende Ideen anbieten. Dadurch können alle Kinder von Ihrem Know-how und Ihrer Sicht als Erwachsener lernen. Da Sie als Spielleiter den Überblick haben und auch die Bühnenwirksamkeit einschätzen können, haben Sie an dieser Stelle eine sehr wichtige Aufgabe: Die Szenen der Kinder bühnenreif zu machen. Dabei sollen selbstverständlich die Ideen der Kinder so weit als möglich stehen bleiben, gleichzeitig muss möglicherweise dramaturgisch daran gefeilt werden. Manchmal sind Einfälle und Darbietungen der Kinder auch so wenig ausgegoren, dass ein pfiffiger Rahmen gefunden werden muss,

um die Szene präsentieren zu können. Diese Arbeit ist nötig und verlangt von Ihnen viel Einfühlungsvermögen, denn die Kinder sollen spüren, dass ihre Einfälle zwar gut sind, aber dennoch Details verbessert, ergänzt und gestaltet werden müssen. Veränderungs- und Verbesserungsvorschläge sind nie Anweisungen, sondern immer Vorschläge, die die Kinder annehmen oder ablehnen können, da sie sich ja mit ihrer Szene identifizieren sollen. Gleichzeitig müssen Sie den Kindern aber vermitteln, dass bei jeder Szene eine gewisse Publikumswirksamkeit nötig ist. Schließlich geht es letztendlich darum, mit dem Theaterstück den ehrlichen Applaus der Zuschauer zu gewinnen und natürlich auch, die Kinder auf der Bühne vor einer Blamage zu schützen. Diese Einschätzung können die Kinder nicht leisten, sie sind deshalb auf Sie als Spielleiter angewiesen.

Theaterstück als Nummernprogramm

Bei einem Theaterprojekt mit Rahmenthema bietet es sich an, die einzelnen Szenen als Nummernprogramm zu inszenieren. So können die einzelnen Gruppen ihre Ideen unabhängig voneinander entwickeln und müssen sich nicht aufeinander abstimmen. Dadurch ergibt sich eine große kreative Freiheit für die Kinder. Sie gestalten zunächst nur ihre eigene Szene und müssen sich nicht in das enge Korsett einer Geschichte pressen. Sind alle Szenen erarbeitet, werden sie als Nummernprogramm aneinander gehängt. Dies geschieht nach dramaturgischen, theatralen sowie praktischen Überlegungen und muss von Ihnen als Spielleiter geleistet werden.

Je nach Rahmenthema kann es einen so genannten roten Faden geben, der sich durch das Stück zieht. Dieser muss natürlich in den einzelnen Szenen berücksichtigt werden. Beispielsweise mussten in einem unserer Stücke zum Thema MÄRCHEN zehn Prinzessinnen fantastische Abenteuer und Herausforderungen meistern, um die Hand des Prinzen zu erobern. Deshalb mussten die Kinder bei der Erarbeitung ihrer Szenen die Prinzessinnen mit einplanen. Beim Thema TRAUMGESCHICHTEN IN SCHACHTELN hingegen waren die Kinder in der Gestaltung ihrer Szenen völlig unabhängig voneinander. Die einzelnen Träume wurden später lediglich aneinander gereiht.

Das Rahmenthema bestimmt, wie unabhängig voneinander die Kinder ihre Szenen entwickeln können. Grundsätzlich sollte es so sein, dass die einzelnen Gruppen ihre Ideen möglichst frei gestalten können und später die Ergebnisse wie kleine Puzzleteile zu einem großen Ganzen zusammengesetzt werden.

Auf jeden Fall muss es ein großes Finale oder eine Abschlussszene geben, in der alle Akteure gemeinsam auf der Bühne zu sehen sind. Dies macht das Theaterstück als gemeinsames Ganzes noch einmal deutlich. Beispielsweise war die Abschlussszene bei unserer OLYMPIADE DER TIERE die Siegerehrung, beim Thema MÄRCHEN war es das große Fest aller Akteure zur Hochzeit des Prinzenpaares, bei der REISE UM DIE WELT die gemeinsame Reiseerinnerungen. Dieses Finale mit allen Beteiligten wird als letzte Szene gemeinsam einstudiert. Hier sind dann alle Akteure gemeinsam zu sehen und ernten ihren verdienten Applaus.

Bewegungstheater statt Sprechtheater

Ein weiteres wichtiges Element, durch das die Kinder zum Theater*spielen* kommen, ist die Reduzierung der Sprache auf ein Minimum. Die Kinder haben in unseren Theaterstücken die Aufgabe, alles, was sie auf der Bühne sagen wollen, mit der Mimik und Gestik ihres Körpers auszudrücken.

Ich habe bei vielen Schultheateraufführungen erlebt, dass die kleinen Schauspieler an ihren Texten ‚kleben' und nicht mehr zum eigentlichen Schauspielern kommen, da sie zu sehr auf die exakte Wiedergabe ihrer Textvorlage konzentriert sind. Auch bei meiner Theaterarbeit mit Kindern habe ich die Erfahrung gemacht, dass die Kinder – sobald sie die Möglichkeit erhalten, Sprache in ihre Szene einzubauen – das, was sie ausdrücken möchten, nur noch mit Worten erzählen und nicht mehr durch das Schauspiel darstellen.

Aus diesem Grund haben die Kinder in unseren Theaterstücken die Aufgabe, ihre Szene ohne Sprache zu entwickeln. Dadurch können sie sich viel besser auf den schauspielerischen Ausdruck konzentrieren. Erst so schöpfen sie alle ihre darstellerischen Möglichkeiten aus und entwickeln die Ausdruckskraft ihrer Persönlichkeit.

Trotzdem soll das Theaterstück keine klassische Pantomime werden. Je nach Rolle können die Kinder Laute, Töne und Geräusche oder auch eine Geheimsprache einbauen. Beispielsweise werden alle Tierrollen natürlich durch die entsprechenden Laute begleitet oder bei einem Zusammentreffen mit Fabelwesen verständigen diese sich mit fremden Tönen. Es kann natürlich auch Szenen geben, in denen Sprache wichtig ist. Diese wird dann aber pointiert und sehr reduziert eingesetzt. Beispielsweise wird pro Szene ein Satz (bzw. eine kurze Satzfolge) erlaubt, der durch die einzelnen Schauspieler in verschiedenen Situationen unterschiedlich betont und akzentuiert ausgesprochen wird und dadurch die Wirkung der Szene unterstützt.

Lediglich der Moderator, Erzähler, Reporter oder Reiseleiter darf gemäß seiner Rolle viel mit Sprache arbeiten, denn er führt durch das ganze Stück. Die Rolle des Moderators kann von mehreren Kindern übernommen werden, wobei es nicht mehr als drei Akteure sein sollten. Diese Kinder kündigen die kommenden Szenen an, moderieren, kommentieren und begleiten die Zuschauer durch das gesamte Stück und bilden somit den roten Faden. Es wählen meist nur Kinder diese Rolle, die sehr wortgewandt und selbstbewusst sind. Aber es gibt natürlich immer wieder auch Kinder, die sich dieser anspruchsvollen Aufgabe stellen möchten, ohne dafür geeignet zu sein. Das bedeutet dann viel Arbeit und Übung.

Für die Moderatorenrolle gibt es eine Textvorlage bzw. einen Textvorschlag, den die Kinder inhaltlich kennen, aber nicht auswendig können müssen. Wichtig ist das freie Sprechen und die sinngemäße Wiedergabe des Inhalts, nicht ein perfekt auswendig gelerntes Herunterleiern des Textes. Die Textvorlage entsteht selbstverständlich erst mit dem gesamten Stück und in Absprache mit den Kindern. Die einzelnen Gruppen überlegen weitgehend selbstständig, wie ihre Szene angekündigt bzw. kommentiert wird, erhalten aber bei Bedarf natürlich die Unterstützung des Spielleiters. Dann kommen noch einige Sprachwitze, Wortspiele oder notwendige Kommentare von Seiten des Spielleiters und schon steht die Textvorlage.

Ein weiteres Medium, das den schauspielerischen Ausdruck der Kinder unterstützt und Sprache ersetzt, ist die Musik. Passend ausgewählte, instrumentale Stücke begleiten jede Szene, unterstützen die dargestellte Stimmung und die Aussage des Gezeigten. Manchmal können auch verschiedenste Geräusche, Klänge und Töne die Szene ergänzend untermalen. Wichtig ist, dass die Musik die Szene lediglich stimmungsvoll begleitet und die Kinder im Handlungsablauf nicht auf die Musik reagieren müssen, indem sie beispielsweise auf Rhythmus oder Takt zu achten haben. Meist wähle ich Musikstücke vom Band, da die Auswahl sehr vielfältig ist. Es gab auch Theaterstücke, in denen sich Live-Musik der Kinder und Musik vom Band abgewechselt haben. Das war eine besonders gelungene Mischung.

Geringer Materialaufwand

Im Vordergrund stehen die Kinder und ihr Theaterstück, deshalb sollte der Hintergrund, d.h. die Kulissen, aber auch die Requisiten und Kostüme, auch wirklich im Hintergrund bleiben. Nicht die Materialschlacht in Form von aufwändiger Bühnenkulisse, maßgeschneiderten Kostümen und perfekten Requisiten ist gefragt, sondern eine Ausstattung mit möglichst einfachen Mitteln. Improvisierte Kostüme aus der Faschingskiste und teilweise selbst gebastelte Requisiten sind einem mit Kindern selbst gestalteten Theaterstück viel angemessener, zudem meist liebevoller und origineller, als ein in vielen Stunden perfekt ‚gestyltes' Bühnenbild mit perfekt ‚gestylten' kleinen Schauspielern.

Unsere Stücke werden immer auf einer Bühne gespielt, die lediglich mit schwarzen Theatervorhängen ausgestattet ist, d.h. wir verzichten grundsätzlich auf Kulissen. Auch die Requisiten sind auf ein Minimum reduziert. Bei den Kostümen ergeht an die Eltern stets die Bitte, zunächst in der heimischen Verkleidungs- oder Faschingskiste zu wühlen, sich gegenseitig auszuhelfen, erst dann selbst zu basteln, zu nähen und zu improvisieren, aber auf keinen Fall viel Geld auszugeben.

Ich habe schon Theateraufführungen erlebt, in denen die Eltern im Vorfeld Schnittbogen und Kleiderstoffe besorgen und danach Kostüme erstellen mussten, damit ihre Kinder beim Theaterstück im perfekt auf das Bühnenbild abgestimmten Kostüm dabei sein durften. Diese Aufführungen waren tatsächlich ein eindrucksvolles Spektakel an Bühnenbild, Requisiten und Kostümen. Aber von den Kindern und ihrer Schauspielkunst ist nicht viel übrig geblieben. Schade! Da stellt sich doch die Frage, um was es wirklich geht bei einer Theateraufführung mit Kindern, und was ich als Spielleiter eigentlich bewirken möchte.

Eine sehr materialaufwändige und perfekte Ausstattung birgt immer auch die Gefahr, die Ansprüche der Zuschauer an das Stück (unbewusst) in die Höhe zu schrauben. Zudem kann es geschehen, dass die Kinder und ihre schauspielerischen Leistungen im Material untergehen und sie nur noch als Statisten Requisiten über eine

kulissenreiche Bühne tragen. Ganz abgesehen vom zeitlichen und finanziellen Aufwand, den eine solche Ausstattung bedeutet.

Deshalb gilt auch bei der Materialausstattung: Die Kinder und ihre schauspielerischen Leistungen stehen im Mittelpunkt! Sie sollen natürlich in ihrer Wirkung durch Kostüme, Schminke und notwendige Requisiten unterstützt werden, aber eben mit einfachen Mitteln und in angemessener Form.

Produkt- und Prozessorientierung

Ein Projekt darf sich Projekt nennen, wenn es bestimmte Kriterien erfüllt. Dazu gehören auch die Produkt- und Prozessorientierung. Das Produkt ist schnell festgelegt: die Theateraufführung. Ohne dieses Ziel wäre ein Theaterprojekt bald reizlos, denn einfach so vor sich hin zu arbeiten, ohne eine Aufführung im Auge zu haben, würde allen Beteiligten wahrscheinlich nach kurzer Zeit die Motivation rauben.

Nun zur Prozessorientierung: Der Weg ist zwar nicht das Ziel, aber fast gleichbedeutend mit dem Ziel. Damit meine ich, dass bei einem kindorientierten, offenen Theaterkonzept nicht nur das Ziel – die Theateraufführung – wichtig ist, sondern auch der Weg dahin eine große Bedeutung erhält. Allein durch die bereits genannten Elemente wie die neue Rolle des Spielleiters, die Beachtung der Persönlichkeit der Kinder, den Wechsel der Regisseurrolle, den offenen Regieplan und dem Theaterstück als Gemeinschaftswerk aller Beteiligten rückt der Verlauf der Arbeit sehr in den Mittelpunkt und nicht nur das Ergebnis.

Daneben sollte immer auch Zeit sein für auftretende Bedürfnisse und Wünsche der Kinder sowie für Probleme, die bei der Arbeit entstehen können. Vielleicht fühlt sich ein Kind in seiner Arbeitsgruppe nicht so wohl oder ein Kind ist mit seiner gewählten Rolle doch nicht zufrieden oder es gibt Streit bei der Erarbeitung einer Szene, da sich immer ein einzelnes Kind mit seinen Ideen durchsetzt. Es können vielfältige Schwierigkeiten auftreten, die die Entstehung eines Theaterstückes begleiten. Diese Schwierigkeiten gilt es als Teil der Arbeit anzunehmen und damit in einem guten Sinne umzugehen, d.h. sie zu thematisieren und aufzuarbeiten. Dadurch lernen die Kinder neben dem Theaterspielen auch soziale Kompetenzen, die für sie unentbehrlich sind.

Die Kinder sollen sich mit all ihren Bedürfnissen, Wünschen, Fähigkeiten, aber auch Schwierigkeiten als wichtige Person im Gesamtgefüge erleben, und nicht als Statist, der eine Rolle in einem Theaterstück auszufüllen hat und letztendlich ebenso gut austauschbar wäre. Nur mit diesem Bewusstsein können die Kinder während des Projekts wachsen und sich gut in die Gruppe einfügen.

Der Anspruch sollte also sein, stets beides – die Theateraufführung und den Weg dahin – im Auge zu haben.

Vorprogramm

Ein weiteres Element, das eine Theateraufführung zu einem Theatererlebnis für Kinder und Zuschauer werden lässt, ist das Vorprogramm. Damit sind Aktionen und Darbietungen mit und für die Zuschauer gemeint, die vor der eigentlichen Theateraufführung stattfinden.

Das Vorprogramm hat die Aufgabe, die Zuschauer auf das kommende Geschehen einzustimmen. Deshalb sollten die einzelnen Vorprogramm-Aktionen immer einen thematischen Bezug zur Theateraufführung haben. Beispielsweise können den Zuschauern vor einer REISE

um die Welt Pillen in Form von Smarties gegen Heimweh, Fernweh, Reisekrankheit usw. verteilt werden. Oder beim Thema Märchen müssen sich die Zuschauer mit einem Zauberspruch den Zugang zum Theatersaal verdienen. Vor der Olympiade der Tiere können den Zuschauern Vitamintabletten angeboten werden. Ich gehe später noch näher auf sämtliche Vorprogrammideen zu unseren einzelnen Aufführungen ein.

Des Weiteren hilft das Vorprogramm bei der Kontaktaufnahme zwischen den kleinen Schauspielern und ihren Gästen. Das nimmt den Kindern ein wenig ihre Aufregung vor dem großen Spektakel. Sie können die Zuschauer begrüßen, kommen zum Teil mit ihnen ins Gespräch und haben Kontakt mit ihnen. Das alles schafft eine lockere Atmosphäre und baut Berührungsängste ab.

Der dritte Grund, der für ein Vorprogramm spricht, ist das ‚Hereinholen' der Zuschauer ins Geschehen. Das heißt, die Gäste werden bereits vor der Theateraufführung aus der Rolle der passiven Konsumenten geholt und in die Rolle der aktiv Beteiligten begleitet. Die Zuschauer müssen etwas tun, bekommen Aufgaben, werden möglichst mit allen fünf Sinnen in das Thema eingeführt und werden damit ein Stück weit zu Mitakteuren bei dem Theaterstück.

Ein lebendiges, abwechslungsreiches Vorprogramm sollte deshalb auf jeden Fall Platz bei der Theateraufführung finden, da es einen nicht unwesentlichen Teil des Theatererlebnisses ausmacht.

Zuschauer sind Mitspieler

Ein weiterer Aspekt, der die Theateraufführung zum Spektakel für alle werden lässt, ist das Bemühen, die Zuschauer zu Mitspielern werden zu lassen und sie damit zu einem Teil des Gemeinschaftswerks zu machen. Sitzen die Zuschauer im ‚gemeinsamen Boot' der Aufführung, bekommen sie gleichzeitig natürlich auch ein Stück der Verantwortung für das Gelingen des Theaterstücks übertragen. Das klingt wie ein Trick, ist aber nicht so gemeint. Es geht vielmehr um eine Verbundenheit und ein ‚Sich-einbringen-können' ins Geschehen und damit um eine aktive Beteiligung am Theaterstück. Die Zuschauer verlassen die passive Rolle des Betrachters und wechseln in die aktive Rolle des Mitspielers. Das belebt das gesamte Geschehen und lässt das Theaterstück zu einem gemeinsamen Spektakel für alle werden.

Selbstverständlich geht es nicht darum, den Zuschauern wichtige Rollen zu übertragen und sie ständig auf die Bühne zu holen, aber die Gäste können immer wieder kleine Aufgaben erhalten, die eine Rolle im Stück spielen. Beispielsweise können sie bei der Olympiade der Tiere Fangruppen darstellen, die bei Bedarf jubeln. Oder sie können beim Thema Märchen die Geräusche eines Zauberwaldes nachahmen, die immer dann ertönen, wenn der Zauberwald erwähnt wird. Bei der Reise um die Welt können einzelne Zuschauer als Kofferträger auf die Bühne geholt werden. An späterer Stelle werde ich – wie beim Vorprogramm – die konkreten Ideen ausführen, mit denen die Zuschauer in unseren Stücken integriert wurden.

Es gibt viele Möglichkeiten, die Zuschauer ins Geschehen zu holen. Gleichzeitig muss man aber aufpassen, dass diese Zuschaueraktionen nicht überhand nehmen, da die Reaktionen natürlich nicht immer einzuschätzen sind und somit das Theaterstück unkalkulierbar wird. Deshalb ist es wichtig, die den Zuschauern zugedachten Rollen und Aufgaben gut zu planen.

Die Kinder, die die Zuschauer anleiten, ihnen Rollen übertragen oder sie auf die Bühne holen, müssen das sehr gut üben und den Zuschauern deutlich vermitteln, was von ihnen erwartet wird. Es sollten auch verschiedene Zuschauerreaktionen durchgespielt werden, damit die Kinder darauf vorbereitet sind, dass nicht unbedingt gleich die gewünschte Wirkung auf ihre Aufforderung erfolgt und sie auch damit umgehen können. Nur so können die Zuschauerbeiträge ein echter Gewinn für das Theaterstück werden und nicht zu einem unkalkulierbaren Risiko in der Wirkung auf das gesamte Stück.

Lassen Sie also Ihr Publikum in Ihrem Stück auch mitspielen. Es wird es Ihnen und den Kindern auf jeden Fall danken.

Entstehung der Theaterstücke

Trinke mit den Augen und fülle mit den Farben dein Herz. *Lu-Chi*

Nach der Theorie, die hoffentlich nicht allzu grau war, folgt jetzt endlich der Praxisteil. Ich werde die verschiedenen Schritte darstellen, wie ein selbst entwickeltes Theaterstück entstehen kann. Der Einstieg erfolgt immer über Spiele, bei denen sich die Kinder kennen lernen und als Gruppe erleben. Danach erweitern die Kinder mit verschiedensten Übungen und Spielen zur Ausdrucksschulung und Konzentration ihr Bewegungsrepertoire. Es folgt ein Übungsteil zur Bühnenpräsenz und zu Bühneneffekten, damit die kleinen Schauspieler sich an die Situation auf der Bühne vor Publikum gewöhnen. Erst nach diesen allgemeinen Theaterspielen und -übungen beschäftigen wir uns genauer mit dem vorgegebenen Rahmenthema und erarbeiten unser Bühnenstück. Im Folgenden werden Spiele, Übungen und praktische Tipps rund um das Theaterspielen vorgestellt, die unabhängig vom Thema immer bei der Theaterarbeit mit Kindern verwendet werden können. Danach zeige ich die Entstehung der einzelnen Theaterstücke auf.

Spiele zum Einstieg: Jetzt geht's los!

Nicht nur der Anfang meiner Theaterprojekte, sondern jede Übungsstunde beginnt mit einigen Spielen aus dem Kapitel SPIELE ZUM EINSTIEG. In jeder Stunde müssen sich die Kinder immer wieder aufs Neue auf die Gruppe und das Theaterspielen einstellen und einstimmen. Dies gelingt mit Spielen auf eine sehr unkomplizierte, bewegungsintensive und heitere Art. Es muss nicht jede Stunde mit einem neuen Spiel beginnen. Kinder lieben Wiederholungen, da Vertrautes ihnen Sicherheit gibt. Darum können Übungsstunden ruhig auch mit bekannten Spielen losgehen.

Ich habe im Folgenden eine grobe Einteilung der Spiele vorgenommen, wobei viele Spiele in mehrere Kategorien passen.

Kontaktspiele

Hier geht es darum, im Theaterkurs körperlich und geistig anzukommen, sich warm zu spielen, aber auch offen zu werden für die anderen Gruppenmitglieder und mit ihnen auf vielfältige Art

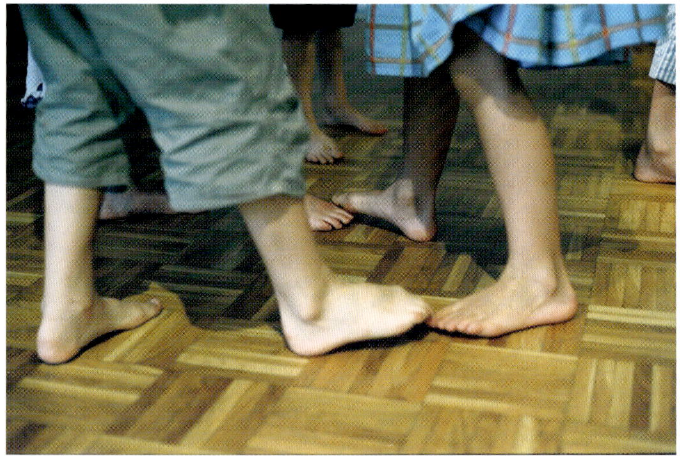

und Weise in Kontakt zu treten. Bei allen Spielen sind die Kontakte nur kurz und wechseln oft. Dadurch können sich alle beschnuppern und sind nicht gezwungen, gleich längere Zeit mit einem „Fremden“ zusammenzuarbeiten oder zu spielen. Ich habe die Erfahrung gemacht, dass diese Spiele wahre Eisbrecher sind und sowohl Kinder als auch Erwachsene locker, entspannt und heiter werden lassen. Damit sind die besten Voraussetzungen für die Theaterarbeit geschaffen. Diese lockere, entspannte Atmosphäre ist zwingend notwendig für ein kreatives, produktives Miteinander. Deshalb ist der Einstieg sehr wichtig und muss gut geplant sein. Eine Grundregel gilt es zu beachten: Alle spielen mit! Es gibt keine

Ausreden und Ausflüchte („Ich schau erstmal zu!“). Wer da ist, spielt mit. Nur so kommt Stimmung auf, keiner fühlt sich beobachtet und alle sind dabei.

- Begrüßungsstopp

Alle gehen auf flotte Musik durch den Raum. Der Spielleiter stoppt die Musik und gibt Begrüßungsarten vor. Diese werden nur in den Musikpausen ausgeführt. Jeder muss ganz schnell versuchen, möglichst alle anderen Kinder auf die vorgegebene Art und Weise zu begrüßen. Beginnt die Musik erneut, gehen alle wieder durch den Raum. Mögliche Begrüßungsarten:

- jedem die Hand schütteln,
- alle Schultern begrüßen sich,
- die Zehen begrüßen sich,
- jedem mit den Augen zuzwinkern,
- die Ellenbogen begrüßen sich,
- zwei Rücken reiben sich aneinander,
- die Pos begrüßen sich.

- Atomspiel

Alle gehen auf flotte Musik durch den Raum. Der Spielleiter stoppt die Musik und ruft eine Zahl. Alle ‚Atome‘ müssen sich möglichst schnell in der aufgerufenen Gruppengröße zusammenfinden und hinsetzen. Beginnt die Musik erneut, lösen sich die Gruppen wieder auf und alle gehen durch den Raum.

– Variante 1:
Der Spielleiter gibt die Gruppengröße durch akustische Signale an, z. B. fünfmal mit einer Pfeife trillern. Der Spielleiter gibt die Gruppengröße durch visuelle Zeichen an, z. B. die Zahl mit erhobener Hand anzeigen.

– Variante 2:
Die gebildeten Gruppen tauschen sich kurz über ein Thema aus, das der Spielleiter vorgibt, z. B. Name, Lieblingsessen, was mache ich heute Nachmittag, Traumberuf, Lieblingssänger, Lieblingsbuch, Farbe der Zahnbürste.

– Variante 3:
Die Kinder finden sich in Gruppen zusammen, die den vom Spielleiter aufgerufenen Kriterien entsprechen, z. B. alle Kinder mit der gleichen Augenfarbe, Haarfarbe, Größe, Farbe der Zahnbürste oder alle Kinder mit dem gleichen Alter.

- Reise nach München (Berlin, Hamburg, Tahiti)

Die Reise nach München ist sehr beschwerlich, deshalb muss man unterwegs auch mal eine Pause machen, um sich auszuruhen: Alle gehen auf flotte Musik durch den Raum (auf dem Weg nach München) und jeder denkt an eine von vier Farben (blau, rot, grün, gelb). Der Spielleiter ruft bei Musikstopp eine oder zwei Farben. Die Kinder mit den aufgerufenen Farben gehen sofort in Bankstellung (Ruheplätze), alle anderen müssen sich möglichst schnell einen Platz auf einer ‚Bank‘ suchen. Sie setzen sich vorsichtig und ruhen sich aus. Ertönt die Musik erneut, gehen alle wieder durch den Raum.

- Nenne mir dein Lieblingstier

Alle gehen auf Musik durch den Raum. Bei Musikstopp sucht sich jeder einen Partner. Der Spielleiter gibt ein Thema vor, z. B. Lieblingstier, Lieblingsessen, Lieblingsland, Lieblingshobby, Lieblingsmusik, Lieblingstanz, Lieblingssportart. Die beiden Partner spielen sich die vorgegebene Aufgabe gegenseitig pantomimisch vor, der jeweils andere Partner rät. Beginnt die Musik erneut, trennen sich die Paare, jeder geht wieder allein durch den Raum und sucht sich bei Musikstopp einen neuen Partner.

- Namensecho

Alle stehen im Kreis. Ein Kind nennt seinen Namen und macht dazu eine bestimmte Bewe-

gung. Die anderen Kinder wiederholen den Namen mit der jeweiligen Bewegung. Dann kommt das nächste Kind dran, bis alle ihren Namen mit einer passenden Bewegung vorgestellt haben.

- Namenskette
Alle stehen im Kreis. Das erste Kind nennt seinen Namen und macht dazu eine bestimmte Bewegung. Das Kind daneben wiederholt den Namen mit der Bewegung und nennt nun seinen eigenen Namen mit einer neuen Bewegung. Das dritte Kind wiederholt beide Namen und Bewegungen und hängt seinen eigenen Namen mit einer Bewegung dran. Das Spiel wird solange fortgesetzt, bis alle Kinder im Kreis an der Reihe waren.

- Ich möchte auf deinen Platz
Alle sitzen im Kreis, jeder nennt der Reihe nach seinen Namen. Ein Kind (Max) hat einen Ball, rollt ihn zu einem anderen Kind (Moritz) und sagt: „Ich bin Max und möchte auf den Platz von Moritz." Max folgt dem Ball und setzt sich auf den neuen Platz. Moritz nimmt den Ball, steht von seinem Platz auf und macht weiter.

- Blinzelstopp
Alle gehen durch den Raum. Jeder versucht jeden zu ‚versteinern', d.h. die betroffenen Spieler müssen sofort wie eingefroren stehen bleiben. Versteinert wird man, wenn einem jemand zublinzelt. Blinzeln sich zwei Kinder gleichzeitig zu, sind beide versteinert. Ein versteinertes Kind wird erlöst, wenn ein anderes Kind vorbeikommt und ihm ebenfalls zublinzelt.

- Stopp! – Los!
Alle gehen durch den Raum, bis einer aus der Gruppe „Stopp!" ruft. Sofort bleiben alle wie eingefroren stehen, bis jemand aus der Gruppe „Los!" ruft. Alle bewegen sich bis zum nächsten „Stopp!" wieder durch den Raum. Wichtig: Der Spielleiter bestimmt nicht, wer ruft, sondern jedes Kind, das möchte, gibt die Kommandos.
  – Variante:
  Die Gruppe reagiert auf einzelne Spieler, diesmal aber ohne akustisches Signal. Sobald einer aus der Gruppe stehen bleibt, müssen alle stehen bleiben. Geht ein Spieler wieder los, müssen alle losgehen.

- Lautstarke Begrüßung
Alle gehen durch den Raum. Plötzlich saust jemand zu einem Mitspieler hin, begrüßt ihn lautstark mit „Hallo, Heinz!" (Anne, Julia, Max ...) und schüttelt ihm überschwenglich die Hand. Sofort stürmen alle anderen Kinder ebenfalls zu Heinz hin und begrüßen ihn. Danach gehen alle wieder durch den Raum, bis das nächste Kind von einem Mitspieler lautstark begrüßt wird, und alle nun dorthin stürmen.

- Bewegungsgeschichte: Ankommen
Der Spielleiter erzählt eine Geschichte, die alle Kinder sofort in Bewegung umsetzen und nachspielen. Beispiel: Alle liegen zu Hause im Bett, schlafen, träumen schön und kuscheln sich unter die Decke. Plötzlich klingelt der Wecker, jeder springt auf, denkt sich: „Oh je, viel zu spät. Ich muss doch in meinen Theaterkurs!" Also schnell raus aus dem Bett, rüber ins Badezimmer, unter die Dusche, raus aus der Dusche, abtrocknen, eincremen, Zähne putzen, Haare kämmen, schnell in die Küche, frühstücken, rasch noch die Tasche packen, raus aus dem Haus, mit dem Fahrrad zum Theaterkurs, wie der Blitz umziehen, rein in den Übungsraum und ... ankommen. Alle werden zum Schluss ganz gemütlich mit Handschlag begrüßt.

- **Platzwechsel**

  Alle sitzen im Kreis. Es gibt einen Platz zu wenig, deshalb steht ein Kind in der Mitte. Dieses Kind sagt an, welche Kinder die Plätze wechseln müssen, z.B.: „Alle Kinder mit blauen Augen wechseln den Platz." Während die aufgerufenen Spieler den Platz wechseln, versucht das Kind in der Mitte, einen Platz zu erwischen. Das neue Kind ohne Sitzplatz stellt die nächste Aufgabe, z.B.: „Alle Mädchen wechseln den Platz."

- **Jahreskreis**

  Alle stehen im Kreis. Der Spielleiter stellt die Aufgabe, sich nach der Reihenfolge der Geburtstage nebeneinander aufzustellen, d.h. das Kind, dessen Geburtstag am 3.01. ist, steht neben dem 10.1., daneben steht der 14.02. usw. Die Aufstellung erfolgt ohne Worte, nur mithilfe von Händen und Füßen.

- **Orgelpfeifen**

  Die Gruppe wird halbiert und steht sich in zwei Reihen gegenüber. Auf das Kommando des Spielleiters stellen sich beide Reihen möglichst schnell mit geschlossenen Augen der Größe nach auf.

- **Begrüßungsrituale**

  Jeweils zwei Kinder finden sich zusammen und überlegen sich ein bestimmtes Begrüßungsritual, z.B. in die Hände klatschen, mit den Fingern schnipsen, mit den Augen zwinkern, lässig die Hand heben, sich tief verbeugen, sich vornehm zunicken. Die Paare stellen ihre Begrüßungsform den anderen vor.

- **Schnell gebaut**

  Alle Kinder bewegen sich auf Musik durch den Raum. Bei Musikstopp ruft der Spielleiter eine Zahl. Daraufhin finden sich Gruppen in entsprechender Größe zusammen. Nun nennt der Spielleiter verschiedene Körperteile, z.B. drei Füße, ein Po, zwei Hände. Nur die genannten Körperteile dürfen den Boden berühren. Jede Gruppe versucht, die Aufgabe möglichst schnell auszuführen. Startet die Musik erneut, ist die Zeit abgelaufen. Beim nächsten Musikstopp nennt der Spielleiter eine neue Gruppengröße sowie eine neue Kombination der Körperteile, die den Boden berühren dürfen.

- **Hühnerstange**

  Die ganze Gruppe steht erhöht auf einer Langbank (oder etwas Ähnlichem) nebeneinander. Die „Hühner auf der Leiter" erfahren nun vom Spielleiter, in welcher Reihenfolge sie nebeneinander stehen müssen, z.B. der Größe nach, dem Alter nach, abwechselnd ein Junge und ein Mädchen. Nachdem der Spielleiter die Aufgabe gestellt hat, müssen sich die Kinder ganz vorsichtig, ohne von der Langbank zu steigen, entsprechend anordnen.

- **Namenschaos**

  Alle gehen durcheinander und jeder ruft gleichzeitig laut seinen Namen. Die ganze Gruppe soll sich nach den Anfangsbuchstaben der Vornamen ordnen und im Kreis aufstellen, so dass z.B. Anne neben Bernd steht, daneben Bodo, Christa und am Ende Yvonne und Zacharias.

- **Begrüßungsmemory**

  Zwei Kinder verlassen den Raum. Der Rest der Gruppe findet sich in Paaren zusammen. Jedes Paar überlegt sich eine Begrüßung, z.B. den Hut ziehen, zunicken, kurz die Hand heben. Alle gehen jetzt durch den Raum und begrüßen die anderen Kinder immer wieder auf ihre Weise. Die beiden Kinder kommen wieder herein, schauen sich die Situation an und versuchen, die Partner mit den gleichen Begrüßungsformen zu finden. Gefundene Paare gehen nebeneinander durch den Raum oder setzen sich.

Gruppendynamikspiele

Während bei den Kontaktspielen die Begegnungen der einzelnen Gruppenmitglieder nur kurz und flüchtig sind, können sich die Kinder bei den folgenden Spielen besser kennen lernen. Ziel ist es, das Gruppengefühl zu stärken und Vertrauen in die Gruppe zu entwickeln. Nur in einer entspannten Atmosphäre mit einer positiven Grundstimmung aller Teilnehmer zueinander sind kreative Prozesse möglich. Um Ideen entwickeln zu können, muss ich mich öffnen können, ohne Angst davor zu haben, mich zu blamieren oder ausgelacht zu werden.

Bei den folgenden Spielen kann sich jedes einzelne Kind als Teil der Gruppe erfahren, seinen Platz im Gruppengefüge erleben und variieren. Wer ist dominant? Wer kann sich flexibel in die Gruppe einfügen? Wer hat Schwierigkeiten, sich auf andere einzulassen? Wer hat Angst vor Körperkontakt? Wer ist schüchtern oder rücksichtslos? Sämtliche Verhaltensmuster und Persönlichkeitsmerkmale, die im menschlichen Miteinander vorkommen, können in den Spielen sichtbar werden. Wo sonst erlebt man das Wesen eines Menschen deutlicher als im Spiel?

Die Spiele in diesem Kapitel helfen auf spaßige, körperbewusste, teilweise bewegungsintensive Art dabei, eine Gruppe zu bilden. Selbstverständlich gibt es über die hier genannten Spiele hinaus noch viele andere, die den Gruppenbildungsprozess unterstützen. Zahlreiche Spiele aus dem *New Games*-Bereich sind beispielsweise ebenfalls gut geeignet.

Da eine gut funktionierende Gruppe die Basis für kreative Theaterarbeit ist, sollten Sie sich ausreichend Zeit nehmen für die Entstehung Ihres Teams und zunächst viel mit den Kindern spielen. Die folgenden Vorschläge sind unterteilt in Spiele mit viel Bewegung, die den ganzen Raum benötigen, Spiele in Kreisaufstellung und Spiele, die eher ruhig verlaufen.

- Fang mich!
Ein Fangspiel, bei dem der Fänger versucht, ein Kind aus der Gruppe abzuschlagen. Man kann sich vor dem Fänger retten, wenn man schnell jemanden umarmt. Die Gruppenmitglieder können sich auch gegenseitig helfen, indem sie sich den Verfolgten mit offenen Armen anbieten. Hat der Fänger einen Spieler abgeschlagen, ist dieser der neue Fänger.

- Rette mich, wer kann
Alle gehen durch den Raum. Plötzlich sinkt ein Mitspieler mit lautem Stöhnen, Seufzen oder Jammern („Aaaaah!") ganz langsam zu Boden. Sofort stürzen alle zu ihm hin und stellen ihn wieder auf. Daraufhin geht er wieder ganz normal durch den

Raum. Schon wieder bricht ein Mitspieler – oder sogar zwei – laut stöhnend zusammen und alle stürzen hin und stellen ihn wieder auf. Bei diesem Spiel sollte niemand wirklich zu Boden sinken, da die Gruppe hoffentlich immer vorher reagiert.

- Au ja!
  Alle gehen durch den Raum. Ein Mitglied der Gruppe ruft laut eine Bewegungsaufgabe, z.B.: „Lasst uns alle rückwärts laufen!" Alle rufen daraufhin „Au ja!" und führen diese Bewegungsaufgabe so lange aus, bis die nächste Bewegungsidee in den Raum gerufen wird. Dabei können auch lustige Anweisungen erteilt werden, z.B. Redensarten wie jemanden an der Nase herumführen, eine Kurve kratzen, jemanden den Buckel hinunterrutschen.

- Bodyguard
  Die Kinder bilden Vierer- oder Fünfergruppen. Es werden ein Star, zwei bis drei Leibwächter (Bodyguards) und ein Fan bestimmt. Der Fan versucht, ein Kleidungsstück (z.B. Hut, Schal, Gürtel) des Stars zu erhaschen, die Bodyguards haben die Aufgabe, dies zu verhindern.

- Kommando ‚Bimperle'
  Das bekannte, lustige Tischspiel wird in ein Bewegungsspiel umgewandelt. Der Spielleiter gibt die Kommandos, die von allen befolgt werden. Kommando „Bimperle" bedeutet: Alle laufen durch den Raum. Kommando „Bock" bedeutet: Alle stellen sich wie beim Bockspringen hin, d.h. der Oberkörper wird nach vorne gebeugt, die Hände auf die Oberschenkel gestützt. Kommando „Doppelbock" bedeutet: Immer zwei Mitspieler stellen sich hintereinander in Bockstellung auf. Die Kommandos dürfen aber nur dann befolgt werden, wenn auch das Wort „Kommando" genannt wird. Wird nur die Anweisung „Bock" gerufen, darf keiner dieses Kommando ausführen. Wer es trotzdem tut, wird neuer Spielleiter. Es können beliebige Kommandos erfunden werden, z.B. Hampelmann, Storch, Kröte.

- Kommissar Kugelblitz
  Alle gehen durch den Raum, jeder observiert völlig unauffällig eine Person. Sobald der Spielleiter „Alarmstufe Rot!" ruft, ist jeder in erhöhter Aktionsbereitschaft, bewegt sich aber weiterhin unauffällig durch den Raum, die observierte Person im Blick. Auf das Kommando „Zugriff!" saust jeder zu seiner Person hin und hält sie mit beiden Händen an den Schultern fest. Es kann sein, dass einige Kinder gar nicht zu ihrer Person hinkommen, da sie selbst ‚Opfer' sind und bereits gepackt wurden. Das Spiel ist lustig, braucht aber meist zwei bis drei Durchgänge, bis alle den Ablauf erfasst haben.

- Blödeln
  Alle bewegen sich langsam durch den Raum, bis ein Mitspieler eine komische Fortbewegung beginnt, die alle sofort nachmachen. Das geht so lange, bis der betreffende Spieler stehen bleibt und „einfriert". Auch das machen alle nach und sie bleiben so lange eingefroren stehen, bis der nächste Spieler eine komische Fortbewegung beginnt.

- Auf der Hut
  Alle haben einen Hut auf und gehen damit gemütlich durch den Raum. Jetzt versucht jeder, den Mitspielern die Hüte vom Kopf zu ziehen, den eigenen aber aufzubehalten. Die Spieler, die ihren Hut verloren haben, ärgern sich lautstark und ausdrucksvoll, setzen ihren Hut wieder auf und weiter geht's.

- Schattengehen

Alle gehen durch den Raum. Jeder versucht dabei, sich hinter einen Mitspieler als Schatten anzuhängen und seinen Vordermann zu verfolgen. Der Schatten achtet genau auf Körperhaltung, Kopf- und Armbewegung seines Vordermanns und imitiert ihn möglichst genau. Nach kurzer Zeit verlässt der Schatten seinen Vordermann und schließt sich einer anderen Person an.

– Variante: Schattengehen mit Abschütteln

Sobald der Vordermann seinen Schatten bemerkt, versucht er ihn abzuschütteln, indem er schneller geht, sich im Kreis dreht, rückwärts geht, Haken schlägt usw. Jeder kann Verfolger und Verfolgter sein.

- Kontakte

Alle gehen auf flotte Musik durch den Raum. Der Spielleiter ruft bei Musikstopp ein Körperteil (z. B. Nase, Schulter, Knie, kleiner Zeh) und sofort packt jeder einen Mitspieler an diesem Körperteil und hält ihn solange fest, bis die Musik erneut startet.

- Wer ist der Anführer?

Zwei Kinder verlassen kurz den Raum. Die Gruppe bestimmt einen Spielleiter, der immer neue Bewegungen vormacht, die alle nachahmen. Die beiden Kinder kommen herein, beobachten alle Mitspieler, die sich mit immer neuen Bewegungen durch den Raum bewegen (z. B. die Schultern nach oben ziehen, über die eigenen Füße stolpern, übertrieben mit den Armen pendeln, mit dem Kopf nicken) und versuchen, den Spielleiter zu erkennen.

- Eigenartig!

Zwei Kinder gehen vor die Tür. Es werden Vierer- oder Fünfergruppen gebildet, die sich alle eine kleine Besonderheit ausdenken, z. B. mit den Augen zwinkern, mit den Armen schlenkern, übertrieben mit den Hüften wackeln, mit O-Beinen gehen. Jeder geht nun mit seiner ‚Macke' durch den Raum. Die beiden Kinder kommen herein und versuchen herauszufinden, wer zu welcher Gruppe gehört und welche Macke die einzelnen Gruppen haben.

- Gruppe im Raum

Alle gehen durch den Raum. Der Spielleiter gibt Anweisungen, wie die gesamte Gruppe den Raum ausfüllen bzw. sich zueinander bewegen soll. Vorschläge:

Die Gruppe soll
- möglichst viel Platz im Raum besetzen, d. h. viel Abstand voneinander halten,
- sich auf möglichst engem Raum bewegen,
- sich in die Ecken verdrücken,
- kleine Grüppchen bilden, die voneinander möglichst viel Abstand halten,
- einen Spieler als Mittelpunkt wählen (ohne Absprache) und sich um ihn scharen.

- Begegnungen

Alle gehen durch den Raum und setzen die Bewegungsanweisungen des Spielleiters um. Diesmal dreht sich alles um Begegnungen zwischen einzelnen Spielern. Vorschläge:
- Jeder, der einem entgegen kommt, wird neutral angeschaut.
- Bei Blickkontakt mit einem Entgegenkommenden wird sofort die Richtung gewechselt.
- Bei Blickkontakt gehen beide aufeinander zu. Sie gehen ein Stück nebeneinander her und trennen sich wieder.
- Bei Blickkontakt gehen beide einmal umeinander herum.
- Bei Blickkontakt grüßt ein Spieler mit einer bestimmten Bewegung (z. B. die Augenbrauen hochziehen, mit einem Arm winken, den Kopf

heben, beide Arme hochreißen), der andere reagiert entsprechend.
- Ein Spieler sucht den Blickkontakt und hält stur daran fest. Der Mitspieler versucht, den Blickkontakt zu vermeiden.

Berührungen
Alle gehen durch den Raum und nehmen nach Anweisung des Spielleiters Körperkontakt auf. Vorschläge:
- Jeder verfolgt unnachgiebig seinen Weg. Kommt ihm ein Mitspieler in die Quere, wird dieser sanft, aber entschieden weggedrängt.
- Alle gehen rückwärts durch den Raum. Treffen sich zwei Spieler, reiben sie ihre Rücken aneinander und gehen dann weiter.
- Alle gehen rückwärts durch den Raum. Stoßen zwei Spieler aneinander, versuchen sie, sich gegenseitig wegzuschieben.

Kreisfangen
Alle Mitspieler stehen in einem Kreis und halten sich an den Händen. Nur ein Kind – der Fänger – steht außerhalb des Kreises. Der Spielleiter sagt an, welches Kind aus dem Kreis der Fänger erwischen muss. Der gesamte Kreis versucht, dies durch Bewegung zu verhindern.

Fledermaus und Nachtfalter
Alle stehen im Kreis. Es werden drei Kinder als Nachtfalter und eines als Fledermaus bestimmt. Nachtfalter und Fledermaus bewegen sich innerhalb des Kreises. Die Fledermaus ist blind (sie hat die Augen geschlossen), die Nachtfalter können sehen. Die Fledermaus versucht, die Nachtfalter zu fangen, indem sie Schallwellen aussendet, d.h. das Wort „Fledermaus!" ruft. Die Nachtfalter müssen sofort mit dem Wort „Nachtfalter!" antworten. So kann sich die Fledermaus orientieren und ihre Beute erwischen. Die Gruppe begrenzt den Raum und kann der Fledermaus helfen, indem sie den Kreis langsam kleiner macht. Ist ein Nachtfalter gefangen, wechseln alle Tiere.

Quak!
Alle stehen im Kreis. Fünf bis acht Kinder spielen die Enten, die sich innerhalb des Kreises befinden. Die Enten sind blind, haben also die Augen geschlossen. Sie umfassen mit den Händen die Knöchel und bewegen sich nur rückwärts, mit dem Po voraus, im Kreis. Sie sind im Kreis gefangen, aber es gibt ein Loch im Zaun, d.h. der Kreis ist an einer Stelle ein Stück offen. Alle Enten wollen fliehen und quaken ständig, um sich untereinander zu verständigen. Die Enten, die den Ausgang gefunden haben, quaken besonders laut, um den anderen den Weg zu weisen.

Gordischer Knoten
Ein Klassiker der *New Games* und immer wieder lustig und verbindend: Alle Mitspieler stehen im Kreis. Sie schließen die Augen, strecken die Arme nach vorne und gehen langsam in Richtung Kreismitte. Jeder fasst zwei beliebige Hände, die er ertastet. Haben alle Hände eine andere Hand ergriffen, werden die Augen geöffnet. Es ist ein Knäuel aus Händen entstanden, das es jetzt zu entwirren gilt. Die gesamte Gruppe versucht – ohne die Hände voneinander zu lösen –, durch Drehen, Darüberklettern und Darunterdurchsteigen in einen entworrenen Kreis zu gelangen. Dabei dürfen sich die Hände niemals loslassen. Das Spiel ist zu Ende, wenn alle tatsächlich in einem Stirnkreis stehen, oder wenn der Spielleiter – bei unlösbaren Verwirrungen – das imaginäre Schwert hervorzaubert und den Gordischen Knoten zerschneidet.

Ein Ruck geht durch die Gruppe
Alle stehen in einem Kreis und halten sich an den Händen. Ein Spieler gibt eine Bewegung vor, die sich – wie bei umfallenden Dominosteinen – schnell durch die Gruppe fortsetzt (z.B. der ganze Körper macht eine Wellenbewegung, ein Knie knickt in eine Richtung ab, der Kopf fällt nach vorne, der Po wird nach hinten gestreckt). Ist die Bewegung wieder beim Impulsgeber angekommen, gibt der nächste Spieler eine neue Bewegung vor.

Klatschkreis
Alle stehen im Kreis. Der Spielleiter dreht sich zu seinem Nebenmann, schaut ihm in die Augen und klatscht in die Hände. Der Nebenmann dreht sich wiederum zu seinem Nachbarn, schaut ihm in die Augen und gibt das Klatschen weiter. So wandert das Klatschen möglichst schnell durch die Gruppe.

Achten Sie darauf, dass die Geschwindigkeit dabei immer weiter gesteigert wird. Nur wenn alle konzentriert dabei sind und das Tempo tatsächlich immer schneller wird, macht das Spiel richtig Spaß. Die Gruppe kann sich auch verschiedene Varianten überlegen, z.B. das Klatschen in die Gegenrichtung laufen lassen, indem man sich nicht zu seinem Nachbarn dreht, sondern in die Richtung zurückklatscht, aus der das Klatschen gekommen ist.

Jurtenkreis
Alle stehen im Kreis und halten sich an den Händen. Es wird durchgezählt, so dass abwechselnd ‚Einser' und ‚Zweier' entstehen. Alle strecken ihre Arme aus und halten sie durchgestreckt. Auf ein Kommando des Spielleiters lassen sich alle ‚Einser' langsam nach vorne fallen, d.h. sie verlagern ihr Gewicht nach vorne, alle ‚Zweier' nach hinten. So entsteht ein Jurtenkreis, in dem alle mit Körperspannung gestreckt nach vorne bzw. hinten gebeugt stehen, ohne dabei umzufallen.

Kompanie: Marsch!
Alle marschieren im Kreis hintereinander her, möglichst nach einem gemeinsamen Rhythmus. Sobald einer klatscht, machen alle eine halbe Drehung und marschieren in die Gegenrichtung weiter. Ist die Gruppe gut eingespielt und klappt der Richtungswechsel gut, kann das Ganze auch ohne Klatschen ausprobiert werden. Sobald ein Spieler die Richtung wechselt, müssen alle reagieren und in die neue Richtung marschieren.

Auf dem Schoß sitzen
Alle stehen in einem Flankenkreis ganz eng hintereinander. Jeder hält sich an den Hüften des Vordermannes fest. Auf ein Kommando des Spielleiters gehen alle gleichzeitig langsam in die Knie und setzen sich somit auf die Oberschenkel des Hintermannes, der sich ebenfalls auf die Beine seines Hintermannes setzt. So sitzt der ganze Kreis und alle versuchen jetzt, die Arme nach oben zu strecken. Um den Kreis wieder aufzulösen, geht die ganze Bewegung rückwärts, d.h. die Hände greifen die Hüften des Vordermannes, alle gehen gleichzeitig nach oben und kommen zum Stehen.

Hase und Jäger
Alle stehen mit dem Abstand einer gestreckten Armlänge in einem Kreis nebeneinander. Der Spielleiter gibt in beide Richtungen verschiedene Laute und Bewegungen an die Gruppe, die sie durch den Kreis wandern lässt. Es beginnt mit dem Hasen: Die zwei Hände über den Kopf als Ohren und der Laut „iiih". In die andere Richtung startet der Jäger: Ein Schlag auf den Oberschenkel des Nachbarn mit dem Laut „uuuh". Es folgen die Zuschauer: Hände wie ein Fernglas vor

die Augen mit dem Laut „aaah“, der Opa: Hand ans Ohr mit dem Laut „hääá?“ und zum Schluss kommt noch der Schutzengel mit dem Laut „ommm“. Der Spielleiter sollte nicht zu viele Zeichen auf einmal in die Gruppe geben, sondern zunächst ein Zeichen durch den Kreis laufen lassen. Dann kommen mehr und mehr Zeichen dazu, damit steigert sich das Tempo und natürlich auch der Spaß.

- Kreismassage
  Diese Übung eignet sich hervorragend als Abschluss einer Übungsstunde oder zum Entspannen und Beruhigen nach einem lebhaften Spieleblock. Alle stehen in einem Flankenkreis hintereinander, legen die Hände auf den Rücken des Vordermannes und massieren, kneten, klopfen ihn von oben bis unten. Danach macht jeder eine halbe Drehung und massiert nun seinen neuen Vordermann.

- Pendel im Kreis
  Es werden Kleingruppen mit ca. sechs Kindern gebildet, die sich alle im Kreis aufstellen. Ein Kind geht in die Mitte, spannt den Körper an und lässt sich in eine Richtung kippen. Die Mitspieler im Kreis haben die Hände in Schulterhöhe, strecken dem Mittelmann die Arme entgegen und pendeln ihn in der Gruppe hin und her.

- Wechselspiel
  Jeder sucht sich einen Partner, der die Augen schließt, und führt ihn behutsam an der Hand durch den Raum. Dann stellen die Führenden ihre ‚blinden‘ Partner ab und übernehmen eine neue Person. Die ‚blinden‘ Personen lassen sich führen, abstellen und wieder führen. Nach mehreren Wechseln beendet der Spielleiter das Spiel. Die ‚blinden‘ Personen erhalten den Auftrag zu überlegen, welche Person der Gruppe sie als letzte geführt hat. Sie öffnen die Augen und überprüfen, ob sie richtig geraten haben.

- Getragen werden
  Es werden Fünfer- oder Sechsergruppen gebildet. Ein Gruppenmitglied legt sich mit dem Rücken auf den Boden, spannt den Körper an und schließt die Augen. Die anderen Spieler verteilen sich um den Liegenden herum, fassen mit den Händen und Armen unter den Körper, heben ihn hoch und tragen ihn vorsichtig durch den Raum. Nach einer Weile wird der Getragene wieder sanft am Boden abgelegt.

- Goofy
  Der Spielleiter bestimmt einen Goofy. Alle schließen jetzt die Augen und bewegen sich vorsichtig auf der Suche nach Goofy durch den Raum. Jeder, dem man begegnet, wird kurz festgehalten und gefragt: „Goofy?“ Kommt die gleiche Frage zurück, handelt es sich um einen anderen Suchenden. Kommt keine Antwort, hat man Goofy gefunden, öffnet die Augen und fasst sich mit Goofy an den Händen.

- Vertrauensmarsch
  Jeder sucht sich einen Partner. Einer von beiden schließt die Augen und wird von seinem Partner ohne Berührung, nur mit Worten, durch den Raum geleitet. Beginnen Sie mit einfachen Wegen und langsamem Tempo. Ist das Paar aufeinander eingespielt, kann das Tempo erhöht werden und es können Schwierigkeiten eingebaut werden, um die Wege komplizierter zu machen, z. B. mit Drehungen gehen, rückwärts gehen.

- Maschinen bauen
  Es werden Kleingruppen mit ca. sechs Spielern gebildet. Ein Gruppenmitglied beginnt mit einer monotonen Bewegung und einem Geräusch. Der

nächste Spieler schließt sich mit passender Bewegung und neuem Geräusch an. Es kommt das dritte Kind dazu usw., bis alle Teil der Maschine geworden sind. Zum Schluss denkt sich die Gruppe einen Namen und eine Funktion für die erfundene Maschine aus.

- Mein Kopf in deinen Händen

Jeder sucht sich einen Partner. Einer von beiden legt sich mit dem Rücken auf den Boden. Der andere kniet am Kopfende seines Partners, schiebt langsam und vorsichtig seine Hände unter dessen Kopf und hebt diesen sachte ein wenig an. Die Hände halten den Kopf und bewegen ihn vorsichtig ein wenig nach rechts und links, oben und unten und legen ihn nach einiger Zeit langsam wieder ab.

Spiele für Körpergefühl und Konzentration

Theaterarbeit ist immer auch Körperarbeit. Über den Körper, die Gestik und Mimik wird die Rolle auf der Bühne ausgedrückt. Theater will die Zuschauer berühren, fesseln, bewegen. Dies kann nur gelingen, wenn die Personen auf der Bühne ihre Rolle mit der ganzen Kraft ihres Körperausdrucks und ihrer Gefühle spielen. Dies wiederum gelingt nur, wenn sich jeder Schauspieler selbst gut kennt. Deshalb ist es wichtig, vor der Arbeit am Stück an sich selbst zu arbeiten, seinen Körper und seine Gefühle kennen zu lernen, den Fokus auf sich und nach innen zu richten, kurz: sich selbst bewusst wahrzunehmen. Dazu braucht jeder Stille, Ruhe und Zeit.

Kinder müssen diese ruhige Körperarbeit meist erst lernen, lassen sich aber häufig schnell darauf ein und genießen dann die Übungen in der Regel sogar. Es ist empfehlenswert, pro Übungsstunde immer nur einige wenige Übungen aus diesem Kapitel einzuplanen. Ziel der Spiele ist es, seinen Körper mit den individuellen Bewegungsmöglichkeiten bewusst wahrzunehmen, diese Wahrnehmungsfähigkeit zu schärfen sowie das Bewegungsrepertoire jedes einzelnen Kindes zu erweitern. Dabei geht der Blick nach innen, die Konzentration erfolgt auf sich selbst, Zuschauer sind dabei nicht erwünscht. Auch unabhängig vom Theaterspielen ist diese Körperarbeit sehr sinnvoll, da sie den persönlichen Körperausdruck verbessern hilft.

- Bewusst gehen

Jeder geht in normalem Tempo durch den Raum, bleibt selbstständig stehen, schließt die Augen und spürt dem eigenen Gang nach. Es folgen ein paar Schritte mit geschlossenen Augen und wieder wird versucht, den Gang zu erspüren.

- Der eigene Gang

Jeder sucht sich einen Partner. Partner A geht in normalem Tempo durch den Raum. Partner B beobachtet ihn und versucht, typische Gangeigenheiten nachzuahmen. Danach wird gewechselt.

- Veränderung des Körperausdrucks
  Jeder geht in seinem eigenen Tempo durch den Raum und verändert auf Anweisung des Spielleiters seine Körperhaltung beim Gehen.
  Vorschläge:
  - den Kopf nach vorne oder hinten strecken,
  - die Schultern hoch, tief, vor oder zurück nehmen,
  - mit den Armen pendeln oder sie anspannen,
  - den Bauch einziehen oder herausstrecken,
  - mit der Hüfte schwingen,
  - den Po herausstrecken oder anspannen,
  - die Knie nach innen oder außen drehen,
  - die Füße abrollen, auf der Außenkante, Innenkante oder im Fersengang gehen.
  - usw.

- Gehen mit ‚Macken'
  Alle gehen durch den Raum. Jeder kann jeden an einem Körperteil antippen. Der Angetippte muss diesen Körperteil beim Gehen dann besonders bewegen, z.B. den Ellenbogen nach außen drehen, mit dem Po wackeln, mit dem Kopf nicken. Wird eine neue Körperstelle angetippt, wird diese bewegt und die vorherige Bewegung entfällt.
  Variante: Die angetippten Körperstellen werden alle immer weiter bewegt. Dies ist sehr lustig, endet aber schnell im Chaos.

- Gehen in verschiedenen Stimmungen
  Jeder sucht sich einen Partner. Partner A geht durch den Raum, denkt sich eine Stimmung aus (z.B. verärgert, gestresst, verliebt, nervös, schüchtern, erschöpft, verzweifelt, heiter, ausgelassen, traurig) und versucht, diese im Gehen auszudrücken. Wichtig: Ohne Gestik und Mimik, die Stimmung soll nur über den Gang und die Körperhaltung dargestellt werden. Partner B rät. Dann tauschen sich beide über die Beobachtungen aus und es wird gewechselt.

- Fortbewegen einmal anders
  Alle befinden sich in einer Ecke des Raumes am Boden. Der Raum ist ein fremder Planet, den es zu erobern gilt. Da nur in Bodennähe genügend Sauerstoff vorhanden ist, müssen sich alle möglichst nah am Boden vorwärts bewegen. Jeder erobert den Raum auf seine Weise und probiert dabei möglichst verschiedene Fortbewegungsarten aus (z.B. kriechen, schlängeln, rollen, robben, wälzen, ziehen).

- Personentypen entstehen beim Gehen
  Die Gruppe wird in zwei Hälften geteilt. Gruppe A bespricht sich leise, wählt einen bestimmten Personentyp aus (z.B. quengelndes Kleinkind, cooler Jugendlicher, eleganter Geschäftsmann, alter Mann, angeberischer Kraftprotz) und überlegt sich, wie dieser Typ durch den Gang ausgedrückt werden kann. Die Mitglieder von Gruppe B gehen zunächst normal durch den Raum, jeder bahnt sich seinen eigenen Weg. Gruppe A gibt nun einzelne Bewegungsvorgaben (z.B. Pobacken zusammenkneifen, Nase hochheben, Brust herausstrecken), die von Gruppe B beim Gehen sofort umgesetzt werden. B rät, welchen Personentyp sie ausgedrückt haben. Danach wird gewechselt.

- Vom Gehen zum Stehen
  Alle gehen ausdrucksstark durch den Raum, wobei möglichst alle Körperteile in Bewegung sind (z.B. Arme schlenkern, Kopf wippt, Hüfte schwingt). Der Spielleiter nennt nun einzelne Körperteile von oben nach unten, die ‚einfrieren', d.h. nicht mehr bewegt werden dürfen. Alle gehen aber weiterhin durch den Raum. Der Körperausdruck beim Gehen wird immer reduzierter, bis sich nur noch die Beine bewegen und auch diese zum Stillstand kommen. Dann geht alles wieder rückwärts: Nur die Beine bewegen sich,

die Hüfte kommt dazu, der Oberkörper beteiligt sich usw.

- Bewusst atmen
  Alle liegen im Raum verteilt auf dem Rücken, haben die Augen geschlossen und konzentrieren sich auf die Atmung. Jeder versucht, bewusst ein- und auszuatmen und zu spüren, wie die Luft in den Körper strömt, dort kurz gehalten wird und wieder ausströmt. Dazu wird tief durch die Nase in den Bauch geatmet, der sich dabei deutlich anhebt. Wenn die Hände locker auf dem Bauch liegen, spürt jeder, wie die eingeatmete Luft den Bauch hebt. Die Atmung soll ruhig, gleichmäßig und tief sein. So können sich alle entspannen und ruhig werden. Jeder stellt sich dabei vor, dass sich die Luft im Körper ausbreitet, jedes Körperteil erreicht und mit Sauerstoff anreichert.

- Entspannen durch anspannen
  Alle liegen mit geschlossenen Augen auf dem Rücken. Jeder versucht, die einzelnen Körperstellen nacheinander bewusst gegen den Boden zu drücken, um zu spüren, wie der Körper am Boden liegt: zunächst die Fersen, dann die Unterschenkel, die Oberschenkel, den Po, den Rücken, die einzelnen Wirbel, die Hände, Unterarme, Ellenbogen, Oberarme, die Schultern, den Hals, den Kopf. Dann wird der Körper kurz völlig entspannt. Es folgt die gleiche Übung von oben nach unten.

  Nun spannt jeder langsam die einzelnen Körperteile an und lässt sie angespannt: die Füße, Unterschenkel, Oberschenkel, Po, Becken, Rücken, Arme, Schultern, Kopf. Dann wird der ganze Körper entspannt. Als Nächstes versuchen alle, den Körper so anzuspannen, dass nur die Fersen und die Schultern bzw. der Kopf am Boden aufliegen. Diese Position wird kurz gehalten und dann wieder entspannt. Diese Übung wird zwei- bis dreimal wiederholt. In den Entspannungsphasen ist das tiefe, bewusste Bauchatmen wichtig.

  Jetzt spannt jeder die Beine an, hebt sie langsam einige Zentimeter über den Boden und hält diese Position einige Sekunden. Dann wieder absenken und entspannen. Auch diese Übung wird zwei- bis dreimal wiederholt. Zum Schluss spannt jeder den gesamten Körper gleichzeitig an und macht sich ganz steif. Der Spielleiter geht zu den Spielern hin und stellt jeden einzelnen langsam auf. Danach entspannen sich alle, schütteln, räkeln und strecken sich.

- Paarweise entspannen durch anspannen
  Jeder sucht sich einen Partner. Einer von beiden legt sich auf den Rücken und schließt die Augen, der andere kniet sich neben seinen Partner hin. Der liegende Spieler wird nun von seinem Partner an verschiedenen Körperstellen angetippt, die er dann sofort kurz anspannt und wieder entspannt.

- Berührung wegdrücken
  Die Paare haben die gleiche Ausgangslage wie oben. Diesmal legt der Partner die Hand auf ein Körperteil (z.B. Knie, Bauch, Schulter) des liegenden Partners. Er reagiert auf den Druck und versucht, die Hand mit dem Körperteil wegzudrücken. Spürt die Hand den Gegendruck, wird sie weggenommen, der Körperteil wird entspannt.

- (An)spannendes gehen
  Alle gehen durch den Raum, jeder konzentriert sich auf seinen Gang. Der Spielleiter nennt verschiedene Körperteile (z.B. Schultern, Bauch, Po), die dann jeweils beim Gehen angespannt werden. Jeder versucht zu spüren, wie der angespannte Körperteil seinen Gang und die Körperhaltung verändert.

- Variante: Die Gruppe teilt sich in Spieler und Zuschauer. Die Zuschauer beobachten die Spieler und geben ihnen Rückmeldung über die Außenwirkung. Das kann alternativ auch paarweise geschehen. Ein Partner geht, der andere schaut zu. Derjenige, der durch den Raum geht, bestimmt selbstständig, welchen Körperteil er anspannt. Der zuschauende Partner muss ihn erkennen.

- Bewegt werden
  Es werden wieder Paare gebildet. Ein Partner liegt mit geschlossenen Augen auf dem Rücken, der andere kniet neben ihm. Der liegende Partner wird nun von unten bis oben bewegt, d.h. der Partner kreist, pendelt oder schüttelt alle Körperteile ganz sanft und behutsam. Er beginnt bei den einzelnen Zehen, die langsam bewegt bzw. vorsichtig geschüttelt werden. Es folgen der Fuß, das Fußgelenk, der Unterschenkel, das Knie, der Oberschenkel, das Becken, der Oberkörper, die einzelnen Finger, die Hand, das Handgelenk, der Unterarm, der Ellenbogen, der Oberarm, die Schulter, der Hals und der Kopf.

- Im Gleichgewicht
  Alle stellen sich aufrecht hin, die Beine sind hüftbreit auseinander, die Augen geschlossen. Jeder spürt in sich hinein, wie er auf den Füßen steht und wie das Körpergewicht von den Füßen getragen wird. Es wird bewusst geatmet, die Arme sind am Körper locker angelegt. Jeder versucht, das Gleichgewicht, in dem er sich befindet, zu spüren. Jetzt wird das Gewicht langsam von beiden Füßen auf nur einen Fuß verlagert. Dabei bildet der ganze Körper eine in sich gerade Achse, die sich langsam zur Seite neigt. Jeder versucht, so weit wie möglich in die Neigung zu gehen, ohne das Gleichgewicht zu verlieren. Dann kehren alle langsam wieder in die Mitte zurück, um das Gewicht auf den anderen Fuß zu verlagern und sich zur anderen Seite zu neigen. Diese Pendelbewegung wird ein paar Mal wiederholt, d.h. der Körper schwingt von einer Seite auf die andere. Die Übung endet in der Mitte, mit dem Gleichgewicht auf beiden Füßen verteilt. Alle bleiben noch eine Weile mit geschlossenen Augen stehen und spüren, wie die Bewegung weiterschwingt.

- Das Gleichgewicht ausloten
  Alle stehen aufrecht und hüftbreit im Raum, das Gewicht auf beide Füße verteilt. Nun wird das Gewicht auf ein Bein verlagert, das andere Bein wird leicht angehoben, schwingt vor und zurück, beschreibt Kreise, Bögen, Achter usw. Dabei bleibt der andere Fuß sicher am Boden stehen. Jeder probiert aus, welche Bewegungen möglich sind, um das Gleichgewicht gerade noch zu erhalten. Es kann mit den Armen ausgeglichen werden. Als Steigerung werden die Augen geschlossen, während das Schwungbein sich bewegt und das Standbein sicher steht. Jeder spürt in sich hinein, wie der Körper das Gleichgewicht herzustellen versucht.

- Gleichgewichtsübungen
  - Alle kreuzen die Beine und probieren, wie weit sie zur Seite, nach vorne oder hinten pendeln können, ohne das Gleichgewicht zu verlieren.
  - Das Gleichgewicht wird auf den Knien (ohne Fußabsicherung) ausprobiert.
  - Im Sitzen auf dem Po (Beine und Füße sind weg vom Boden) wird mit dem Gleichgewicht gespielt, d.h. alle Kinder rollen von einer Pobacke auf die andere, sie bewegen den Oberkörper vor und zurück, sie ziehen die Beine im Wechsel an.
  - In der Hocke wird ein Bein nach vorne gestreckt.

– Im Vierfüßlerstand wird das Gewicht nach allen Seiten verlagert.

- Aus dem Gleichgewicht bringen
  Jeder sucht sich einen Partner. Die Paare stellen sich mit Blickkontakt eine Armlänge voneinander entfernt auf. Die Füße stehen fest am Boden und die Arme werden angewinkelt. Die Handflächen sind aufgestellt und zeigen zum Partner hin. Nun versucht jeder, seinen Partner aus dem Gleichgewicht zu bringen, indem er die Handflächen des Partners kurz berührt, wegdrückt, wegschiebt. Die eigenen Handflächen halten beim ‚Angriff' des Partners stabil dagegen, werden weggezogen usw.

- Gleichgewichtsübungen zu zweit
  – Jeder sucht sich einen Partner. Die Paare stellen sich einander gegenüber und fassen sich mit gestreckten Armen an den Händen. Die Füße stehen fest am Boden. Beide versuchen gleichzeitig, das Gleichgewicht durch leichtes nach vorne oder hinten beugen zu verschieben, es auszugleichen und es gerade noch zu halten.
  – Erneute Aufstellung mit Blickkontakt zueinander. Die Beine stehen hüftbreit fest am Boden, die Partner fassen sich an den Händen. Beide Partner lehnen sich nach hinten und gehen gleichzeitig langsam in die Hocke. Die Fersen bleiben am Boden. Dann richten sich die Paare genauso wieder auf (Arme gestreckt, Fersen am Boden, Gewicht nach hinten verlagert, Oberkörper aufrecht) und die Beine werden langsam wieder gestreckt.
  – Die Partner stehen Rücken an Rücken, die Füße bleiben mit den Fersen fest am Boden. Beide drücken ihre Rücken gegeneinander, beugen langsam die Beine, gehen gleichzeitig ganz gerade nach unten in die Hocke und kommen wieder hoch in den Stand.
  – Beide Partner stehen seitlich nebeneinander mit Handfassung. Der Arm ist durchgestreckt, die Füße stehen fest am Boden, der Körper ist gerade und angespannt. Nun wird das Gewicht langsam und vorsichtig so weit seitlich verschoben, dass das Gleichgewicht gerade noch erhalten bleibt.

- Bewegungsrepertoire einzelner Körperteile
  Das Bewegungsrepertoire der Kinder kann erweitert werden, wenn jeder Körperteil isoliert betrachtet und bewegt wird. Dabei entsteht ein differenziertes Körperbewusstsein. Die ganze Gruppe isoliert nach Anleitung des Spielleiters verschiedene Körperteile und erprobt deren Bewegungsmöglichkeiten.
  Vorschläge:
  – Kopf: seitlich kippen, nach vorne/hinten kippen, nach vorne schieben, rechts/links über die Schulter schauen, zur Seite schieben, kreisen und dabei den Kopf nach rechts/links und vorne/hinten schieben.
  – Schultern: nach vorne/hinten schieben, gegengleich nach vorne/hinten schieben, nach oben ziehen, nach unten drücken, ausschütteln.
  – Arme: schwingen, kreisen, schütteln, eckige Bewegungen ausführen, Unterarme einklappen, hoch/tief strecken.
  – Rumpf: nach vorne/hinten drücken, nach rechts/links schieben, ausdehnen (aufblasen), zusammenziehen.
  – Hüfte/Becken: leicht in die Knie gehen, Becken kreisen, nach rechts/links und vorne/hinten schieben, nach vorne/hinten kippen, ein Karree beschreiben: vorne – rechts – hinten – links, Hüfte hin und her schaukeln/drehen.
  – Beine: beugen, strecken, O-Beine, X-Beine, ein Bein heben, schwingen, Kreise/Achter beschreiben, eckige Formen ausführen, anfersen, Knie hochziehen.

- Koordinationsübung
  Alle stehen bequem. Die rechte Hand klopft leicht auf den Kopf, die linke Hand beschreibt einen Kreis auf dem Bauch. Dann wechseln die Hände, d.h. die linke Hand klopft jetzt auf den Kopf und die rechte beschreibt den Kreis auf dem Bauch.
  – Variante: Alle stehen bequem. Die Arme sind seitlich gestreckt. Die Unterarme klappen nach innen, die Ellenbogen klappen nach unten. Die Arme werden nach oben gestreckt. Die Arme klappen rechts und links wieder nach unten in die Ausgangsstellung. Nun beginnt die Übung von vorne. Das Ganze soll eine rhythmische Bewegung ergeben.

- Koordinationsübungen erfinden
  Alle stehen im Kreis. Ein Mitspieler gibt zwei Bewegungen vor (z.B. der Kopf dreht nach rechts, in die Mitte und nach links, die Knie werden im Wechsel gehoben). Das probieren alle. Dann übernimmt der Nebenmann eine der beiden vorherigen Bewegungen (z.B. die Knie werden im Wechsel gehoben) und macht dazu eine zweite neue Bewegung (z.B. die Arme seitlich heben und senken). Alle machen diese beiden Bewegungen nach. Es folgt der Nebenmann mit einer übernommenen Bewegung und einer neuen usw.

- Gesicht abtasten
  Jeder sucht sich einen Partner. Die Paare stellen oder setzen sich entspannt gegenüber. Partner A schließt die Augen. Partner B beginnt nun, seinem Gegenüber behutsam das Gesicht abzutasten. Partner A konzentriert sich auf die Berührungen. Danach wird gewechselt.
  – Variante: Die berührten Gesichtspartien werden angespannt bzw. bewegt.

- Grimassen schneiden
  Jeder sucht sich einen Partner. Die Paare setzen sich entspannt gegenüber. Partner A schneidet in Zeitlupe Grimassen, die sich ständig ändern, und versucht dabei, möglichst alle Gesichtspartien einzubeziehen (z.B. Stirn runzeln, Nase rümpfen, Kinn anspannen, Augenbrauen hochziehen). Partner B beobachtet das sich ständig verändernde Gesicht aufmerksam. Gefällt ihm eine Grimasse besonders gut, ruft er „Stopp!“, dann muss sein Gegenüber in der momentanen Mimik ‚einfrieren‘. Nach dem Kommando „Weiter!“ kann Partner A sich wieder bewegen und neue Grimassen schneiden.

- Spiegelgrimassen
  Jeder sucht sich einen Partner. Die Paare setzen sich gegenüber. Ein Partner schneidet langsam in Zeitlupe Grimassen, der andere versucht, diese als Spiegelbild nachzumachen.

- Gefühle auf Anweisung
  Jeder sucht sich einen Partner. Die Paare setzen sich gegenüber. Ein Partner denkt sich ein Gefühl aus und überlegt, wie es als Gesichtsausdruck gezeigt werden könnte. Er gibt seinem Partner konkrete Anweisungen, wie die Gesichtspartien zu bewegen sind (z.B. Augenbrauen hochziehen, Stirn runzeln, Lippen zusammenkneifen). Dieser setzt die Anweisungen um und versucht zu erraten, welches Gefühl gemeint ist.

Spiele mit Sprache und Tönen

Sprache ist das Medium sich mitzuteilen, etwas zu erzählen und zu unterhalten. Deshalb liegt es natürlich nahe, auch bei Theaterstücken Sprache zu verwenden. Auf der Bühne muss Sprache aber sehr bewusst eingesetzt werden, sonst verdrängt sie leicht die Bewegung und Ausdruckskraft des

Körpers. Beides – Sprache und Körperausdruck – gehören zusammen. Auf der Bühne ist die Gewichtung aber anders als im Alltag: Erst kommt die Bewegung, dann die Sprache.

Lässt man die Kinder auf der Bühne frei sprechen, erzählen sie mit Worten das, was sie eigentlich mit ihren Körpern viel ausdrucksvoller dar-

stellen könnten. Sie verlieren sich in der Sprache. Müssen die Kinder vorgegebene Texte sprechen, konzentrieren sie sich oft so sehr auf die Sprache, dass sie das Theater spielen fast vergessen. Oft werden auswendig gelernte Texte ohne Ausdruck vorgetragen (heruntergeleiert), es fehlt die Spontaneität und Originalität der Kinder.

Deshalb verzichte ich bei unseren Theaterstücken weitgehend auf Sprache. Wird Sprache auf der Bühne eingesetzt, muss sie inszeniert sein. Es muss damit gespielt werden durch Wiederholungen, Betonungen, Veränderungen, Wortspiele usw. Sprache muss akzentuiert und pointiert eingesetzt werden, als ein Bühnenelement und nicht als reiner Informationsübermittler. Ich versuche generell, möglichst wenig Sprache zu verwenden. Im Folgenden stelle ich trotzdem einige Spiele rund um die Sprache vor, da es selbstverständlich wichtig ist, sich auf der Bühne deutlich und ausdrucksstark sprachlich mitzuteilen.

Es bedarf einer Bewusstheit, Schulung und Übung, um seine Stimme als Medium auf der Bühne einsetzen zu können. Auch wenn keine großen Sprechtexte vorkommen, so müssen auch Geräusche, Töne, Ausrufe oder einzelne Sätze bühnenreif gemacht werden. Dabei helfen die folgenden Spiele und Übungen.

- Atemübung

Jeder stellt sich bequem hin. Nun atmen alle tief und langsam ein und aus. Jeder versucht zu spüren, wie sein Atem durch den Körper strömt, und zu fühlen, welchen Weg der Atem nimmt. Der Atem soll den ganzen Körper ausfüllen, deshalb versucht jeder, mit dem Brustkorb und mit dem Bauch zu atmen. Dazu legen alle ihre Hände auf den Rippenbogen und atmen langsam und tief ein. Dabei werden die Hände nach außen gedrückt, d.h. der Bauch wird zuerst mit Luft gefüllt, dann folgt der Brustkorb. Auch das Ausatmen erfolgt langsam und bewusst. Dabei leert sich erst die Brust und dann der Bauch.

- Gymnastik mit dem Mund

Jeder versucht, seinen Mund zu erforschen, indem er zunächst einmal mit der Zunge alle Bereiche des Mundinnenraumes berührt: die Zähne, den Gaumen, die Wangen, die Lippen usw. Dann werden alle möglichen Bewegungen mit dem Mund und den Lippen ausprobiert: z.B. Backen aufblasen, Lippen zusammenpressen, Zähne fletschen, eine Schnute ziehen, Lippen im Mund verstecken.

- Töne und Laute erforschen und erfinden

Nun können Töne erforscht werden, indem verschiedene Mundstellungen ausprobiert und die

entstandenen Geräusche und Töne gesammelt werden. Jeder probiert zunächst für sich alleine und stellt dann seine Ergebnisse den anderen vor, die sie ebenfalls ausprobieren. Somit können alle ihr Stimmrepertoire erweitern und schulen. Es geht um die Vielfalt an Tönen und Lauten, z.B. glucksen, prusten, schnattern, hecheln, schnalzen, gurren, knurren, zischeln, ächzen.

- Ich bin ein Luftballon

Jeder liegt zusammengerollt am Boden und stellt sich vor, ein Luftballon ohne Luft zu sein. Der Spielleiter beginnt nun, einen imaginären Luftballon aufzublasen. Bei jedem Pusten des Spielleiters richten sich die Kinder ein kleines Stück auf und langsam wird jeder zu einem prall gefüllten Luftballon. Ist der Luftballon dick und rund, lässt der Spielleiter ihn los und die Kinder sausen mit dem entsprechenden Zischen kreuz und quer durch den Raum. Sie werden dabei immer kleiner und liegen zum Schluss wieder eng zusammengerollt am Boden – wie ein Luftballon, aus dem alle Luft entwichen ist.

- Was sind wir?

Paarweise überlegen sich die Kinder eine Maschine oder einen Gegenstand mit den entsprechenden Geräuschen (z.B. Rennauto, Mixer, Zug). Zunächst spielen die Paare der Gruppe nur das Geräusch vor. Die Gruppe versucht zu erraten, was die beiden Kinder darstellen. Gelingt dies nicht, spielen die Partner ihren Gegenstand mit dem Geräusch vor. Nun wird nochmals geraten.

- Geräuschememory

Jeder sucht sich einen Partner. Ein Mitspieler verlässt den Raum. Die Paare überlegen sich gemeinsam ein Geräusch oder einen Laut. Nun stellen sich alle Partner getrennt voneinander kreuz und quer im Raum auf. Der Mitspieler wird hereingerufen und muss die Paare finden, die jeweils den gleichen Laut wiedergeben. Die Kinder sind ‚Geräuschdosen' und stehen regungslos im Raum. Der ratende Spieler geht durch den Raum und schüttelt jeweils ein Kind leicht an den Schultern. Daraufhin lässt das Kind sein Geräusch hören. Der ratende Spieler versucht, es sich zu merken und sucht das gleiche Geräusch bei einem anderen Kind. Die gefundenen Paare setzen sich.

- Vokale-Kreis

Die Gruppe stellt sich im Kreis auf. Der Spielleiter beginnt und singt einen Vokal. Der Nebenmann wiederholt diesen Vokal, dessen Nebenmann fährt fort usw. Es wandert immer ein Vokal durch die Gruppe, beginnend mit A. Es folgen E, I, O und U. Ein neuer Durchgang startet wieder mit A. Jetzt kommt zum Ton eine Bewegung. Jeder kann eine andere Bewegung machen. Sie sollte jedoch zum jeweiligen Vokal passen.

- Töne und Bewegung

Alle stehen im Kreis. Der Spielleiter gibt Töne und passende Bewegungen vor, die Gruppe macht beides nach, z.B.:

– „Iiiiih!" = auf Zehenspitzen stehen und die Arme nach oben strecken;
– „Mmmmmh!" = Becken kreisen;
– „Bääääh!" = Zunge herausstrecken, Oberkörper leicht nach vorne beugen, die Unterarme von den Schultern aus nach vorne schleudern;
– „Igittigittigitt!" = sich schütteln und leicht in die Knie gehen.

- Bewegung und Töne erraten

Jeder sucht sich einen Partner. Partner A denkt sich einen Ton und eine passende Bewegung aus, spielt Partner B aber nur die Bewegung (ohne Ton) vor. Partner B schaut sich die Bewegung an

und macht einen passenden Ton zu der Bewegung. Die Partner tauschen sich darüber aus, ob der Ton von Partner B mit dem ausgedachten Ton von Partner A übereinstimmt.

- Dialog aus Tönen und Bewegungen

Jeder sucht sich einen Partner. Die Paare überlegen sich einen Dialog aus Tönen und Bewegungen, z.B.:

A: „Ohohohoh!" (wackelt mit den Hüften);
B: „Tzzzzz!" (sinkt langsam in sich zusammen);
A: „Chtchtchtcht!" (macht eine Bewegung, als ob er eine Luftpumpe bedient);
B: „Aaaaaah!" (kommt langsam wieder nach oben, öffnet die Arme, lächelt).

Die ausgedachten und erprobten Dialoge werden der Gruppe reihum vorgespielt.

- Wo sind wir?

Zwei Mitspieler verlassen den Raum. Die Gruppe überlegt sich einen Ort und viele typische Geräusche (z.B. Schwimmbad: Wasser spritzen, Dusche, Kindergeschrei, federndes Geräusch des Sprungbrettes, ein großer Platsch ins Wasser, Stimmengewirr). Es wird festgelegt, welche Kinder welches Geräusch übernehmen. (Das gleiche Geräusch wird von mehreren Kindern ausgeführt.) Die beiden Mitspieler kommen herein. Die Gruppe spielt den ausgedachten Ort. Dabei machen alle gleichzeitig ihre Geräusche. Die ratenden Spieler versuchen herauszufinden, um welchen Ort es sich handelt.

- Du! – Ich? – Du!

Die Gruppe steht im Kreis. Der Spielleiter beginnt. Er deutet auf einen Mitspieler im Kreis und sagt: „Du!" Daraufhin antwortet dieser: „Ich? Wieso ich? Du!" und deutet auf einen anderen Mitspieler im Kreis. Dieser antwortet wieder: „Ich? Wieso ich? Du!" usw. Dabei kommt es zu unterschiedlichen Betonungen, Stimmlagen und Stimmungen.

- Ja! – Nein!

Jeder sucht sich einen Partner. Die Hälfte der Paare ist aktiv, die andere Hälfte schaut zu und beobachtet. Die beiden Partner stehen sich im Abstand von etwa einem Meter gegenüber. Partner A darf nur „Ja" sagen, Partner B nur „Nein". Beide führen ein Gespräch mit ihren Wörtern und versuchen, sie auf verschiedenste Art und Weise auszusprechen. Partner A gibt den Ausdruck vor, Partner B reagiert darauf, z.B.:

- Partner A bittend, Partner B streng;
- Partner A jammernd, Partner B mitleidig;
- Partner A forsch, Partner B verunsichert;
- Partner A verliebt, Partner B angeekelt.

Zunächst sollten sich alle auf die Sprache beschränken. Später kann auch Mimik und Gestik als unterstützendes Element dazu kommen.

- Wörter zuwerfen

Alle stehen im Kreis. Der Spielleiter beginnt. Er sagt ein Wort und macht dazu eine Wurfbewegung mit einem Arm zu einem Mitspieler. Dieser wiederholt das Wort, das ihm ‚zugeworfen' wurde, nennt sofort ein anderes Wort, das er damit assoziiert und wirft dieses mit der entsprechenden Armbewegung einem anderen Mitspieler zu usw.

- Zauberball

Alle sitzen im Kreis. Der Spielleiter hat einen Ball in der Hand und sagt: „Das ist ein Schwein." Sein Nebenmann fragt: „Was ist das?" Der Spielleiter wiederholt: „Das ist ein Schwein." und gibt den Ball an den Nebenmann weiter. Dieser wendet sich an seinen Nachbarn und sagt: „Das ist ein Auto." Dieser fragt zurück: „Was ist das?" und

erhält die Antwort: „Das ist ein Auto." Er gibt den Ball an den nächsten Spieler weiter.

- Geschenke machen
  Alle sitzen im Kreis. Ein Mitspieler holt pantomimisch etwas aus einer Kiste, die in der Mitte steht, und sagt zu einem anderen Kind gewandt: „Ich schenke dir einen Ball!" Das Kind antwortet: „Oh, einen Ball! Vielen Dank!" Beide verstärken die Aussage mit einer passenden Gestik und Mimik. Es können natürlich auch lustige Dinge verschenkt werden, z. B. eine Rolle Toilettenpapier, ein glitschiger Fisch, eine heiße Kartoffel.

- Der Ton macht die Musik
  Der Spielleiter gibt verschiedene unsinnige oder nichtssagende Sätze vor, z. B.: „Wenn es stürmt und schneit, scheint selten die Sonne."
  „So ein Bad in der Wanne ist ziemlich nass."
  „Ein grüner Baum hat durchaus seinen Reiz."
  Jeder Mitspieler sucht sich einen der Sätze aus. Alle gehen durch den Raum. Begegnen sich zwei Spieler, sagt jeder seinen Satz mit unterschiedlichen Betonungen zu dem anderen (z. B. verliebt, verärgert, schüchtern, drohend, befehlend, gelangweilt, verängstigt, nervös, geheimnisvoll, beruhigend, informierend, alarmierend, beleidigt, besorgt).

- Ein Dialog mit vielen Möglichkeiten
  Der Spielleiter gibt einen kurzen Dialog vor, z. B.:
  „Hallo, wie geht's?"
  „Danke, gut! Und selbst?"
  „Danke der Nachfrage."
  Jeder sucht sich einen Partner. Die Paare überlegen, wer miteinander sprechen könnte (z. B. Mutter mit Kind, zwei Kollegen, Chef mit Angestelltem, Lehrer mit Schüler, Oma mit Enkel). Sie probieren es aus und spielen das Gespräch anschließend der Gruppe vor. Die Gruppe muss die Gesprächspartner erraten. Das Gespräch kann in mehreren Varianten vorgespielt werden:
  1. Darstellung nur durch Sprache.
  2. Darstellung nur durch Bewegung.
  3. Darstellung durch Sprache und Bewegung.

Spiele für die Bühne: Auf die Bühne – fertig – los!

Theater ist Darstellung, Inszenierung, Illusion. Theater spielen meint das bewusste Spiel mit theatralen Mitteln. Kinder sind Meister im Spielen und beherrschen vielfältige theatrale Mittel. Das kann jeder bestätigen, der mit Kindern zu tun hat. Kinder sind in ihrem Ausdruck sehr authentisch und bei all ihren Handlungen komplett – mit dem Kopf, dem Körper und dem Herzen – dabei. (Im Gegensatz zu uns Erwachsenen, die wir doch oft das eine tun und mit dem Kopf oder dem Herzen bei etwas ganz anderem sind.) Die besonderen Fähigkeiten der Kinder sind wichtige Elemente der Schauspielerei. Die Aufgabe der Spiele und Übungen in diesem Kapitel ist es, die Fähigkeiten der Kinder herauszukitzeln, sie ihnen bewusst zu machen und sie auf den Umgang mit Publikum vorzubereiten.

Deshalb geht es in meinen Theaterprojekten nach einigen Spielen aus dem vorangegangenen Kapitel immer weiter mit allgemeinen Spielen rund um die Bühne. Dabei ist der Fokus der Spiele auf die Schulung der Ausdruckskraft und der Darstellungsfähigkeiten der Kinder gerichtet. Außerdem sollen die Kinder auf spielerische Art Erfahrungen sammeln, was auf einer Bühne zu beachten ist und gleichzeitig Sicherheit darin gewinnen, sich vor anderen darzustellen. Um ein Bühnenstück publikumswirksam zu gestalten,

gibt es außerdem noch verschiedene Bühneneffekte. Diese lernen die Kinder ebenfalls spielerisch kennen und ausprobieren. Diese drei Schwerpunkte gilt es deutlich zu unterscheiden, deshalb habe ich die Spiele in drei Gruppen eingeteilt.

Spiele und Übungen zur Darstellung und Ausdrucksschulung

Um eine Rolle überzeugend spielen zu können, müssen die kleinen Schauspieler über variable Ausdrucksmöglichkeiten verfügen und sich ihrer Ausdruckskraft bewusst sein. Die folgenden Spiele und Übungen schulen die Darstellungs- und Ausdrucksfähigkeiten der Kinder, schärfen ihr Bewusstsein für Gestik und Mimik und erweitern ihr Repertoire an Ausdrucksmöglichkeiten.

- Einfrieren
  Alle Kinder bewegen sich auf flotte Musik durch den Raum. Stoppt die Musik, erstarren alle sofort in ihrer Bewegung und bleiben so lange ‚eingefroren' stehen, bis die Musik wieder einsetzt. Dann bewegen sich wieder alle locker durch den Raum.

- Verschiedene Untergründe
  Alle Kinder bewegen sich auf flotte Musik durch den Raum. Der Spielleiter gibt bei Musikstopp an, auf welchem Untergrund sich die Gruppe befindet (z.B. klebrig, glatt, stachelig, heiß, kalt, weich, zerbrechlich, glitschig, wackelig, dreckig). Dementsprechend müssen sich die Spieler bewegen. Beim nächsten Musikstopp nennt der Spielleiter einen neuen Untergrund.

- Verschiedene Gangarten
  Alle gehen durch den Raum. Der Spielleiter klatscht in die Hände und gibt eine Gangart vor (z.B. schleichen, hüpfen, stolzieren, marschieren,

stolpern, torkeln, schlurfen, spazieren). Die Spieler machen sie so lange nach, bis ein anderer Mitspieler in die Hände klatscht und eine neue Gangart vorgibt.

- Sich angezogen fühlen
  Alle gehen durch den Raum. Der Spielleiter gibt verschiedene Gegenstände an, von denen sich alle angezogen fühlen und auf die sie sich entsprechend zubewegen (z.B. ein Luftballon, der nach oben zieht, ein Hund an der Leine, der nach vorne/hinten oder rechts/links zieht, ein Zementsack, der nach unten zieht).

- Verschiedene Tiere
  Alle Kinder gehen auf Musik durch den Raum. Bei Musikstopp bleiben sie stehen und der Spielleiter nennt ein Tier. Nun verwandelt sich jeder langsam in das Tier und fühlt sich in diese Rolle hinein. Wenn die Musik wieder startet, bewegen sich alle als Tier durch den Raum.

- Fantasiebewegungen
  Alle Kinder gehen auf Musik durch den Raum. Der Spielleiter nennt bei Musikstopp ein Fabelwesen (z.B. Drache, Fee, Außerirdischer, Monster, Kobold, Zwerg). Alle schlüpfen in die Rolle

und bewegen sich so lange durch den Raum, bis ein anderer Spieler einen neuen Begriff vorgibt.

– Variante: Statt Fabelwesen können auch einfach nur Gegenstände vorgegeben werden (z. B. Ball, Putztuch, Auto, Schachfigur).

- Roboter und Gummimensch
  Jeder wählt eine Rolle – Roboter oder Gummimensch – und bewegt sich zu elektronischer, möglichst rhythmischer Musik durch den Raum. Bei Musikstopp bleiben alle Kinder kurz stehen (‚einfrieren') und wechseln dann die Rollen.

- In der Disko
  Es läuft eingängige Disko-Musik. Der Spielleiter gibt vor, welche Altersgruppe gerade in der Disko ist (z. B. Opa, Baby, Kindergartenkind, Teenie, Erwachsener). Die Kinder tanzen auf diese Art und Weise bis zur nächsten Ansage.

- Musikimpulse
  Der Spielleiter gibt verschiedene Musikrichtungen vor, auf die sich die Kinder entsprechend bewegen (z. B. Techno, Walzer, Klassik, Marschmusik, Pop, Ethno).

- Imaginäre Dinge tragen
  Alle Kinder gehen durch den Raum. Der Spielleiter nennt verschiedene Dinge, die die Kinder vorgeben, durch den Raum zu tragen (z. B. eine schwere Kiste, einen mit Gas gefüllten Luftballon, ein riesiges Paket, ein kleines Aquarium mit Goldfischen, ein Tablett mit vielen Gläsern, eine dicke Schneekugel, ein kleines Vögelchen, einen Kontrabass). Die Kinder müssen mit ihren Gegenständen aneinander vorbeigehen und dürfen auf keinen Fall zusammenstoßen.

– Variante: Es wird zugelassen, dass zwei Kinder mit ihren Gegenständen zusammenstoßen. Was passiert dann? Fallen die Dinge zu Boden, werden sie gerade noch fest gehalten, kommt das Kind ins Schwanken? All diese Möglichkeiten können gespielt werden. Wichtig ist dabei nicht nur die Gestik, sondern immer auch die Mimik.

- Verwandlung
  Jeder geht durch den Raum, wird müde und legt sich langsam auf den Boden. Der Spielleiter beschreibt nun das Wachsen, Blühen und Verwelken einer Blume (z. B. sie arbeitet sich langsam aus der Erde heraus, sie streckt sich der Sonne entgegen, sie öffnet vorsichtig die Blüten usw.). Die Kinder setzen die Angaben des Spielleiters sofort um.

- Sprechende Gegenstände
  Es liegen verschiedene Gegenstände im Raum verteilt auf dem Boden (z. B. Ball, Regenschirm, Hut, Tuch, Brille). Alle Kinder gehen durch den Raum. Kommt ein Kind an einem Gegenstand vorbei, bleibt es stehen, nimmt ihn in die Hand spricht für ihn. Der Regenschirm z. B. sagt: „Hey, wie lange muss ich denn hier noch so zusammengedrückt liegen? Hallo, du! Spann mich doch mal auf." Spricht ein Gegenstand, bleibt der nächste vorbeigehende Spieler stehen und antwortet. Nach einem kurzen Dialog verabschieden sich beide voneinander, der Gegenstand wird wieder auf den Boden gelegt und beide gehen weiter. Es finden mehrere Dialoge gleichzeitig statt, da ja verschiedene Gegenstände am Boden liegen.

- Das erwachende Denkmal
  Jedes Kind stellt sich als Denkmal im Raum auf. Es nimmt eine deutliche Pose ein und bewegt sich nicht. Jetzt wird Musik eingespielt. Der Spielleiter erklärt, dass sich das Denkmal bewegen möchte. Es spürt, dass es die Stirn bewegen kann. Alle bewegen daraufhin die Stirn. Jetzt kann das

Denkmal das gesamte Gesicht bewegen. Jeder probiert alle möglichen und unmöglichen Bewegungen aus. Die Beweglichkeit des Denkmals wandert langsam den Körper entlang nach unten, bis sich alle frei durch den Raum bewegen und zur Musik tanzen.

- Und hepp!

Die Kinder stehen paarweise mit dem Rücken zueinander. Partner A beginnt. Er überlegt sich drei verschiedene Begriffe und ruft: „Und hepp!“ Daraufhin springen beide mit einer halben Drehung aufeinander zu und Partner A nennt den ersten Gegenstand (z. B. Stehlampe, Tisch, Motorrad, Ball, Klavier). Partner B spielt den Begriff sofort, ohne nachzudenken. Nach etwa fünf Sekunden drehen sich beide wieder um und es geht von vorne los. Nach dem dritten Durchgang wird gewechselt und Partner B ist an der Reihe.

- Boxen mit Abstand

Jeder sucht sich einen Partner. Die zwei Spieler stehen sich mit zwei Meter Abstand gegenüber und boxen miteinander, ohne sich zu berühren. Dabei ist es wichtig, dass sie bei den einzelnen Bewegungen aufeinander eingehen. Wenn z. B. einer einen Haken austeilt, muss der andere ihm geschickt ausweichen oder einen Treffer simulieren.

- Spiegeln

Jeder sucht sich einen Partner. Die zwei Spieler stehen sich mit einem Meter Abstand gegenüber. Einer von beiden ist der Akteur, der andere spielt den Spiegel. Der Akteur bewegt sich langsam und bewusst, der Spiegel spiegelt die Bewegung sofort, indem er sie gegengleich nachmacht.

– Variante: Partner A macht seine Bewegungen langsam und deutlich. Partner B spiegelt die Bewegungen übertrieben, d. h. größer und weiter.

- Tiermemory

Der Spielleiter verteilt Zettel an die Kinder, auf denen jeweils ein Tier steht. Jedes Tier ist doppelt vorhanden. Jeder Spieler stellt das Tier auf seinem Zettel mit Bewegungen dar und versucht gleichzeitig, seinen Partner zu finden.

- Figuren schleudern

Jeder sucht sich einen Partner. Spieler A nimmt seinen Partner an der Hand und dreht sich mit ausgestrecktem Arm um die eigene Achse Er schleudert den Partner mit sich herum und gibt ihn dann frei. Partner B lässt die Bewegung ausklingen und erstarrt in der Haltung, in die er geschleudert wurde. Spieler A schaut sich nun die Position seines Partners an und stellt sich in der gleichen Haltung neben ihm auf. Nun kann Partner B seine Position aufgeben und sich die Kopie seiner Haltung anschauen. Dann wird gewechselt.

- Skulpturen gestalten

Jeder sucht sich einen Partner. Spieler A ist der Bildhauer, der aus Partner B eine Skulptur baut. Dabei soll der gesamte Körper in eine ausdrucksstarke Form gebracht werden. Auch die Mimik muss berücksichtigt werden. Die Skulptur bekommt einen Namen. Haben alle Spieler ihre Partner ‚modelliert‘, beginnt, auf ein Signal des Spielleiters hin, die Ausstellung. Alle Bildhauer stellen ihre Skulptur vor, gehen durch den Raum und betrachten die Statuen der anderen. Jeder Bildhauer sucht sich nun eine beliebige Skulptur – nicht die eigene – aus und stellt sich irgendwo im Raum in der gleichen Haltung auf. Stehen alle Bildhauer ‚eingefroren‘ da, gibt der Spielleiter ein Zeichen. Die Spieler B ‚tauen‘ auf und stellen sich neben die Skulptur, die so ausschaut, wie sie ursprünglich modelliert waren.

- Variante: Der Spielleiter gibt ein Thema vor, zu dem die Skulpturen gestaltet werden (z. B. Friede, Liebe, Freundschaft, Weltreise, Musik).

- Blinder Bildhauer
  Jeder sucht sich einen Partner. Spieler A dreht sich von seinem Partner weg und schließt die Augen. Partner B stellt sich in eine bestimmte Position als Skulptur. Spieler A dreht sich nun zu seinem Partner um und betastet ihn von oben bis unten, um die Skulptur mit den Händen zu ‚betrachten'. Danach stellt er sich in der gleichen Haltung neben seinen Partner. Er öffnet die Augen und überprüft das Ergebnis.

- Siehst du, was ich tue?
  Ein Spiel, bei dem ein Spieler eine Geste oder eine kleine Handlung ausführt, die der Partner erkennen und mit einer passenden Geste oder Handlung beantworten soll (z. B. zieht ein Partner einen imaginären Hut, der andere grüßt zurück, ein Partner bietet auf einem Tablett ein Getränk an, der andere nimmt sich ein Glas vom Tablett und trinkt).

- Kopftheater
  Zwei Spieler sitzen sich bequem gegenüber. Spieler A hält sich die Hände vor das Gesicht, d. h. der Vorhang ist geschlossen. Die Hände wandern nach außen, d. h. der Vorhang wird geöffnet, und Spieler A schneidet eine Grimasse. Er hält diese Position einige Sekunden und führt dann die Hände wieder vor das Gesicht, d. h. der Vorhang ist wieder geschlossen. Spieler B ist Zuschauer und genießt die Vorstellung. Spieler A zeigt fünf bis sechs verschiedene Grimassen, dann wird gewechselt.

- Stimmungsgegensätze
  Zwei Spieler sitzen sich gegenüber und schauen sich an. Einer von beiden beginnt zu weinen, daraufhin lacht der andere. Je mehr der eine weint, desto heftiger lacht der andere. Jede Situation sollte mehrere Minuten gespielt werden.

- Roboterspiel
  Alle finden sich in Dreier-Gruppen zusammen. Zwei Kinder spielen die Roboter, eines ist der Ingenieur. Die Roboter stehen Rücken an Rücken. Der Ingenieur hat die Aufgabe, die Roboter so zu steuern, dass sie sich von Angesicht zu Angesicht gegenüberstehen. Der Ingenieur schaltet seine Roboter mit einem leichten Druck auf den Kopf ein. Die Roboter gehen mit eckigen Bewegungen immer nur in ihre Richtung geradeaus. Der Ingenieur kann die Richtung verändern, in dem er einem Roboter auf die rechte oder linke Schulter tippt. Daraufhin macht der Roboter eine Vierteldrehung und marschiert wieder geradeaus. Der Ingenieur braucht einiges Geschick, um seine beiden Roboter so zu steuern, dass sie schließlich mit den Gesichtern zueinander stehen. Dann werden die Rollen getauscht.

- Ich bin ein ...
  Alle Kinder sitzen im Kreis. Ein Kind geht in die Mitte, stellt sich in eine bestimmte Position und sagt: „Ich bin ein ..." (z. B. Auto, Ball, Computer, Vorhang, Topfdeckel). Es bleibt nur ein bis zwei Sekunden in der Position stehen und geht dann wieder auf seinen Platz zurück. Schon saust das nächste Kind in die Mitte. Das Spiel lebt von der Schnelligkeit und Spontaneität der Kinder.

- Ich packe meinen Koffer
  Alle Spieler sitzen im Kreis. Der Spielleiter stellt einen Koffer in die Mitte (oder erklärt, dass in der Mitte ein imaginärer Koffer steht). Es geht darum, den Koffer mit Dingen zu füllen, die auf einer

Reise wichtig sind. Ein Kind geht in die Mitte, legt einen imaginären Gegenstand (z. B. Kuscheltier, Schmusedecke, Ball, Zahnbürste, Springseil) so in den Koffer, dass man ihn erkennen kann und sagt: „Ich packe ein(e/n) … in den Koffer.“ Es geht zurück und das nächste Kind geht mit einem neuen Gegenstand zu dem Koffer.

- Es geht im Kreis herum

  Alle Kinder sitzen im Kreis. Der Spielleiter gibt seinem Nebenmann einen imaginären Gegenstand, der dann durch den Kreis wandert (z. B. eine schwere Kugel, einen klebrigen Kaugummi, eine leichte Feder, einen kleinen Vogel, ein glitschiges Stück Seife). Der Spielleiter sagt, was er herumgibt. Wichtig ist, dass der Gegenstand und seine Eigenschaften (z. B. schwer, klebrig, leicht, klein, glitschig) auf der Reise durch den Kreis immer erkennbar bleiben.

  – Variante: Der Spielleiter nennt den Gegenstand nicht, den er durch den Kreis gibt. Die Kinder raten, wenn der Gegenstand wieder beim Spielleiter angekommen ist, was sie durchgegeben haben.

- Dinge verändern sich

  Alle Kinder sitzen im Kreis. Der Spielleiter gibt seinem Nebenmann einen imaginären Gegenstand (z. B. etwas Klebriges, Schweres, Stacheliges, Stinkendes). In dessen Händen verändert sich der Gegenstand (z. B. aus dem Klebrigen wird etwas Stacheliges) und wird an den Nachbarn weitergegeben. Keiner nennt den Gegenstand, den er weitergibt. Nachdem der Gegenstand wieder beim Spielleiter angekommen ist, wird geraten, wer was weitergegeben hat. In der zweiten Runde wird alles noch einmal wiederholt. Diesmal sagt jeder, welchen Gegenstand er weitergibt.

- Gefühle-Bälle

  Alle Kinder sitzen im Kreis. Der Spielleiter stellt drei verschiedenfarbige Bälle vor, die jeweils mit einem Gefühl verbunden sind (z. B. rot = wütend, blau = traurig, gelb = fröhlich). Der Spielleiter rollt einem Kind einen Ball zu, das nun das entsprechende Gefühl spielt, so lange es den Ball in der Hand hält. Nach ein paar Sekunden rollt es den Ball einem anderen Kind im Kreis zu. Alle drei Bälle wandern so gleichzeitig kreuz und quer durch den Kreis.

- Mimik verändern

  Alle Kinder stehen im Kreis. Ein Spieler macht ein ausdrucksstarkes Gesicht oder schneidet eine Grimasse und wendet sich seinem Nebenmann zu. Dieser übernimmt den Gesichtsausdruck und dreht sein Gesicht in die Mitte, damit ihn jeder sehen kann. Dann wird der Gesichtsausdruck neutral, um sich anschließend in eine neue Grimasse zu verändern. So wandern die verschiedensten Gesichtsausdrücke durch den Kreis.

  – Variante: Nicht nur die Mimik, sondern die gesamte Körperhaltung wird weitergegeben.

- Tiere darstellen

  Alle Kinder stehen im Kreis. Ein Spieler geht in die Mitte und spielt ein Tier (ohne Geräusche). Jeder, der meint, das Tier zu erkennen, geht ebenfalls in den Kreis und spielt das Tier. Sind fünf Kinder im Kreis, bricht der Spielleiter die Runde ab. Jedes Kind nennt nun das Tier, das es gespielt hat. Dabei wird kurz besprochen, welche typischen Körperhaltungen und Bewegungen die einzelnen Tiere haben.

- Ein Gegenstand kann vieles sein

  Alle Kinder sitzen im Kreis. In der Mitte liegt ein Gegenstand (z. B. ein Regenschirm). Jedes Kind, das eine Idee hat, geht in die Mitte, nimmt den

Gegenstand und spielt, was dieser sein soll (z.B. Angel, Golfschläger, Gitarre). Die Gruppe versucht, den gespielten Gegenstand zu erraten.

- Was ist in der Kiste?

Alle Kinder sitzen im Kreis. In der Mitte steht eine kleine Kiste. Jedes Kind, das eine Idee hat, geht in die Mitte und spielt, was sich in der Kiste befindet. Der Spielleiter gibt vor, durch welchen der folgenden Sinne der Gegenstand dargestellt werden soll:

- Riechen: Wie riecht der Gegenstand? Es wird nur mit Mimik und Gestik versucht, den Gegenstand darzustellen.
- Hören: Welches Geräusch macht der Gegenstand? Die Kiste wird in die Hände genommen und geschüttelt.
- Schmecken: Wie schmeckt der Gegenstand? Es soll genau dargestellt werden, wie der Gegenstand aus der Kiste geholt wird (z.B. ein Finger voll Honig, eine Wurst, ein Lutscher). Erst daran riechen, dann in den Mund nehmen und schmecken. Dabei auf eine ausdrucksvolle Mimik achten.
- Sehen: Wie sieht der Gegenstand aus? Jetzt wird in die Kiste geschaut und über Mimik und Gestik dargestellt, was in der Kiste zu sehen ist.

Wichtig bei diesem Spiel ist, dass nicht der Gegenstand selbst dargestellt wird, sondern die Gestik und Mimik beim Riechen, Hören, Schmecken und Sehen des Gegenstandes zum Ausdruck kommt. Daran soll der Gegenstand erkannt werden.

- Vier-Felder-Gehen

Die Kinder bilden zwei Gruppen. Der Raum wird durch ein großes Kreuz (z.B. mit Kreidestrichen, Klebestreifen oder Matten) in vier Felder unterteilt. Der Spielleiter gibt einer der Gruppen – die andere Gruppe darf nicht mithören – vier verschiedene Gefühle vor (z.B. verliebt, schüchtern, verärgert, enttäuscht, arrogant, stolz, glücklich, traurig, wütend). Die Gruppe wandert nun gemeinsam von einem Feld in das nächste und spielt in jedem Feld eines der Gefühle. Die andere Gruppe schaut zu und rät danach, welche Gefühle dargestellt wurden. Dann wird gewechselt.

- Sprichwörter raten

Die Kinder bilden zwei Gruppen. Eine Gruppe sind die Akteure, die andere Gruppe die Zuschauer. Der Spielleiter gibt den Akteuren ein Sprichwort oder eine Redensart mit dem Wort ‚gehen' vor (z.B. Jemandem auf die Nerven gehen. Mit jemandem durch dick und dünn gehen. Liebe geht durch den Magen. Jemandem geht ein Licht auf. Sich gehen lassen. Über Leichen gehen. Jemandem ins Netz gehen. Jemandem auf den Leim gehen.) Die Gruppe spielt die Redewendung den Zuschauern vor. Diese raten, nachdem fertig gespielt wurde. Dann wird gewechselt.

- Gegensätze darstellen

Die Kinder bilden zwei Gruppen, die sich mit einigen Metern Abstand gegenüberstehen. Einer läuft aus einer Gruppe in die Mitte und stellt sich in einem Standbild hin, das durch Körperhaltung, Gestik und Mimik eine Eigenschaft darstellt. Einer aus der anderen Gruppe, der meint, die Figur zu erkennen, saust ebenfalls auf die Spielfläche und stellt in einem Standbild das Gegenteil dar (z.B. dick – dünn, groß – klein, laut – leise, traurig – glücklich, hungrig – satt, müde – wach, arm – reich, weich – hart, eckig – rund). Beide bleiben ein paar Sekunden stehen, verlassen dann die Spielfläche und kehren zu ihren Gruppen zurück. Sofort startet das nächste Kind.

- Begegnungen verändern

Die Kinder bilden zwei Gruppen, die sich mit einigen Metern Abstand gegenüberstehen. Auf ein Zeichen des Spielleiters hin gehen beide Gruppen in einer bestimmten Stimmung oder Haltung aufeinander zu. Jeder begegnet seinem Gegenüber kurz mit Blickkontakt, einer Berührung oder einer Gestik. Im Moment der Begegnung ‚frieren' alle kurz ein und gehen nach der Begegnung verändert weiter auf die andere Seite (z.B. erst schüchtern, dann selbstsicher; erst steif, dann locker; erst nervös, dann ruhig; erst müde, dann wach).

– Variante: Jeder überlegt sich selbst seine Stimmung oder Haltung. Zwei Spieler gehen aufeinander zu, ‚frieren' bei der Begegnung kurz ein und übernehmen beim Weitergehen die Stimmung oder Haltung, die ihr Gegenüber hatte.

- Gefühle in Gegensätzen

Zwei Gruppen stehen sich mit einigen Metern Abstand gegenüber. Der Spielleiter flüstert Gruppe A ein Gefühl zu. Beide Gruppen gehen langsam aufeinander zu. Auf ein Kommando des Spielleiters spielen die Kinder aus Gruppe A kurz vor der anderen Gruppe ihr Gefühl vor. Die Kinder aus Gruppe B reagieren sofort mit der entgegengesetzten Emotion.

- Scharaden spielen

Es werden Kleingruppen (fünf bis sechs Spieler) gebildet. Jeweils zwei Kleingruppen spielen sich gegenseitig zusammengesetzte Wörter vor. Eine Gruppe spielt, die andere Gruppe rät. Das zusammengesetzte Wort wird in seine Bestandteile zerlegt (z.B. Baumhaus = Baum und Haus). Die beiden Bestandteile werden jeweils gemeinsam von der ganzen Gruppe gespielt. Danach wird gewechselt.

- Blödelparty

Es werden Kleingruppen (fünf bis sechs Spieler) gebildet. Die Gruppen stehen wie bei einer Stehparty im Raum zusammen. Jeder überlegt sich einen kleinen Satz oder Ausruf (z.B. „Ach was!" „Nein, das ist nicht nötig!" „Ist ja interessant!") und unterhält sich ausschließlich damit innerhalb seiner Kleingruppe. Jeder hat dabei eine besondere ‚Macke' (z.B. Nase rümpfen, Schultern zucken, Augen verdrehen). Ohne sich abzusprechen, imitieren dann alle einen anderen Spieler der Gruppe. Wenn dieser es bemerkt hat, ruft er: „Stopp!" und alle spielen wieder ihre eigene Macke. Schon wird der Nächste – ohne Absprache – imitiert, bis alle dran waren.

- Wie geht's denn?

Zwei Gruppen stehen sich mit einigen Metern Abstand gegenüber. Zwei Spieler gehen nun in zwei unterschiedlichen Gangarten aufeinander zu. Nachdem sie sich getroffen haben, übernehmen sie die Gangart des anderen und gehen weiter.

- Tiere darstellen

Die Kinder bilden zwei Gruppen. Eine Gruppe spielt, die andere schaut zu. Die Kinder, die spielen, liegen entspannt am Boden. Jeder denkt sich ein Tier aus, fühlt sich in dieses Tier hinein und beginnt, dieses Tier zu spielen (z.B. Ein Kind dreht sich langsam in Bauchlage, streckt die Arme genüsslich nach vorne, die Finger werden zu Krallen. Das Kind räkelt sich, macht einen Katzenbuckel und schleckt sich die Pfote. Es ist eine Katze.). Die Zuschauer beobachten die spielenden Kinder aufmerksam. Danach nennen sie alle Tiere, die sie erkannt haben.

- Gruppenbewegungen

Die Kinder bilden zwei Gruppen. Eine Gruppe

stellt gemeinsam eine Handlung dar, die andere Gruppe muss sie erraten (z.B. alle tragen eine Riesenglasscheibe, alle fahren in einem Bus, alle fahren mit einem Floß einen reißenden Fluss hinunter, alle fangen eine Herde Pferde ein).

Spiele und Übungen zur Förderung der Bühnenpräsenz

Auf der Bühne gilt es verschiedene Kriterien zu beachten, um eine Rolle wirkungsvoll und vor allem publikumswirksam zu präsentieren. Beispielsweise muss den Kindern bewusst sein, dass sie vor Zuschauern spielen und dass sie damit alle Aktionen nach vorne, zum Publikum hin, orientieren müssen. Die Gestik und Mimik der kleinen Schauspieler muss ausdrucksstark, deutlich und teilweise sogar übertrieben gespielt werden, um die Zuschauer über die erste Reihe hinaus zu erreichen. Jede Handlung auf der Bühne muss präzise sein, die Schauspieler müssen auf den Punkt kommen und dürfen sich niemals verzetteln. Stehen mehrere Kinder auf der Bühne, dürfen sie sich gegenseitig nicht verdecken. Auch wenn sie miteinander agieren, müssen sie sich immer nach den Zuschauern ausrichten. Dazu kommt die Aufgabe, die eigene Rolle so überzeugend zu spielen, dass zu den Zuschauern ein Funke überspringt. Manchmal ist es sogar nötig, von der Bühne aus Kontakt zu den Zuschauern aufzunehmen. Auch das will geübt sein.

Die Bühne bietet eine besondere Dynamik: Die Zuschauer sitzen als Gruppe auf die Bühne ausgerichtet und bringen eine gewisse Erwartungshaltung mit. Die Bühne ist ein Ort, an dem man sich präsentiert, exponiert, in den Mittelpunkt stellt. Dort kann man seine Talente zeigen und Applaus ernten, aber auch scheitern und sich blamieren. Deshalb kostet es eine Menge Mut, sich auf die Bühne zu begeben. Je vertrauter das Agieren auf einer Bühne ist und je besser man die Kriterien kennt, die auf einer Bühne zu beachten sind, desto leichter ist es, sich vor echtes Publikum zu wagen. Die folgenden Spiele vermitteln den Kindern Bühnenpräsenz. Dazu müssen die Kinder einerseits aufmerksame, wache Zuschauer sein, andererseits aber auch bühnenbegeisterte, konzentrierte Schauspieler.

- Auf die Bühne!
  Die ganze Gruppe sitzt als Zuschauer vor der Bühne. Wer möchte, stellt sich neben die Bühne, saust schnell auf die Bühne, bleibt in der Mitte kurz stehen, macht eine Standfigur und läuft nach ein paar Sekunden weiter zum anderen Bühnenrand. Schon startet das nächste Kind auf die Bühne.

- Vier für drei
  Die Gruppe sitzt als Zuschauer vor der Bühne.

Drei Kinder gehen auf die Bühne, wiederholen mehrmals hintereinander vier vorgegebene Bewegungen, benennen diese gleichzeitig und treten dabei miteinander in Kontakt (z.B. ich gehe, ich verbeuge mich, ich lache, ich sitze).

- Vorstellungsbühne
  Die Kinder gehen einzeln auf die Bühne, nehmen zu den Zuschauern Blickkontakt auf und stellen sich kurz vor.

- Hallo, Publikum!
  Die Kinder gehen zügig einzeln auf die Bühne, bleiben in der Mitte kurz stehen, nehmen zum Publikum Kontakt auf, begrüßen es auf unterschiedliche Weise (z.B. kurzes Winken, Verbeugung, Kopf nicken) und gehen rasch wieder von der Bühne.

- Hände-Theater
  Jeweils zwei Kinder spielen mit den Händen eine kleine Geschichte auf der Bühne vor. Es sind nur die Hände und Arme sichtbar, der Rest des Körpers ist durch einen kleinen Vorhang oder ein Tuch abgedeckt. Die Geschichte braucht einen klaren Anfang, eine kurze Handlung und ein deutliches Ende. Sie kann mit Geräuschen untermalt werden (z.B. zwei Hände treffen sich, begrüßen sich, plaudern miteinander, es ergibt sich ein Streitgespräch, das zu einem Handgemenge führt, eine dritte Hand kommt hinzu, schlichtet den Streit, ein versöhnliches Händeschütteln bildet den Schluss).
  – Vorübung: Bevor die Geschichten von jeweils zwei Kindern gestaltet und auf der Bühne gezeigt werden, sollten sie zunächst ausprobieren, was die Hände alles tun können (z.B. sich schütteln, streicheln, kratzen, kitzeln, winken, packen, zerren, schimpfen, drohen).

- Füße-Theater
  Jeweils zwei Kinder spielen mit den Füßen eine kleine Geschichte auf der Bühne vor. Auch hier ist wieder die Aufgabe, einen deutlichen Anfang, eine kurze, nachvollziehbare Handlung und ein klares Ende zu zeigen. Geräusche sind erlaubt. Auf der Bühne sind nur die Füße und Beine bis zu den Knien zu sehen, der Rest des Körpers ist mit einem großen Tuch abgedeckt (z.B. es kommen drei Füße auf die Bühne, zwei davon umgarnen den dritten Fuß, jeder der beiden will den dritten Fuß für sich gewinnen, der dritte Fuß ist hin und her gerissen zwischen den beiden, kann sich nicht entscheiden und lässt schließlich beide stehen). Auch hier sollte als Vorübung ausprobiert werden, was mit den Füßen alles möglich ist (z.B. auf Zehenspitzen schleichen, treten, stoßen, sich beschnuppern, sich berühren, streicheln, stampfen, mit den Zehen winken, etwas mit den Zehen packen).

- Modenschau
  Die Kinder bilden Kleingruppen mit fünf bis sechs Spielern. Jedes Kind sucht sich ein Kleidungsstück, das bei einer Modenschau präsentiert werden soll. Gang, Gestik und Mimik sowie die Präsentation des Kleidungsstückes werden geübt, anschließend zeigen die Kleingruppen auf der Bühne ihre Modenschau. Die Moderation kann der Spielleiter oder ein Kind aus der Gruppe übernehmen.
  – Variante: Die Kinder basteln sich aus Zeitung Fantasiekleidungsstücke und präsentieren diese.

- Oskar-Verleihung
  Jedes Kind ist ein Superstar, der auf der Bühne einen Oskar verliehen bekommt. Der Spielleiter ruft ein Kind auf die Bühne, nennt den Fantasienamen und den Bereich, in dem der ‚Star' arbeitet (z.B. Schauspieler, Sänger, Regisseur, Modell).

Das Kind kommt wie ein großer ‚Star' auf die Bühne, übernimmt die Trophäe, sagt ein paar Worte zum Publikum und geht wieder von der Bühne. Wichtig sind dabei Gang, Mimik und Gestik.

- Stimmungen

Ein Kind geht auf die Bühne und stellt in einem Standbild eine Stimmung dar (z.B. verliebt, schüchtern, verärgert, traurig, glücklich, eifersüchtig, beleidigt, zornig). Sobald ein Kind aus dem Publikum zu wissen glaubt, welche Stimmung dargestellt wird, geht es auch auf die Bühne und spielt eine Reaktion darauf (z.B. Verliebter wird umarmt, Trauriger getröstet, Zorniger besänftigt, Schüchterner ermuntert).

- Berufe raten

Jedes Kind überlegt sich einen Beruf. Ein Spieler geht auf die Bühne und stellt typische Handlungen dieses Berufes dar. Sobald ein Kind aus dem Publikum meint, den Beruf erraten zu haben, geht es ebenfalls auf die Bühne und spielt mit. Bis zu drei Spieler aus dem Publikum können auf die Bühne gehen, wenn sie glauben, den Beruf erraten zu haben. Dann bricht der Spielleiter die Szene ab und befragt zunächst das Publikum, dann die drei Kinder aus dem Publikum und zuletzt den ersten Spieler auf der Bühne, um welchen Beruf es sich gehandelt hat.

- Seht mal, was da ist!

Ein Spieler kommt auf die Bühne, entdeckt etwas und zeigt den Zuschauern mit Gestik und Mimik, was er gefunden hat (z.B. Maus, Löwe, Baby, Spinne, Geldschein, Loch). Sprechen ist nicht erlaubt. Nachdem der Spieler mit seiner Darstellung fertig ist, versuchen die Zuschauer zu erraten, was er entdeckt hat.

- Eine wichtige Ansage

Vor einer Theatervorstellung muss eine Ansage gemacht werden. Die Ansage wird vom Spielleiter vorgegeben. Beispiel: „Bitte schalten Sie Ihre Handys aus, denn die Melodien der eingeschalteten Handys würden die Vorstellung stören." Diese Ansage wird von drei verschiedenen Personen gemacht:

1. Von einer unsicheren Praktikantin, der alles sehr peinlich ist, und die sehr ungern auf der Bühne steht.
2. Von einem vergesslichen Menschen, der alles durcheinander bringt.
3. Von einer selbstsicheren Person, die den Text souverän darbietet.

Ein Kind spielt nacheinander alle drei Personen auf der Bühne vor. Unterscheidungsmerkmale sind neben Gestik, Mimik, Körperhaltung und Gang auch Sprache, Lautstärke und Pausen bei der Ansage.

- Werbespots

Jeder sucht sich einen Partner, mit dem er einen kurzen Werbespot (ca. zehn Sekunden) auf der Bühne präsentiert. Die Kinder erfinden dazu einen kurzen Werbeslogan und überlegen sich die Präsentation des Produkts. Beispiel: Zwei Kinder sitzen auf der Bühne. Jeder gibt vor, ein Schüsselchen und einen Löffel in der Hand zu halten. Jedes Kind löffelt zunächst aus seinem eigenen Schüsselchen, anschließend aus dem des Partners, dann abwechselnd und immer schneller. Text: „Mmmm, so muss Pudding schmecken!"

- Sprechender Gegenstand

Ein Gegenstand liegt auf der Bühne (z.B. Hut, Ball, Regenschirm). Ein Kind kommt auf die Bühne, entdeckt den Gegenstand und spricht mit ihm. Da der Gegenstand nicht antwortet, spricht das Kind nun zum Publikum über den Gegen-

stand. Beispiel: „Hallo, Regenschirm. Was tust du denn auf der Bühne? Es regnet hier doch gar nicht. Na, du redest wohl nicht mit jedem!“ Zum Publikum gewandt: „So ein unfreundlicher Schirm. Gehört er einem von euch? Nein? Will ihn jemand haben? Du? Dann nimm ihn!“ Da die Texte ganz spontan entstehen sollen, legt der Spielleiter den Gegenstand immer erst dann auf die Bühne, wenn ein Kind sie bereits betreten hat. Die Gegenstände wechseln bei jedem Kind.

- Spontanes Tierkonzert
  Es stehen fünf Kinder in einer Reihe nebeneinander auf der Bühne. Alle fünf sind Tiere (z.B. Hühner) und ‚singen' in ihrer Tierstimme (z.B. gackern). Die Kinder überlegen sich zunächst einen gemeinsamen Rhythmus und eine kleine Hintergrundmelodie. Dann tritt jedes Kind einzeln nach vorne und ‚singt' ein schrecklich falsches Solo. Dabei wird die Scheu vor einem vermeintlich peinlichen Auftritt abgebaut. Man steht nicht allein auf der Bühne und alle Vorführungen sind gleich komisch.

- Improvisation auf der Bühne
  Es stehen wieder fünf Kinder in einer Reihe nebeneinander auf der Bühne. Aus dem Publikum werden Begriffe gerufen, die eines der Kinder auf der Bühne sofort umsetzen muss. Sobald ein Kind aus der Reihe nach vorne tritt, ist klar, dass dieses den Begriff spielt. Es geht um spontanes Reagieren, gleichzeitig wird der Druck auf das einzelne Kind reduziert, da es mit vier anderen Kinder auf der Bühne steht. Nach einigen Durchgängen wechselt die Fünfergruppe.

Bühneneffekte spielerisch erarbeiten

Jede Theaterszene muss gestaltet werden. Dazu gibt es zahlreiche dramaturgische Elemente und bühnenspezifische Kriterien, die zu berücksichtigen sind. In diesem Kapitel stelle ich einige klassische Bühneneffekte vor, die jede Nummer aufwerten und die für Kinder leicht umzusetzen sind.

1. Zeitlupe

Zeitlupe bedeutet die Verlangsamung einer Bewegung. Sie eignet sich auf der Bühne hervorragend, um einzelne Situationen gezielt hervorzuheben. Mit Zeitlupe kann auch Komik erzeugt werden, etwa wenn eine Bewegung, die von Schnelligkeit lebt (z.B. ein Wettrennen), in Zeitlupe gespielt wird.

- In Zeitlupe gehen
  Jedes Kind geht in normalem Tempo durch den Raum. Auf ein Signal des Spielleiters verlangsamen alle allmählich ihr Tempo, bis sie schließlich zum Stillstand kommen. Alle Kinder stehen einige Sekunden still, setzen sich auf ein weiteres Sig-

nal des Spielleiters wieder ganz langsam in Bewegung und werden allmählich schneller, bis jeder wieder sein normales Tempo beim Gehen erreicht hat. Sie werden beobachten, dass die Kinder, wenn sie langsamer werden, gleichzeitig auch immer kleinere, undeutlichere Bewegungen machen, d.h. kleinere Schritte und kleinere Armbewegungen. Darauf sollte der Spielleiter nach dem ersten Durchgang hinweisen und die Kinder auffordern, auch bei der Verlangsamung der Bewegung deutliche, sogar überdeutliche Bewegungen zu machen. Beim Gehen ist besonders auf die gleich bleibende Schrittweite und einen deutlichen Armeinsatz zu achten. Nach diesen Hinweisen folgen zwei bis drei weitere Durchgänge, bei denen alle durch den Raum gehen, ihr Tempo verlangsamen bis zum Stillstand, um dann wieder schneller zu werden.

- Alltagsbewegungen in Zeitlupe
  Jeder sucht sich einen Partner. Partner A spielt eine Alltagsbewegung in normalem Tempo vor (z.B. frühstücken, duschen, anziehen, ein Loch graben, die Katze füttern, Gymnastik machen). Ist die Bewegung beendet, folgt die gleiche Bewegung in Zeitlupe. Partner B beobachtet genau, berichtet seine Beobachtungen nach dem Durchgang in Zeitlupe und macht eventuell Verbesserungsvorschläge. Es folgt ein zweiter Durchgang in Zeitlupe, bei dem die Hinweise des Partners umgesetzt werden. Dann wird gewechselt.

- Begrüßungen in Zeitlupe
  Alle gehen in normalem Tempo durch den Raum. Jeder sucht sich per Blickkontakt einen Partner. Auf ein Signal des Spielleiters hin gehen alle in Zeitlupe weiter und begrüßen ihren Partner. Ein zweites Signal des Spielleiters beendet die Begrüßung und das Zeitlupentempo. Alle gehen wieder in normalem Tempo durch den Raum.

- Wettlauf in Zeitlupe
  Jeweils zwei Kinder üben zusammen einen kurzen Wettlauf in Zeitlupe ein. Es beginnt mit der Startposition beider Läufer. Der Spielleiter gibt das Startkommando und beide ‚laufen' in Zeitlupe los. Die Übung endet, wenn beide eine bestimmte Ziellinie erreicht haben. Gewonnen hat, wer als letzter ins Ziel kommt. Achten Sie darauf, dass sich beide immer vorwärts bewegen.

- Die Batterie läuft leer
  Die Kinder bilden Dreiergruppen. Zwei Spieler jeder Gruppe sind Aufziehpuppen bzw. mit Batterie betriebene Tanzbären und stellen sich in eine typische Position. Das dritte Kind zieht die Puppen bzw. Bären mit einem imaginären großen Schlüssel auf oder drückt auf einen unsichtbaren Startknopf. Die beiden Kinder tanzen sehr mechanisch und gleichförmig, werden nach einiger Zeit in ihren Bewegungen immer langsamer und bleiben schließlich stehen.

- Der entscheidende Moment
  Die Kinder finden sich zu zweit zusammen und überlegen eine kurze Szene, die einen Höhe- oder Wendepunkt hat (z.B. zwei Personen gehen nebeneinander her, dann stellt einer dem anderen ein Bein; zwei Personen ziehen am Tau, einer lässt los, der andere fällt auf den Rücken). Alle Paare spielen ihre Szene der Gruppe vor, zunächst in normalem Tempo. Vor dem entscheidenden Moment wechseln die Spieler in Zeitlupentempo, spielen den Höhe- bzw. Wendepunkt in Zeitlupe und kehren danach wieder zu dem normalen Tempo zurück.

2. Zeitraffer

Der Zeitraffer ist das Gegenteil der Zeitlupe. Unter Zeitraffer versteht man die Beschleunigung

eines Bewegungsablaufs. Es entsteht eine sehr schnelle, eckig und ruckartig wirkende Abfolge einzelner Bewegungsteile wie bei einem Film, der zu schnell läuft. Auf der Bühne bietet der gemeinsame Einsatz von Zeitlupe und Zeitraffer interessante Möglichkeiten.

- Gehen im Zeitraffer
Alle Kinder gehen in normaler Geschwindigkeit durch den Raum. Allmählich wird das Tempo erhöht. Dazu bewegen sich die Kinder eckig und ruckartig. Auf ein Signal des Spielleiters wird wieder das Tempo verlangsamt, bis alle erneut die normale Geschwindigkeit erreicht haben.
– Variante: Zeitlupe und Zeitraffer in Kombination. Alle gehen in normalem Tempo durch den Raum. Der Gang wird verlangsamt bis zum Stillstand, dann beginnt die Bewegung langsam wieder, steigert sich zu normalem Tempo, wird weiter gesteigert bis zur ‚gerafften' Form. Sie können den Effekt noch erhöhen, wenn Sie die Spieler so schnell und hektisch gehen lassen, dass sie die Bewegung nicht mehr ausführen können und schließlich erschöpft zusammensinken.

- Alltagsbewegungen im Zeitraffer
Die Kinder finden sich in Paaren zusammen und überlegen sich einen alltäglichen Bewegungsablauf, an dem der ganze Körper beteiligt ist (z.B. Tennis spielen, duschen, sich anziehen). Partner A führt den Bewegungsablauf einige Male aus, Partner B beobachtet die ablaufenden Einzelbewegungen genau. Nun wird das Tempo erhöht. Dabei lässt Partner A Teilbewegungen aus und bewegt sich ruckartig und rhythmisch von einem Bewegungsabschnitt zum nächsten (Stroboskopeffekt). Das Tempo wird so lange gesteigert, bis aus den einzelnen ruckartigen Bewegungen eine schnelle und verkürzte Fassung des eigentlichen Bewegungsablaufs entsteht.

- Akkordarbeit
Vier Kinder bilden eine Arbeitsgruppe am Fließband, die einen imaginären Gegenstand bearbeitet. Alle stehen nebeneinander und jeder führt einen mechanischen Bewegungsablauf aus. Der Spielleiter klopft oder klatscht einen Rhythmus dazu. Langsam werden der Rhythmus und damit auch die Bewegungen der vier Kinder beschleunigt. Die Steigerung erfolgt so lange, bis die Bewegungen ‚gerafft' ablaufen und schließlich alle Akkordarbeiter zusammenbrechen.

3. Standbilder

Standbilder entstehen, wenn ein Schauspieler in seiner Bewegung erstarrt (‚einfriert') und diese Position eine bestimmte Zeit beibehält. Auf der Bühne kann dieser Effekt vielfältig eingesetzt werden, z.B. um Situationen hervorzuheben, Überraschungsmomente einzubauen oder Kulissen darzustellen.

- Schaufensterpuppen
Die Gruppe wird halbiert. Eine Hälfte der Kinder beobachtet, die andere spielt. Die Schauspieler stellen sich im Raum verteilt als Schaufensterpuppen auf. Sie suchen sich eine typische Position mit markanter Arm- und Beinhaltung und erstarren in dieser Position. Es ist wichtig, dass sie völlig regungslos stehen. Der Blick muss starr in eine Richtung gehen und ins Leere laufen. Die Augen sollten möglichst nicht blinzeln. Jedes Kind muss sich auf seinen Körper konzentrieren und diesen in eine Spannung bringen. Nach längerem Verharren in dieser Position bringen sich die Schaufensterpuppen auf ein Signal des Spielleiters durch langsame Bewegung in eine neue Position. Beispiel: Der Kopf wird zur Seite gedreht, die Arme stützen sich in der Hüfte ab und ein Bein schiebt sich nach vorne. Es muss eine langsame, fließen-

de Bewegung in die neue Position sein. Ist diese erreicht, wippt das jeweilige Körperteil leicht nach, wie ein Metallteil, das in einem Scharnier einrastet und nachfedert. Die beobachtende Gruppe geht durch den Raum, schaut sich die Schaufensterpuppen genau an und versucht, einzelne erstarrte Kinder durch Blickkontakt und Ablenkung aus der Konzentration zu bringen, so dass diese blinzeln, ihre Spannung aufgeben und sich bewegen. Berühren ist nicht erlaubt.

- Begegnungen einfrieren
  Alle gehen in normalem Tempo durch den Raum. Jeder nimmt Blickkontakt zu einem anderen auf, geht auf ihn zu und begrüßt ihn durch Berührung (z.B. umarmen, Hände schütteln, auf die Schulter klopfen, in die Hände klatschen). Im Moment der Berührung erstarren beide in der Bewegung. Sie stehen ein paar Sekunden als Standbilder und lösen sich mit einem kleinen explosiven Ruck wieder voneinander. Danach gehen beide erneut durch den Raum, bis ein anderer Mitspieler Blickkontakt mit ihnen aufnimmt.

- Und stopp!
  Alle Kinder gehen auf flotte Musik durch den Raum. Der Spielleiter gibt an, auf welchem Untergrund (z.B. weich, hart, klebrig, rutschig) oder in welcher Umgebung (z.B. in der Wüste, unter Wasser, auf dem Mond, in der Großstadt) die Kinder sich bewegen. Bei Musikstopp erstarren alle Kinder in der Bewegung und bleiben so lange eingefroren stehen, bis die Musik wieder beginnt. Gleichzeitig nennt der Spielleiter einen neuen Untergrund bzw. eine neue Umgebung.

- Märchenstunde
  Die Kinder bilden Vierer- oder Fünfergruppen. Jede Kleingruppe soll in zehn Standbildern ein bekanntes Märchen darstellen. Die Szenen müssen so gewählt werden, dass die Handlung deutlich wird und keine wichtigen Aspekte weggelassen werden. Jede Gruppe muss auf Spannung, Gestik und Mimik sowie auf die entsprechende Stellung zueinander und auf der Bühne achten. Die Zuschauer schließen zwischen den einzelnen Standbildern die Augen, damit die Kleingruppe sich jeweils neu formieren kann.

4. ‚Breaks'

Bei den ‚Breaks' handelt es sich um Brüche im Handlungsablauf. Es werden beim Zuschauer bestimmte Erwartungen aufgebaut, wie sich die Handlung fortsetzen könnte. So entsteht Spannung. Jeder meint zu wissen, was jetzt kommt, da kommt der Bruch und alles verläuft vollkommen anders. ‚Breaks' bringen Erwartungshaltungen durcheinander, sind oft mit Komik verbunden und stellen häufig den Höhepunkt einer Szene dar, die möglichst unmittelbar danach enden sollte. ‚Breaks' müssen gezielt aufgebaut werden. Die Handlung muss für die Zuschauer so deutlich sein, dass sie sich den weiteren Ablauf gut vorstellen können. Die Schauspieler lassen die Zuschauer im Glauben ihres vermeintlichen Vorwissens, um sie dann mit dem ‚Break' zu überraschen und ihnen ihre falsche Erwartungshaltung aufzuzeigen. ‚Breaks' sind wichtige dramaturgische Elemente, die die Kinder als Gestaltungsmittel kennen lernen sollten. Die folgenden kleinen Szenen können von einigen Kindern vorgespielt werden, um zu erleben, um was es bei den ‚Breaks' geht.

- Zwei Spieler kommen auf die Bühne, gehen mit ernstem Gesichtsausdruck aufeinander zu, bleiben drohend voreinander stehen, bauen sich mit vorgestreckten Schultern, breiten Beinen und provokantem Gesichtsausdruck vor dem Gegen-

über auf, krempeln die Ärmel hoch, holen mit jeweils einem Arm aus, um sich dann mit einem freundlichen Handschlag zu begrüßen.

- Fünf Spieler kommen auf die Bühne, stellen sich in einer Reihe nebeneinander auf und schauen ins Publikum. Der erste Spieler dreht sich zum zweiten und tippt diesem auf die Schulter, dieser dreht sich zum dritten und tippt auf dessen Schulter, der dreht sich zum vierten und tippt diesem auf die Schulter, dieser dreht sich zur Seite und tippt ins Nichts. Nun beginnt wieder der erste Spieler: Er dreht sich zum zweiten Spieler und tritt ihm mit dem Fuß auf die Zehen, der zweite dreht sich zum dritten usw. Die gesamte Bewegung läuft wieder durch die Reihe und der fünfte Spieler tritt mit seinem Fuß ins Leere. Es beginnt erneut der erste Spieler: Er schubst den zweiten, dieser den dritten, der den vierten, dieser den fünften und der schubst den vierten zurück. Dieser fällt seitlich um und alle anderen fallen, wie bei einem Dominoeffekt, ebenfalls nacheinander um.

- Zwei Spieler finden sich zusammen. Spieler A kommt mit seinem Tiger (Spieler B) auf die Bühne, und zeigt eine eindrucksvolle Dressurnummer: Er steckt den Kopf in den Rachen des Tigers, legt sich unter das Raubtier, lässt sich die Pfote geben usw. Er zeigt sich unerschrocken, mutig und selbstbewusst. Plötzlich kommt eine kleine Spielzeugmaus auf die Bühne. Der Dompteur entdeckt sie, erschrickt und reagiert völlig panisch. Die Angst steht ihm ins Gesicht geschrieben und er versteckt sich hinter seinem Tiger. Dieser führt ihn von der Bühne.

Gestaltung des Bühnenstücks

Nachdem ich zahlreiche Spiele und Übungen zur Theaterarbeit vorgestellt habe, gehen wir einen Schritt weiter und beschäftigen uns mit der Gestaltung des Bühnenstückes. Das folgende Kapitel zeigt alle Schritte vom ersten themenbezogenen Spiel bis zur eigentlichen Theateraufführung.

Das Thema erspielen

Der Spielleiter gibt ein Rahmenthema nach Absprache mit seiner Theatergruppe vor. Das Thema kann auch bereits von außen festgelegt sein, z. B. als Motto für einen Tag der offenen Tür, ein Jubiläum oder eine bestimmte Jahreszeit. Wenn die Möglichkeit zu einer Themenwahl besteht, sollten Sie darauf achten, dass sich die Kinder davon angesprochen fühlen und sie auch gewisse Vorkenntnisse und Erfahrungswerte darüber besitzen. Beim Thema MÄRCHEN z. B. sind Kinder meist wirkliche Experten. Das Thema sollte immer aus der Erlebniswelt der Kinder stammen.

Der Spielleiter stellt seiner Theatergruppe also das Rahmenthema vor und bietet dazu themenbezogene Spiele und Übungen an. Bei den Aktivitäten rund um das Thema können die Kinder einerseits ihre Kenntnisse einbringen, andererseits lernen sie die verschiedensten Aspekte des Themas kennen und erweitern somit ihren Erfahrungshorizont. Oft haben Kinder von Anfang an eine feste Vorstellung über ihre Rolle. Die Spiele rund um das Thema können diese engen Rollenwünsche aufbrechen, da sie den Kindern neue Ideen und eine erweiterte Sicht der Dinge bieten.

Bei den einzelnen Theaterthemen im folgenden Kapitel werden einige themenbezogene Spiele erwähnt. Darüber hinaus können Sie aber auch selbst geeignete Spiele erfinden, indem Sie bekannte Spielstrukturen mit Inhalten, die das Rahmenthema beleuchten, verknüpfen. Einige Beispiele:

- Vier-Felder-Gehen
  Der Raum wird in vier Kreissegmente unterteilt und in jedem Feld wird ein anderes Gefühl dargestellt. Eine Gruppe spielt, die anderen Kinder schauen zu und raten. Der Spielleiter kann statt Gefühlen – je nach Thema – auch andere Vorgaben machen. Beim Thema Märchen können z.B. Feen, Hexen, Kobolde und Prinzen dargestellt werden, beim Thema Reise um die Welt könnten Wüste, Dschungel, Großstadt und eine Gebirgslandschaft das Thema der Pantomime sein.

- Begrüßung
  Alle gehen durch den Raum. Bei Musikstopp begegnen sich jeweils zwei Spieler und begrüßen sich beliebig. Das kann beim Thema Olympiade der Tiere so abgewandelt werden, dass sich verschiedene Sportler unterschiedlich begrüßen oder verschiedene Tiere bei Musikstopp begegnen.

- Ich bin ein ...
  Dieses Spiel kann von der freien Form in eine themenbezogene Spielform abgewandelt werden, so dass nur Dinge, Figuren und Personen dargestellt werden dürfen, die zum Thema passen.

- Kofferpacken
  Einzelne Kinder packen in einen Koffer, der in der Mitte steht, imaginäre Dinge ein. Dies kann beim Thema Reise um die Welt vom Spielleiter so abgewandelt werden, dass nur Dinge eingepackt werden dürfen, die bei einer Weltreise gebraucht werden. Beim Thema Märchen kann die Vorgabe sein, nur fantastische Dinge einzupacken, die man bei einer Reise ins Märchenland brauchen kann.

- Verschiedene Bewegungsarten
  Ein Mitspieler gibt eine Gangart vor, alle anderen machen sie nach. Beim Thema Olympiade der Tiere werden stattdessen verschiedene Sportdisziplinen vorgegegen, die alle nachmachen müssen.

- Bewegungsgeschichte
  Der Spielleiter erzählt eine Geschichte, die alle Spieler sofort in Bewegung umsetzen. Das kann beim Thema Träume in Schachteln z.B. so aussehen, dass eine Traumgeschichte erzählt wird. Beim Thema Olympiade der Tiere können sich einzelne Tiere auf die Olympiade vorbereiten oder ihren Wettkampf bei der Olympiade durchspielen. Je nach Thema wird dieses Spiel beliebig abgeändert.

Experimentierphase

Haben die Kinder das Rahmenthema ausgiebig kennen gelernt, folgt der nächste Schritt: die Rollenwahl. Jedes Kind wählt seine Rolle frei nach seinen Wünschen. Aus diesen Rollenwünschen ergeben sich die einzelnen Nummern, da sich die Kinder mit den gleichen Rollen in Gruppen zusammenfinden. Möglicherweise kann aber nicht jeder Rollenwunsch erfüllt werden, wenn

sich etwa zu wenige oder zu viele Kinder für eine Rolle entscheiden oder wenn sich während der Experimentierphase keinerlei bühnenreife Ideen für diese Rolle finden lassen. Grundsätzlich sollte aber das Ziel bei jedem Stück sein, möglichst alle Rollenwünsche der Kinder umzusetzen. Durch das Rahmenthema, das eben nur den Rahmen und nicht die gesamte Handlung vorgibt, ist es möglich, sehr flexibel mit den Vorstellungen der Kinder umzugehen. Es gibt immer auch unschlüssige Kinder, die nicht wissen, welche Rolle sie spielen wollen. Für diese Kinder sollten Sie als Spielleiter verschiedene Rollenvorschläge bereithalten. Und natürlich gibt es auch Kinder, die mehrere Wünsche haben und sich nicht entscheiden können.

Bei allem Bemühen, die Wünsche der Kinder zu berücksichtigen, kann es aber dennoch nötig sein, dass ein Kind eine andere Rolle als die gewünschte akzeptieren muss. Die Festlegung der Rollen sollte immer in Gesprächen innerhalb der Gruppe und mit den einzelnen Kindern erfolgen. Grundsätzlich muss jedes Kind mit seiner Rollenwahl zufrieden sein und sich in seiner Rolle wohl fühlen. Nur so ist eine Identifikation der kleinen Schauspieler mit ihren Rollen und ein kreatives Arbeiten möglich. Sie sollten einem Kind nie eine Rolle einfach nur zuweisen.

Bei meinen Theaterstücken spielt jedes Kind nur eine Rolle. Zum einen lassen sich so Überschneidungen beim Üben vermeiden, zum anderen erleichtert dies die Identifikation mit der Rolle. Viele Kinder wären schlichtweg überfordert, sich in mehrere Rollen hineinzudenken, die Handlungsabläufe zu behalten und während der Aufführung einen Kostümwechsel durchzuführen. Abgesehen davon sind in meinen Stücken meist so viele Schauspieler beteiligt (bis zu 70 Kinder), dass der zeitliche Rahmen völlig ausgeschöpft ist, wenn jedes Kind eine Rolle spielt.

Sind die einzelnen Gruppen mit den gleichen Rollen zusammengestellt, kann die Experimentierphase beginnen. Dazu erhalten die Kinder als Anhaltspunkte einige Fragen, die ihnen helfen sollen, ihren Auftritt zu gestalten:

- Was passiert in euerer Szene? Was erlebt ihr?
- Wie passt euere Szene in die ganze Geschichte?
- Fällt euch etwas besonders Spannendes, Lustiges, Komisches oder Aufregendes ein, das ihr in eure Nummer einbauen könnt?
- Wie bewegen sich die Gestalten (z.B. Feen, Gnome, Zauberer), Menschen oder Tiere, die ihr spielt? Welche Gefühle haben sie?
- Wie kommt ihr auf die Bühne? Wie ist euer Abgang?

Ausgerüstet mit diesen Fragestellungen experimentieren die einzelnen Gruppen und sammeln viele Ideen, die sie möglichst alle notieren. Bei der Experimentierphase sollte keinerlei Bewertung oder Auswahl der Ideen stattfinden. Alles Mögliche darf ausprobiert werden, je verrückter, desto besser. Sollte einer Gruppe überhaupt nichts einfallen, mache ich verschiedene Vorschläge und bringe einige Ideen ein. Manchmal hilft das den Kindern weiter, manchmal können oder wollen sie aber auch nichts mit meinen Vorschlägen zu tun haben und bleiben ohne Ideen.

Es kommt auch vor, dass Kinder innerhalb einer Gruppe nicht gut zusammenarbeiten können und sich nur streiten. Das gruppendynamische Gefüge darf auf keinen Fall unterschätzt, sondern muss von Ihnen als Spielleiter sehr ernst genommen werden. Nur wer sich wohl und angenommen fühlt, wer innerhalb einer Gruppe gehört und gesehen wird, kann aus sich herausgehen und kreativ arbeiten.

Aus diesen Gründen kann es nötig sein, die Rollenwünsche oder Gruppenzusammensetzungen nochmals zu ändern. Das sollte in den ersten zwei bis drei Experimentierstunden unbedingt noch möglich sein. Der Spielleiter muss aber einen Zeitpunkt festsetzen, zu dem sich jeder für eine Rolle entschieden haben muss. Ansonsten macht ein ständiger Rollen- und Gruppenwechsel das Gestalten eines Bühnenstückes unmöglich.

Während die Kinder in der Experimentierphase die Ideen für ihre Auftritte sammeln und zunächst nur die Grobform festlegen, folgt in der Übungsphase das Ausfeilen und Einüben der Rollen.

Gestaltungs- und Übungsphase

Die Gestaltungs- und Übungsphase ist der nächste Schritt auf dem Weg zum Bühnenstück, wobei beide Arbeitsschritte oft ineinander übergehen. Im Gegensatz zur Experimentierphase geht es jetzt darum, sich von Ideen zu trennen, sie zu begutachten und die besten in eine passende Reihenfolge zu bringen.

Hierbei müssen dramaturgische Kriterien beachtet werden. Eine Szene muss immer einen Spannungsbogen besitzen. Bühneneffekte wie Zeitlupe, Standbilder oder ‚Breaks' können eingebaut werden. Die beste Idee oder ein Überraschungsmoment muss immer als Höhepunkt gegen Ende einer Szene kommen, danach sollte schnell Schluss sein. Ein pfiffiger Auf- oder Abgang von der Bühne sollte ebenfalls überlegt werden. Dies sind gestalterische Momente, die die Kinder nicht wissen können. Deshalb ist es Ihre Aufgabe als Spielleiter, hier dramaturgisches Know-how einzubringen und den Kindern bühnenwirksame Tipps an die Hand zu geben. Aber auch hier sollten Sie darauf achten, dass Sie die Kinder nicht bevormunden, sondern die Szene unbedingt gemeinsam mit ihnen gestalten. Eine wichtige Rolle spielen die anderen Kinder der Theatergruppe, denn sie sind bereits während der Entstehungsphase der einzelnen Szenen als Zuschauer dabei und können ihre Meinung sagen und Tipps geben.

Die einzelnen Übungsstunden laufen stets ähnlich ab: Es beginnt mit ein paar einstimmenden Spielen, um sich wieder auf die Gruppe und das Theaterspielen einzustellen. Danach arbeitet jede Gruppe an ihrer Szene: Es wird besprochen, wiederholt, neue Ideen angefügt, ausprobiert, gestaltet, gefeilt, geübt. Dies sind sehr kreative und arbeitsintensive Phasen.

Dabei steht der Spielleiter den einzelnen Gruppen als Berater, Begleiter und Ansprechpartner zur Seite. Da alle Gruppen zeitgleich proben, kann das bisweilen für den Spielleiter recht anstrengend sein. Meist brauchen mehrere Gruppen gleichzeitig Hilfe, müssen sich dann aber

zwangsläufig gedulden. Als Spielleiter müssen Sie einerseits alle übenden Gruppen im Auge haben und für einen geregelten Rahmen sorgen, andererseits müssen Sie sich auf eine Kleingruppe und deren Szene intensiv einstellen und sie beraten können – bisweilen eine recht anspruchsvolle Aufgabe.

Eine weitere Herausforderung für die Kinder und den Spielleiter sind die ‚Krea-tiefs', die Durchhänger, wenn keiner eine zündende Idee für

den Höhepunkt hat, wenn nichts vorangeht, wenn Üben gerade gar keinen Spaß macht oder wenn es in der Gruppe kriselt. Dann heißt es für den Spielleiter Mut machen, mit Rat und Tat zur Seite stehen und die Gruppe durch die Durststrecke begleiten. Wichtig ist für die Gruppe das Wissen, dass es kein Aufgeben gibt, dass auch schwierige Arbeitsphasen dazu gehören und gemeistert werden können. Auch diese Phasen sind Teil der Theaterarbeit und für viele Kinder eine wertvolle Erfahrung.

Nachdem die einzelnen Gruppen selbstständig geübt haben, zeigen sie ihre Szenen vor den anderen Kindern. So üben die Kinder regelmäßig das Spielen vor Publikum, und auch der Ablauf ihrer Nummer schleift sich ein. Dabei wird stets der jeweilige Stand der Szene dargeboten. So können alle Kinder im Laufe der Übungsstunden die Entstehung der Szenen mitverfolgen. Nach der Darbietung jeder Szene folgt deren Besprechung durch die zuschauenden Kinder. Sie schlüpfen dadurch in die Rolle der Regisseure, da sie die Szenen aufmerksam beobachten, bühnenrelevante Kriterien bzw. das Fehlen dieser Elemente erkennen und eine produktive Rückmeldung geben können. Sie sind aufgefordert, nach der Darbietung ihre Meinung abzugeben und – falls nötig – Verbesserungsvorschläge anzubieten. Dabei sind konstruktive Hinweise gefragt, destruktive Kritik ist nicht erlaubt. Im Laufe der Zeit entwickeln die Kinder einen guten Blick für theatrale Elemente (z.B. Spannungsbogen, sich ans Publikum wenden, sich nicht gegenseitig verdecken). Sie werden aufmerksame, kompetente Zuschauer, schulen ihr Gefühl für Bühnenelemente und können diese Erfahrungen als Schauspieler in der eigenen Szene anwenden. Gleichzeitig sind die Kinder bei der Gestaltung aller Szenen beteiligt und erleben damit die Entstehung des Bühnenstücks als Gemeinschaftswerk.

Im Laufe der Übungsstunden erhalten die einzelnen Szenen ihre endgültige Form und werden wie Puzzleteile zu dem Gesamtstück zusammengesetzt. Die Reihenfolge der Szenen ergibt sich meist aus dem Handlungsablauf oder kann beliebig festgesetzt werden, dabei sollte aber unbedingt der Spannungsbogen des gesamten Stückes beachtet werden.

In den letzten Übungsstunden lernen die Kinder die musikalische Umrahmung der Szenen kennen. Sie spielen den anderen Kindern der Gruppe ihre Szene am Ende der Übungsstunde mit Musik vor. Dadurch kennen alle Kinder die musikalischen Begleitungen. Die letzten beiden Übungsstunden werden für den Gesamtablauf und das Finale verwendet. Der Spielleiter legt die Reihenfolge der einzelnen Szenen fest und stellt sie den Kindern vor. In diesen beiden Stunden proben die Kinder das Stück in einem Gesamtdurchlauf mit Finale und Verbeugen vor dem Publikum.

Vorbereitung der Aufführung

Je näher die Aufführung rückt, desto mehr gibt es – auch über das Theaterstück hinaus – zu tun. Es warten viele organisatorische und gestalterische Aufgaben auf die kleinen Schauspieler und den Spielleiter:
- Plakate schreiben,
- Eintrittskarten gestalten,
- Programmhefte zusammenstellen,
- Einladungen schreiben und verteilen,
- Requisiten organisieren oder basteln,
- Kostüme organisieren oder nähen,
- Musik für die einzelnen Szenen auswählen,
- Musik- und Lichtanlage organisieren,
- Helfer engagieren (für Bühnenauf- und -abbau, Schminken und Umziehen der Schauspieler, Musik- und Lichttechnik),

– evtl. gemütliches Beisammensein mit Büfett nach der Aufführung einplanen.

Viele dieser Aufgaben müssen vom Spielleiter erledigt werden. Aber natürlich sollten nach Möglichkeit auch die Kinder Aufgaben übernehmen.

Letzte Übungsstunde

Der letzten Übungsstunde vor der Generalprobe kommt eine besondere Bedeutung zu. Sie ist die abschließende Übungsmöglichkeit ohne Publikum, hat deshalb einen gewissen ernsthaften Charakter. Darüber hinaus gibt es noch einige organisatorische Punkte zu klären. Beispielsweise muss das Vorprogramm, das vor der Bühnenaufführung stattfindet und die Zuschauer einstimmen soll, besprochen und durchgespielt werden.

In der letzten Übungsstunde muss das gesamte Bühnenstück am Originalspielort, also auf der Bühne, aufgeführt werden. Die Kinder spielen ihre Szene im Originalkostüm. Lediglich die Schminke bleibt weg. Das gesamte Programm läuft ohne Unterbrechung mit allen Überleitungen ab. Vor allem auf die Übergänge zwischen den einzelnen Szenen muss sehr genau geachtet werden, damit ein fließender Ablauf möglich ist.

Ein weiterer sehr wichtiger Punkt ist die Technik. Für die letzte Übungsstunde muss die Bühne komplett mit Licht und Ton ausgestattet sein. Die Personen, die die Technik bedienen, müssen bereits eingewiesen sein und während der Probe ihre Aufgaben übernehmen. Die Erfahrung hat gezeigt, dass Schüler ab der 7. Klasse die Musik- und Lichtanlage sehr zuverlässig und souverän betreuen können. Ein reibungsloser technischer Ablauf spielt eine große Rolle für eine gelungene Aufführung. Deshalb muss der Technik genügend Beachtung geschenkt und der Ablauf mit den Übergängen unbedingt geprobt werden. Es ist auch für die kleinen Schauspieler wichtig, den Einsatz von Licht und Ton zu erleben, um Verunsicherungen bei der Aufführung, beispielsweise durch blendende Scheinwerfer, zu vermeiden.

Außerdem wird bei dieser Probe geübt, wie man sich bei einer Panne verhält.

Die Devise lautet immer: Weiterspielen! Meist bemerken die Zuschauer einen Fehler im Ablauf gar nicht, vor allem wenn die Kinder ruhig und souverän darüber hinweggehen, sich nicht verunsichern lassen und kein peinlich berührtes Verhalten zeigen, sondern einfach ihre Rolle weiterspielen.

Generalprobe

Die Generalprobe ist bekanntlich die letzte Probe vor der Aufführung. Wenn möglich, sollte sie bereits vor einigen Zuschauern stattfinden. Bei meinen Theaterstücken sind immer Kindergartenkinder als Publikum eingeladen. Somit ist für die Theaterkinder eine echte Aufführungssituation geschaffen, da sie vor Publikum spielen.

Bei der Generalprobe läuft das gesamte Bühnenstück mit Technik ab. Es gibt keinerlei Unterbrechungen – auch nicht, wenn Pannen passieren. Danach sollte noch Zeit sein für eine ausführliche

Besprechung mit Rückmeldungen der Theaterkinder und letzten Hinweisen und Korrekturen des Spielleiters.

Bühnenaufführung

Es geht im Folgenden nicht um eine inhaltliche, sondern um eine organisatorische Betrachtung einer Bühnenaufführung. Die inhaltliche Darstellung der einzelnen Bühnenstücke folgt ausführlich im nächsten Kapitel.

Die Theaterkinder müssen bereits ca. eine bis eineinhalb Stunden vor der Aufführung anwesend sein. So können sie sich in Ruhe umziehen, schminken und ihre Aufregung im vertrauten Kreis der anderen Schauspieler etwas ablegen. Wenn ein Kind fünf Minuten vor Aufführungsbeginn ankommt, sich in Hektik umziehen und schminken muss, kann es sich unmöglich konzentriert auf den Auftritt vorbereiten. Außerdem gehört das gemeinsame der Aufführung entgegenfiebern einfach dazu. Schließlich ist das Bühnenstück ein Gemeinschaftswerk. Zudem gibt es meist noch etwas mit allen zu besprechen. Es ist also vor großer Bedeutung, dass alle Kinder rechtzeitig vor der Aufführung eintreffen.

Die ankommenden Zuschauer müssen zunächst noch vor dem Eingang warten. Dabei kann sich ruhig eine Schlange bilden. Erst wenn alle Theaterkinder ihre Positionen eingenommen haben, beginnt der Einlass. Die Gäste werden freundlich begrüßt, es läuft das Vorprogramm. Alle Kinder, die eine Aufgabe im Vorprogramm haben, sind in Aktion. Alle anderen Theaterkinder befinden sich in Bühnennähe. Um eine freundliche, erwartungsvolle Atmosphäre zu schaffen, wird ruhige Musik im Hintergrund gespielt und das Licht ist gedämpft. Sobald alle Gäste Platz genommen haben, kann die Vorstellung beginnen.

Nur die Kinder der ersten beiden Szenen befinden sich hinter der Bühne. Alle anderen Theaterkinder suchen sich am Bühnenrand seitlich und vorne einen Platz. Somit können sie die gesamte Vorstellung sehen und müssen nicht hinter dem Vorhang auf ihren Einsatz warten. Die Theaterkinder müssen aber in Bühnennähe sitzen, um nicht den eigenen Auftritt zu verpassen. Ist die eigene Szene vorbei, schleichen sie wieder zu ihrem Platz am Bühnenrand und schauen zu.

Während der gesamten Vorstellung befinden sich immer nur zwei Gruppen auf bzw. hinter der Bühne. Eine Gruppe spielt ihre Szene auf der Bühne, die nächste Gruppe macht sich in dieser Zeit hinter der Bühne bereit. Somit kann eine nahtlose Abfolge geschaffen werden. Dieser Ablauf der fließenden Übergänge muss im Vorfeld hinreichend geprobt werden. Die Erfahrung hat gezeigt, dass die Kinder sehr konzentriert bei der Sache sind und sich gegenseitig an den Auftritt erinnern. Vor allem die älteren Kinder sind den jüngeren behilflich und kümmern sich darum, dass keiner seinen Auftritt verpasst. Obwohl alle das Stück sehr gespannt vorne am Bühnenrand verfolgen, hat in meinen Theaterstücken noch nie jemand seinen Auftritt verpasst.

Viele Kinder kennen den gesamten Ablauf des Stückes auswendig. Das muss aber natürlich nicht sein. Es genügt, wenn jedes Kind weiß, welche Nummer vor der eigenen läuft, um sich rechtzeitig hinter die Bühne zu begeben. Hinter der Bühne hängen mehrere Übersichtspläne mit der Nummernfolge, damit jedes Kind bei Bedarf nachschauen kann, wann es dran ist. Das gibt den kleinen Schauspielern viel Sicherheit.

Außerdem ist der Spielleiter während der gesamten Vorstellung hinter der Bühne. Auch das gibt den Kindern Sicherheit. Der Spielleiter achtet darauf, dass jede Gruppe rechtzeitig hinter dem Vorhang bereitsteht, gibt den Kindern ihre Requi-

siten, hält Kontakt mit den Personen an der Technik und sorgt somit für einen reibungslosen Ablauf.

Nach der Vorstellung ist es schön, wenn es noch ein gemütliches Beisammensein mit Getränken und Knabbereien gibt. Dabei werden dann Stimmungen, Meinungen und Reaktionen ausgetauscht. Die kleinen Schauspieler können sich feiern lassen und noch ein wenig in ihren Kostümen herumsausen. So kann die Theateratmosphäre langsam ausklingen.

Viele Fragen zur Zeit

Nachdem der Weg zu einem Theaterstück aufgezeigt wurde, stellt sich noch die Zeitfrage: Wie lange darf ein Theaterstück sein? Welchen zeitlichen Rahmen braucht ein Theaterprojekt? Wie viel Zeit benötigen die einzelnen Arbeitsphasen bzw. wie viel Zeit ist für die einzelnen Arbeitsschritte sinnvoll und gut?

Grundsätzlich lassen sich diese Fragen nicht pauschal beantworten. Ich kann hier nur meine Erfahrungswerte weitergeben. Eine Theateraufführung mit Grundschulkindern sollte nicht länger als 40–50 Minuten dauern. Eine Dauer von 60 Minuten ist zur Not noch akzeptabel, aber m.E. bereits grenzwertig. Theaterstücke, die darüber hinausgehen, überfordern Ausdauer, Konzentration und Durchhaltevermögen der kleinen Schauspieler. Stellen Sie sich vor, Sie sind sieben Jahre alt und müssen 60 oder 70 Minuten auf Ihren Auftritt warten. Außerdem ist es auch für die Zuschauer, unter denen sich oft jüngere Geschwisterkinder befinden, ausreichend, 40–50 Minuten gut unterhalten zu werden. Das Ziel ist, dass alle rufen: „Was? Es ist schon vorbei? Wie schade!“ und mit dem Gefühl nach Hause gehen, dass die Zeit rasend schnell vergangen ist. Auf keinen Fall sollen die Zuschauer am Ende denken: „Ja, es war nett, aber jetzt reicht's auch.“ Das Motto lautet: Weniger ist mehr! Arbeiten Sie mit Kindergartenkindern, empfiehlt sich eine Aufführungsdauer von maximal 30 Minuten.

Die Frage nach der Länge eines Theaterprojekts lässt sich sehr viel schwerer beantworten. Unsere Theaterstücke sind immer im Rahmen der Schulspielgruppe im Laufe eines Schuljahres entstanden. Es konnten stets alle interessierten Kinder aus den Klassen 1–4 mitmachen und so umfasste diese Theatergruppe meist rund 70 Kinder. Wegen der großen Anzahl der Kinder wurden zunächst zwei Gruppen gebildet, die vierzehntägig in einer Doppelstunde am Bühnenstück arbeiteten. Bei den letzten Proben wurden dann beide Gruppen zusammengefasst und es wurde gemeinsam geprobt. Der optimale zeitliche Rahmen für Theaterstücke, wie sie im folgenden Kapitel aufgeführt sind, ist ein Schuljahr mit wöchentlich einer Doppelstunde. In dieser Zeit kann ausgiebig gespielt, gestaltet und geprobt werden, und es bleibt ausreichend Zeit für prozessorientiertes Arbeiten.

Ein Theaterprojekt ist aber durchaus auch in kleinerem zeitlichen Rahmen möglich. Eine Projektwoche oder ein Klassenprojekt, das über 6–8 Wochen läuft, ist auf jeden Fall machbar. Die benötigte Zeit ist immer auch abhängig von der Gruppengröße. Mit 15 Kindern können Sie in kürzerer Zeit ein Theaterstück auf die Beine stellen als mit 40 Kindern. Bei der zeitlichen Planung spielen außerdem Rahmenbedingungen wie Räumlichkeiten, Zusammenarbeit und Absprachen mit Kollegen, Materialausstattung, Terminvorgaben usw. eine Rolle. Deshalb lässt sich die Zeit, die für ein Theaterprojekt benötigt wird, nicht grundsätzlich festlegen, sondern sie muss immer individuell geplant werden.

Ich kann deshalb nur exemplarisch einen zeitlichen Rahmen aufzeigen, in dem die Entstehung eines Bühnenstücks ablaufen könnte. Die ersten zwei bis drei Übungsstunden dienen schwerpunktmäßig dem Kennenlernen und der Gruppenbildung. In den nächsten drei bis vier Übungsstunden kommt als zweiter Schwerpunkt die allgemeine Theaterarbeit dazu. Gleichzeitig muss weiterhin Platz sein für Spiele zum Warmwerden und zur Gruppenfindung. Es folgen drei bis fünf Stunden, in denen das Thema bearbeitet wird. Daran schließen sich eine bis drei freie Experimentierphasen an, in denen die Kinder zwar ihre Rollenwünsche schon genannt haben und auch in diesen Gruppen zusammenarbeiten, die endgültige Entscheidung für eine Rolle aber noch nicht gefallen ist.

Nach der Festlegung der Rollen benötigen die Kinder mindestens vier bis fünf Übungsstunden zum Experimentieren, Gestalten und Üben ihrer Szenen. Je nach Ideen, Gestaltungsgeschick, Gruppenharmonie und Komplexität der einzelnen Szenen muss die Anzahl dieser Übungsstunden erhöht werden. Allerdings rate ich von mehr als zehn Übungsstunden ab, da sonst das Interesse und die Spannung der Kinder erlahmt und die kreative Produktivität nachlässt. Es geht bei den Proben nicht um einen perfekten Ablauf der Szenen, sondern um die sichere Abfolge der einzelnen Ideen. Vermeiden Sie ein ‚Überproben', damit keiner die Lust verliert. Es folgen zwei bis drei Übungsstunden, in denen das gesamte Stück in der richtigen Reihenfolge der einzelnen Szenen mit Übergängen, Finale und musikalischer Begleitung geübt wird. Daran schließt sich die Übungsstunde am Originalspielort an. Es folgt die Generalprobe vor Publikum und schließlich die Aufführung. Zur Nachbesprechung, zum Reflektieren und Austauschen von Stimmungen und Erfahrungen (und vielleicht auch von Fotos) sollte eine abschließende Doppelstunde eingeplant werden.

Unsere Theatergruppe hatte oft noch einen zweiten Auftritt an einem anderen Spielort vor anderen Schulkindern. Zur Vorbereitung und Auffrischung des Stückes habe ich immer zwei Übungsstunden eingeplant. Eine Generalprobe am Originalspielort wäre günstig, ist aber nicht zwingend notwendig. Wir spielen in der Regel ohne Generalprobe auf fremden Bühnen, da sie meist organisatorisch zu aufwändig ist.

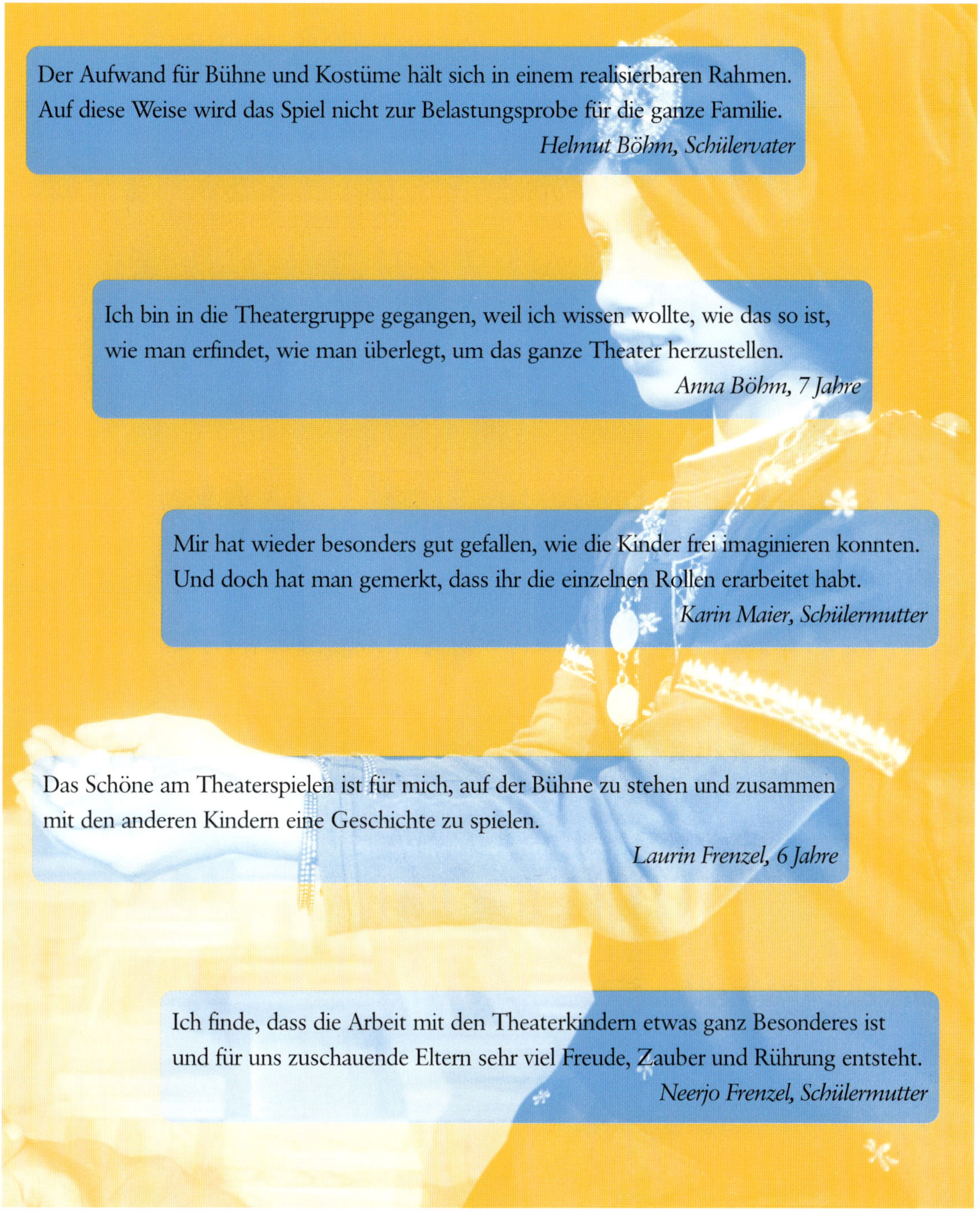

Der Aufwand für Bühne und Kostüme hält sich in einem realisierbaren Rahmen. Auf diese Weise wird das Spiel nicht zur Belastungsprobe für die ganze Familie.

Helmut Böhm, Schülervater

Ich bin in die Theatergruppe gegangen, weil ich wissen wollte, wie das so ist, wie man erfindet, wie man überlegt, um das ganze Theater herzustellen.

Anna Böhm, 7 Jahre

Mir hat wieder besonders gut gefallen, wie die Kinder frei imaginieren konnten. Und doch hat man gemerkt, dass ihr die einzelnen Rollen erarbeitet habt.

Karin Maier, Schülermutter

Das Schöne am Theaterspielen ist für mich, auf der Bühne zu stehen und zusammen mit den anderen Kindern eine Geschichte zu spielen.

Laurin Frenzel, 6 Jahre

Ich finde, dass die Arbeit mit den Theaterkindern etwas ganz Besonderes ist und für uns zuschauende Eltern sehr viel Freude, Zauber und Rührung entsteht.

Neerjo Frenzel, Schülermutter

Die Theaterthemen

Bühne scheint mir der Treffpunkt von Kunst und Leben zu sein. *Oscar Wilde*

Während sich die bisherigen Ausführungen mit der Entstehung eines Bühnenstückes beschäftigten, zeigt dieses Kapitel verschiedene inhaltliche Möglichkeiten auf. Dabei werden diverse Bühnenthemen, die wir in unserer Theatergruppe erarbeitet haben, zunächst allgemein beleuchtet. Danach skizziere ich den Ablauf des jeweiligen Bühnenstückes, begleitet von Kommentaren, warum was wie aufbereitet wurde. Ich möchte Ihnen mit den Handlungsabläufen Anregungen und Ideen geben, wie ein Bühnenstück zum jeweiligen Thema aussehen könnte.

Nach der ‚allgemeinen Schauspielausbildung' folgt für die Kinder die Bearbeitung des Themas, aus dem sich das Bühnenstück entwickelt. An dieser Stelle lernen die Theaterkinder meine grundsätzlichen Ideen zu dem Thema kennen. Die vorgegebenen Grundideen sind der Ausgangspunkt für uns alle. Es folgen einige Spiele rund um das Thema, bei denen die Kinder ihre Rolle finden und Ideen für den Handlungsablauf entwickeln können. Danach geht es weiter mit der Experimentier-, Gestaltungs- und Übungsphase, gefolgt von der Generalprobe und schließlich der Aufführung.

Es ist natürlich auch möglich, gemeinsam mit allen Kindern – ohne vorgegebene Grundidee des Spielleiters – den roten Faden eines Stückes zu erarbeiten. Ich habe allerdings die Erfahrung gemacht, dass es durchaus empfehlenswert ist, dass der Spielleiter eine Idee über den Handlungsverlauf besitzt und diese auch vorschlägt. Die Idee wird dann entsprechend den Vorstellungen der Kinder verändert. Sie stellt nur einen Ausgangspunkt dar, auf den man aufbauen kann. Es ist nach meiner Erfahrung erheblich schwieriger, ohne jegliche Vorgabe kreativ zu sein, da vermeintlich alles möglich ist und sich die Schauspieler oft in der kreativen Freiheit verlieren.

Märchen

Märchen ist ein wunderbares Theaterthema für Kinder, da es ihrer Erfahrungs- und Fantasiewelt entspricht. Kinder sind meist richtige Experten auf diesem Gebiet. Sie kennen viele Märchenfiguren und natürlich auch die Handlungen der meisten Märchen. Das Thema beflügelt die Fantasie der Kinder. Sie mögen die irrealen Gestalten von der schönen Prinzessin, der guten Fee oder dem armen Aschenputtel bis hin zum bösen Zauberer, hässlichen Rumpelstilzchen oder gefährlichen Drachen. Die Kinder lieben es, sich mit diesen Figuren zu identifizieren. Auch der Handlungsstrang von Märchen entspricht dem Wunschdenken der Kinder. Die Guten haben mit vielen und vielem Bösen zu kämpfen, alles ist spannend und aufregend – und letzten Endes gibt es immer ein Happyend: Das Gute siegt!

Wird das Thema Märchen für ein Bühnenstück gewählt, können Sie sich am Handlungsverlauf der Märchen allgemein orientieren. Es gibt immer die guten Märchenfiguren (z.B. Prinzen, Prinzessinnen, Edelmänner, ehrliche Bauerssöhne), die in Situationen geraten, in denen sie bösen Märchenfiguren (z.B. Hexe, Zauberer, Drache, Teufel, Kobold, Stiefmutter) begegnen. Sie müssen verschiedene Abenteuer und Herausforderungen bestehen (z.B. Zauber bekämpfen, Rätsel lösen, Hindernisse überwinden), um sich selbst oder andere zu retten, um einen Lohn zu erhalten oder um die Ausgangssituation („Alle lebten glücklich und zufrieden miteinander.") wieder herzustellen.

Es gibt auch die Möglichkeit, den Handlungsverlauf eines Märchens als Orientierungslinie zu übernehmen (z.B. Dornröschen, Aschenputtel, Hans im Glück, Frau Holle), der dann, je nach den Rollenwünschen und Ideen der Kinder, abgewandelt wird.

Die Blume der Zufriedenheit

Spiele rund um das Thema

- Zauberwald – Zwergenhaus – Drache
  Es handelt sich um eine Abwandlung des Spiels ‚Feuer–Wasser–Sturm'. Alle Kinder laufen durch den Raum. Der Spielleiter ruft eines der drei Kommandos und die Kinder müssen darauf reagieren. Zauberwald: Alle stehen versteinert da. Zwergenhaus: Alle gehen in die Hocke und machen sich ganz klein. Drache: Alle laufen in eine Ecke (vor dem Drachen davon).

- Vier-Felder-Gehen
  Der Raum wird in vier Felder eingeteilt, die Theatergruppe halbiert. Gruppe A spielt in jedem Feld einen Begriff. Gruppe B rät, nachdem Gruppe A fertig gespielt hat. Dargestellt werden entweder vier verschiedene Märchenwesen (z.B. Fee, Zauberer, Zwerg, Teufel, Prinzessin, Hexe, König, Drache, Kobold, Wolf) oder vier verschiedene Märchenfiguren (z.B. Frau Holle, Rumpelstilzchen, gestiefelter Kater, Schneewittchen, König Drosselbart, Rapunzel, Froschkönig, Dornröschen, Aschenputtel).

- Wer bin ich?
  Die Gruppe wird halbiert. A spielt, B rät. Nach einigen Durchgängen wird gewechselt. Jede Gruppe spielt Märchenfiguren, die der Spielleiter vorgibt (z.B. Dornröschen, Hänsel und Gretel, Goldmarie, Sterntaler, Hans im Glück).
  – Variante: Dieses Spiel kann abgewandelt werden und einzelne Kinder spielen der gesamten Gruppe Märchenfiguren vor.

- Hexenzauber – Feenzauber
  Alle gehen durch den Raum. Der Spielleiter hat zwei verschiedene Signale (z.B. Tröte, Klingel).

PERSONEN DES STÜCKES:
1 König und 1 Königin
3 Söhne des Königspaars
11 mutige Prinzessinnen
4 böse Zauberer
1 Hexe
1 Bote
1 Frau Holle
2 Rumpelstilzchen
7 Zwerge
1 Teufel
7 Dorfbewohner
8 Kinder als großer, grüner Drache
4 Wölfe
1 Froschkönig
3 Skelette

Kommentar: Die Rollenwünsche der Kinder hatten uns elf Prinzessinnen beschert, aber nur drei Prinzen. Darum wurden, anders als in der Grundidee vorgesehen, kurzerhand die Prinzessinnen auf Abenteuerreise geschickt und die Prinzen als Lohn versprochen (aus emanzipatorischer Sicht eine ausgesprochen wertvolle Drehbuchänderung!).

Szene 1: Das Königspaar und sein Volk

Die Bühne ist leer. Das Königspaar, gefolgt von den drei Söhnen, betritt die Bühne und spricht zum Publikum.

KÖNIG/KÖNIGIN: Liebe Besucher unseres Märchenlandes. Wir freuen uns, dass Sie zu uns gekommen sind. Es gibt viele Geschichten von unserem Volk und unserem Land zu erzählen. Heute wollen wir Ihnen eine besonders spannende Geschichte erzählen.

Der König und die Königin gehen an den Seitenrand der Bühne und setzen sich auf ihren Thron. Die drei Prinzen folgen und setzen sich auf kleine Stühle neben das Königspaar.

KÖNIG/KÖNIGIN: Es war einmal vor langer, langer Zeit, da lebte unser Volk glücklich und zufrieden. Wir hatten drei prächtige Söhne, auf die wir sehr stolz waren. Alle Dorfbewohner arbeiteten fleißig und waren zufrieden. In unserem Dorf blühte die Blume der Zufriedenheit. Deshalb führten wir alle ein sorgenfreies und fröhliches Leben.

Nach dieser Erzählung kommen die Dorfbewohner auf die Bühne und erledigen ihre Arbeiten (z.B. bauen, kochen, spazieren gehen, waschen, Kind versorgen). Die Dorfbewohner tanzen um die Blume der Zufriedenheit herum und setzen dann ihre Arbeiten fort. Das Königspaar und die drei Prinzen stehen auf, gehen über die Bühne an ihrem Volk vorbei und setzen sich wieder auf den Thron. Alle Dorfbewohner lassen sofort ihre Arbeiten stehen und jubeln der Königsfamilie zu. Dann gehen sie wieder ihren Aufgaben nach.

Kommentar: Die Dorfbewohner spielen ihre Tätigkeiten pantomimisch ohne Requisiten. Die Blume der Zufriedenheit ist mannshoch und steht in der Mitte der Bühne am hinteren Bühnenrand. Die Blume besteht aus einem dicken Stock von etwa 1,20 m Länge. Die Blüte ist aus buntem Krepppapier gebastelt. Der Stock ist mit grünem Krepppapier umwickelt und erhält grüne Blätter.
Musik: Deuter; CD: Planet of Light; Titel: Tree of Light.

Szene 2: Die Zauberer

KÖNIG *oder* KÖNIGIN *erzählen weiter:* Doch weit, weit entfernt von unserem Dorf wohnten vier böse Zauberer in einer düsteren, kalten Höhle. Sie waren sehr unzufrieden und stritten ständig miteinander. Die Zauberer waren neidisch auf unser Glück.

Die Zauberer sitzen in ihrer Höhle, schauen griesgrämig herum, streiten, kämpfen, schauen mit einem Fernrohr zum Dorf, ärgern sich, sind neidisch und wütend. Die Dorfbewohner gehen weiter friedlich ihren Arbeiten nach.

KÖNIG/KÖNIGIN: Und eines schönen Tages passierte etwas Fürchterliches.

Die Zauberer haben eine Idee. Sie machen sich auf den Weg ins Dorf. Sie gehen durch das Publikum und schleichen sich im Dorf an. Dort stehlen sie die Blume der Zufriedenheit. Keiner der Dorfbewohner bemerkt etwas, alle arbeiten konzentriert weiter. Die Zauberer wandern mit der Blume in ihre Höhle zurück, freuen sich und beobachten das Dorf. Alles läuft normal weiter.

KÖNIG/KÖNIGIN: Wir wussten nicht genau, was geschehen war, aber irgendwie hatten die bösen Zauberer auf einmal Macht über unser Volk. Und diese Macht nutzten sie aus.

Die Zauberer sitzen in ihrer Höhle, freuen sich ganz listig und schadenfroh über die Blume und schauen mit dem Fernrohr zum Dorf. Ein Zauberer nimmt einen Zauberstab, ruft einen Zauberspruch und verzaubert einige Dorfbewohner. Nacheinander verzaubern die anderen Zauberer alle Dorfbewohner. Folgende Zauber erleben die armen Dorfbewohner: Flohplage, Hektik, Streit, Verwandlung in Gummimenschen ohne Knochen, einfrieren, einschlafen. Die Zauberer freuen sich über jeden Zauber sehr und lachen über die verzauberten Dorfbewohner. Das Königspaar geht mit seinen Söhnen durch das schlafende Volk und ist entsetzt, traurig und ratlos.

Kommentar: Die Zauberer sitzen am Bühnenrand auf einer etwas erhöhten Plattform, die mit schwarzen Stoffen als Höhle dekoriert ist. Ein Scheinwerfer beleuchtet immer die Gruppe, die gerade spielt: Königsfamilie,

Zauberer oder Dorfbewohner. Die Zauberer brauchen eine Tröte, einen Gong oder ein anderes Instrument als akustisches Zeichen des Zaubers, damit die Dorfbewohner wissen, wann der Zauber beginnt bzw. wechselt. Die schlafenden Kinder bleiben auf der Bühne und rutschen am Ende der Szene an den hinteren Bühnenrand.

Musik: René Aubry; CD: Steppe; Titel: Sagittaire.

Szene 3: Der Bote

KÖNIG/KÖNIGIN: Wir waren sehr betrübt, wussten keinen Rat und schickten deshalb unseren Boten zu einer Hexe.

Das Königspaar winkt seinem Boten. Der Bote kommt angelaufen, verbeugt sich vor dem Königspaar, holt sein Steckenpferd, reitet über die Bühne, durch das Publikum und zurück hinter die Bühne. Der Bote kommt zurück, die Hexe auf ihrem Besen hinter ihm her. Beide reiten durch das Publikum und kommen wieder auf die Bühne zurück. Die Hexe setzt sich mitten auf die Bühne, schaut in ihre Glaskugel und verkündet in Hexensprache die Lösung. Sie bekommt zum Dank drei weiße Mäuse, schwingt sich auf ihren Besen und reitet davon.

KÖNIG/KÖNIGIN: Die Hexe wusste die Lösung: Unsere Blume der Zufriedenheit war gestohlen worden! Diese Blume der Zufriedenheit musste wiederbeschafft werden, erst dann würde wieder Glück und Freude in unser Dorf zurückkehren. Eine mutige Prinzessin musste die Blume der Zufriedenheit zurückbringen. Wir schickten unseren Boten durch das ganze Land, um diese Botschaft zu verkünden.

Der König winkt dem Boten erneut. Er kommt angelaufen. Der König überreicht ihm eine Papierrolle. Der Bote holt sein Steckenpferd, reitet über die Bühne, durch das Publikum und liest an verschiedenen Stellen im Raum die Botschaft auf der Papierrolle vor.

BOTE: Liebes Volk, Ihre Majestäten, der König und die Königin, geben bekannt, hoch betrübt zu sein, weil großes Unglück geschehen ist. Ein böser Zauber liegt über unserem Land. Es sind alle mutigen Prinzessinnen im Land aufgerufen, dem traurigen Königspaar zu helfen. Der Lohn dafür wird großartig sein.

Die Prinzessinnen sitzen verteilt im Publikum, fühlen sich von der Botschaft angesprochen, stehen auf, gehen zu dem Boten und mit ihm zusammen auf die Bühne. Auf dem Weg zurück zur Bühne führt der Bote sein Pferd und begleitet die Prinzessinnen zum Königspaar.

Kommentar: Ein Scheinwerfer begleitet den Boten auf seinem Ritt durch das Publikum. Die Papierrolle hat die Größe einer Tapetenrolle. Wenn der Bote die Rolle öffnet, fällt sie bis zum Boden, so dass der Bote dahinter verschwindet. Die Musik unterstreicht den Einsatz des Boten.

Musik: Mozart; Titel: A la turka.

Szene 4: Prinzessinnen beim Königspaar

Die Prinzessinnen stehen vor dem Thron des Königspaars.

KÖNIG: Liebe mutige Prinzessinnen! Ihre Majestät, die Königin, und meine Majestät, der König, sind sehr erfreut, euch hier begrüßen zu

dürfen. Ihr wisst, euere Aufgabe ist schwer: Ihr sollt unsere Blume der Zufriedenheit wieder zurückbringen. Sollte es einer von euch mutigen Prinzessinnen gelingen, so soll sie einen unserer Söhne ihren Prinzgemahl nennen. Nun geht, aber seid vorsichtig, denn alle Tiere und Gestalten, denen ihr begegnen werdet, stehen unter der Macht der Zauberer. Und – ihr habt nur 24 Stunden Zeit!

Die Prinzessinnen hören sich den Auftrag des Königs an, verbeugen sich und ziehen los. Jede Prinzessin hat eine Eigenart (z.B. eine ist besonders neugierig, eine ist sehr sentimental und mitleidig, eine ist schüchtern, eine ist besonders fein, eine ist sehr modern, eine ist besonders verträumt, eine ist kurzsichtig, eine ist tollpatschig, eine ist total cool, eine ist sehr musikalisch). Die Prinzessinnen gehen – jede in ihrer ‚Macke' – über die Bühne und durch das Publikum.

Die PRINZESSINNEN *fragen sich gegenseitig:* Wo geht's lang? *Jede zeigt in eine andere Richtung und ruft:* Da geht's lang! *Alle Prinzessinnen sind im Publikum und auf der Bühne verteilt, treffen sich immer wieder, gehen ein Stück miteinander, sind orientierungslos, stellen immer wieder die Frage nach dem richtigen Weg, rufen die Antwort und verschwinden schließlich alle hinter der Bühne.*

Kommentar: Jede Prinzessin darf während dieser Szene entsprechend ihrer Eigenart nur einen Ausruf verwenden und hat passende Requisiten dabei (z.B. Die neugierige Prinzessin mit Fernrohr und Lupe sagt: „Aha!" Die sentimentale Prinzessin mit einem übergroßen Taschentuch sagt: „Oooh!" Die schüchterne Prinzessin sagt: „Mmmmh!" Die vornehme Prinzessin mit Handtäschchen und Fächer sagt: „Iiiih!" Die moderne Prinzessin mit Aktentasche, Laptop und Handy sagt: „OK!" Die verträumte Prinzessin mit Seifenblasen sagt: „Aaah!" Die kurzsichtige Prinzessin mit Monokel fragt: „Wo?" Die tollpatschige Prinzessin sagt: „Hoppla!" Die coole Prinzessin mit Walkman und Kaugummi sagt: „Cool!" Die musikalische Prinzessin mit Stimmgabel sagt: „Lalala!").
Die Prinzessinnen müssen ihre Eigenarten deutlich spielen. Zwei Scheinwerfer verfolgen den Weg der Prinzessinnen durch das Publikum und zurück auf die Bühne. Die Fragen und Antworten der verschiedenen Prinzessinnen müssen klar und deutlich und immer mit einer Pause erfolgen, damit kein Durcheinander entsteht. König und Königin sitzen auf ihrem Thron und verfolgen die Abenteuer der Prinzessinnen. Diese Szene verläuft ohne *Musik*.

Szene 5: Frau Holle

Frau Holle kommt mit einem großen Federbett unter dem Arm auf die Bühne. Sie sucht eine erhöhte Stelle, um ihr Bett ausschütteln zu können. Sie holt einen Stuhl, stellt sich darauf, da kommt der Protest des KÖNIGS: Nein, Frau Holle, jetzt nicht! Du störst hier. Das passt jetzt nicht! *Frau Holle steigt vom Stuhl, packt ihr Bett wieder unter den Arm und geht verärgert von der Bühne.*

Kommentar: Frau Holle bleibt beim Protest des Königs verdutzt und regungslos (aber nicht ‚eingefroren') auf dem Stuhl stehen.
Musik: René Aubry; CD: Dérives; Titel: Il pleut sous la mer.

Szene 6: Rumpelstilzchen

Die beiden Rumpelstilzchen *kommen auf die Bühne gehüpft, tanzen im Kreis und rufen vor sich hin:* Ach, wie gut, dass niemand weiß, dass wir ... Ja, wie heißen wir denn?

Die Rumpelstilzchen tanzen und rufen immer weiter. Jetzt kommen alle Prinzessinnen auf die Bühne, beobachten die Rumpelstilzchen, sind verwundert und ängstlich. Die Prinzessinnen kommen näher, die Rumpelstilzchen bemerken sie und hören kurz auf, herumzuhüpfen.

Die Rumpelstilzchen hüpfen nun vor den Prinzessinnen hin und her und versperren ihnen den Weg. Die Prinzessinnen wollen vorbei, trauen sich aber nicht. Die Rumpelstilzchen *fragen immer wieder, ganz aufdringlich und frech:* Wie heißen wir denn?

Die Prinzessinnen zucken mit den Schultern, nur die moderne Prinzessin *(mit Aktentasche, Laptop und Handy) fühlt sich angesprochen und tritt nach vorne vor die anderen. Sie holt ihren Laptop aus der Tasche und tippt eifrig darauf herum, benutzt ihr Handy und macht viele Vorschläge:* Fuchsschwänzchen, Hampelkasper, Robert, Struwwelpeter, Plumpaquatsch, Herrmann, Rumpelmännchen ... *Die Rumpelstilzchen lachen bei jedem falschen Namen hämisch, hüpfen weiter hin und her und stellen immer wieder ihre Frage. Die anderen Prinzessinnen schleichen vorsichtig vorbei und gehen von der Bühne. Nur die beiden Rumpelstilzchen und die moderne Prinzessin stehen jetzt noch auf der Bühne. Sie ist weiter auf der Suche nach dem Namen und findet endlich den richtigen Namen heraus:* Rumpelstilzchen! *Plötzlich werden die Rumpelstilzchen und die moderne Prinzessin sehr müde, sie gähnen und strecken sich, legen sich zu den Dorfbewohnern an den hinteren Bühnenrand und schlafen ein.*

Kommentar: Es ist wichtig, dass sich die vielen Prinzessinnen nicht gegenseitig verdecken und sowohl zu den Rumpelstilzchen schauen, die ihnen gegenüber stehen, als auch zum Publikum gerichtet sind.

Musik: Edvard Grieg; Titel: Peer Gynt, Suite No. 1. Op. 46.

Szene 7: Schneewittchen

Die sieben Zwerge kommen im Gänsemarsch auf die Bühne, stellen Laternen und Pickel ab. Die Zwerge stehen in einer Reihe da, spucken in die Hände, krempeln die Ärmel hoch. Sie wollen gerade mit der Arbeit anfangen, da müssen sie alle furchtbar weinen. Sie trösten sich gegenseitig und fangen schließlich doch mit der Arbeit an. Der erste Zwerg tritt aus der Reihe nach vorne und beginnt an einer imaginären Maschine zu werkeln, die anderen Zwerge bleiben zunächst in der Reihe stehen. Jetzt kommt der zweite Zwerg dazu, dann der dritte usw., bis alle Zwerge an der Maschine wie am Fließband arbeiten. Plötzlich brechen alle ihre Arbeit ab, weil sie wieder weinen müssen. Sie trösten sich gegenseitig und die Maschine wird ein zweites Mal aufgebaut. Diesmal bilden die Zwerge die Maschine wieder nacheinander, aber mit Sprache. Jeder Zwerg sagt ein Wort bzw. eine Silbe:
1. Zwerg: Wo 2. Zwerg: ist 3. Zwerg: un- 4. Zwerg: -ser 5. Zwerg: Schnee- 6. Zwerg: -wittchen? 7. Zwerg: Wo ist unser Schneewittchen?

Die Prinzessinnen kommen auf die Bühne, wundern sich und schauen den Zwergen zu. Die Zwerge brechen ihre Arbeit wieder ab, fangen an zu weinen und fragen die Prinzessinnen: Wo ist unser Schneewittchen? *Die Prinzessinnen wissen es nicht, zucken mit den Schultern und machen ein ratloses Gesicht. Eine Prinzessin steht etwas abseits, hört die Frage, kommt nach vorne und sagt:* Da ist euer Schneewittchen!

Die Zwerge freuen sich und tanzen um Schneewittchen herum. Die anderen Prinzessinnen gehen von der Bühne ab. Schneewittchen und die sieben Zwerge werden müde und legen sich am hinteren Bühnenrand neben die anderen Schlafenden zur Ruhe.

Kommentar: Die Maschine der sieben Zwerge muss gut aufeinander abgestimmt sein. Alle stehen nebeneinander in einer Reihe und die Bewegung des ersten Zwergs sollte mit der Bewegung des zweiten Zwerg in Verbindung stehen, diese wiederum mit der des dritten Zwergs usw. Die Bewegungen müssen sehr exakt aufeinander abgestimmt sein, damit sie als eine Maschine erkennbar werden. Sie sollten sehr mechanisch sein, damit die Zwerge wie Maschinenteile wirken. Im Gegensatz dazu steht das Weinen, Umarmen und Jammern der Zwerge. Damit wirken sie sehr menschlich mit individuellen Bewegungen. Auch die Sprachverwendung muss gut aufeinander abgestimmt sein und mechanisch klingen. Jeder Zwerg braucht als Requisite eine Laterne, einen Pickel oder eine Schaufel (alles im Spielzeugformat oder selbst gebastelt aus Pappe o. Ä. in normaler Größe).

Musik: René Aubry; CD: Dérives; Titel: La bime.

Szene 8: Der Teufel

Der TEUFEL *kommt auf die Bühne, reibt sich die Hände und sagt:* Hier ist es heiß! *Er setzt sich auf die Bühne, streckt die Beine aus, räkelt sich und fühlt sich wohl. Die* PRINZESSINNEN *kommen erschöpft auf die Bühne, schwitzen und stöhnen:* Hier ist es heiß! *Es wird immer heißer, je näher sie dem Teufel kommen. Nur die* COOLE PRINZESSIN *schwitzt nicht. Sie fragt:* Ist es hier heiß?

Der Teufel entdeckt die erschöpften Prinzessinnen, lacht und freut sich, dass die Prinzessinnen so schwitzen. Die coole Prinzessin findet der Teufel toll, auch die Prinzessin ist am Teufel interessiert. Der Teufel zwinkert der coolen Prinzessin zu und winkt sie zu sich her. Sie geht ganz lässig zu ihm. Sie schauen sich interessiert an und sie kommen sich näher. Die coole Prinzessin legt lässig den Arm um den Teufel. Die anderen Prinzessinnen kriechen erschöpft weiter. Teufel und coole Prinzessin liegen sich in den Armen, werden müde und schlafen ein.

Kommentar: Der Teufel hat ein großes rotes Tuch bei sich. Das stellt das Feuer dar. Dieses Tuch schlängelt er hinter sich her und setzt sich schließlich darauf. Das Tuch bewegt er immer wieder, so dass es wie flackernde Flammen wirkt.

Musik: Henry Mancini; CD: The Pink Panther; Titel: Royal Blue.

Szene 9: Frau Holle

Die Szene verläuft genau wie Szene 5.

KÖNIG: Schon wieder du, Frau Holle! Nein, das ist schon wieder der falsche Zeitpunkt. Du störst hier!

Szene 10: Die Wölfe

Die PRINZESSINNEN *kommen auf die Bühne. Sie ruhen sich aus. Von weitem hört man Wolfsgeheul. Es wird langsam lauter. Die Prinzessinnen springen auf, sie haben Angst. Die* WÖLFE *kommen auf die Bühne geschlichen, sie umkreisen die Prinzessinnen und heulen dabei laut. Alle haben Angst und stehen eng aneinander gedrängt beisammen. Alle – außer der* MUSIKALISCHEN PRINZESSIN. *Sie ist sehr interessiert an dem Geheul der Wölfe. Sie geht zu jedem Wolf hin, lauscht, imitiert das Geräusch, verändert die Tonlage und schlägt ihre Stimmgabel an. Die Wölfe sind ganz irritiert, heulen aber brav nach ihrer Vorgabe. Die Prinzessin holt die Wölfe zu einer Gruppe zusammen, stellt sie wie einen Chor auf und dirigiert, während die Wölfe heulen. Die anderen Prinzessinnen sind erleichtert und gehen weiter. Die Wölfe haben ihre Melodie zu Ende geheult. Sie werden müde, genau wie die musikalische Prinzessin, räkeln und strecken sich, gähnen und schlafen ein.*

Kommentar: Der Unterschied zwischen den Wölfen am Anfang der Szene (angriffslustig, wild, ungezähmt) und am Ende (irritiert, gezähmt, brav) muss deutlich gespielt werden. Alle Wölfe heulen nach Vorgabe der musikalischen Prinzessin eine gemeinsame Melodie.

Musik: Peter Gabriel; CD: Passion; Titel: In Doubt.

Szene 11: Froschkönig

Der FROSCHKÖNIG *hüpft über die Bühne, bleibt immer wieder stehen und fragt ins Publikum:* Wer küsst mich? *Die Prinzessinnen kommen auf die Bühne, der Froschkönig hüpft ihnen entgegen und fragt jede einzelne Prinzessin:* Wer küsst mich? *Jede Prinzessin weicht zurück, schüttelt sich und ist ganz angeekelt. Die* KURZSICHTIGE PRINZESSIN *allerdings drängt sich nach vorne und fragt blinzelnd in die Runde:* Wo wird geküsst?

Der Froschkönig hüpft auf sie zu und stellt wiederum seine Frage. Die kurzsichtige Prinzessin ist begeistert, küsst den Froschkönig und verwandelt sich auch in einen Frosch. Die anderen Prinzessinnen sind ganz erschrocken und gehen weiter. Die beiden Frösche hüpfen vergnügt über die Bühne, quaken, werden müde und schlafen ein.

Kommentar: Ein Problem bei dieser Szene war, dass die Prinzessin den Froschkönig nicht wirklich küssen wollte, und auch das Kind, das den Froschkönig gespielt hat, nicht geküsst werden wollte. Die Lösung, mit der beide Kinder einverstanden waren, war ein Handkuss.

Musik: Haindling; CD: Perlen; Titel: Blasmusik in Moll.

Szene 12: Der Drache

Der DRACHE *kommt rückwärts auf die Bühne, der Kopf ist nicht zu sehen. Er liegt auf der Bühne und bewegt sich nicht. Die* PRINZESSINNEN *betreten ebenfalls die Bühne. Sie ruhen sich aus, setzen sich dabei auf den Drachen und lehnen sich an. Plötzlich bewegt sich der Drache, die Prinzessinnen springen entsetzt auf. Der Drache steht auf, jetzt erscheint auch der Kopf auf der Bühne. Der Drache kreist die Prinzessinnen ein. Die Prinzessinnen schaffen es zu flüchten. Sie laufen von der Bühne, der Drache hinterher. Der Drache jagt die Prinzessinnen zweimal über die gesamte Bühne. Dann bleiben diese erschöpft auf der Bühne stehen. Der* DRACHE *kommt hinterher, legt sich auf den Rücken, wackelt mit den Beinen und steht wieder auf. Er zieht sich eng zusammen und bäumt sich dreimal auf. Beim dritten Mal verschlingt er die* TOLLPATSCHIGE PRINZESSIN, *die ständig über ihn stolpert. Die übrigen Prinzessinnen laufen verstört davon, der Drache wird müde und schläft ein.*

Kommentar: Der Drache besteht aus einem großen Kopf aus Pappmaschee und einem langen Stofftuch. Der Kopf wird von einem Kind getragen, dahinter befinden sich unter dem Stofftuch sechs Kinder, die nur mit den Köpfen aus dem Tuch herausschauen, da sich sechs Schlitze in dem Tuch befinden. Auf dem Kopf haben die Kinder jeweils einen grünen Zacken aus Schaumstoff. Das lange Stofftuch ist an den Seiten in Fransen geschnitten und an mehreren Stellen sind kleine Glöckchen angebunden. Da es sich um einen grünen Drachen handelt, wurden Kopf und Stoff grün bemalt. Das Kind, das den Kopf des Drachen trägt, kann kaum etwas sehen und muss deshalb von dem Drachenkind direkt dahinter geleitet werden.
Die Jagd über die Bühne ist nicht einfach zu spielen: Einerseits soll das Tempo einer Jagd deutlich werden, andererseits wollen die Zuschauer mehr sehen, als nur ein Rennen über die Bühne. Deshalb müssen die Prinzessinnen zwar laufend wirken und auch vorwärts kommen, aber nur sehr langsam. Sie laufen fast an Ort und Stelle und wirken abgehetzt. Es muss zudem ein deutlicher Abstand zwischen den Prinzessinnen und dem Drachen liegen, sie müssen aber dennoch Kontakt zueinander haben. Bei der Jagd kommen die Prinzessinnen auf die Bühne gehetzt, schauen sich um und beeilen sich. Mit deutlichem Abstand kommt der Drache hinterher. Die Prinzessinnen sausen von der Bühne, der Drache rennt mit Abstand hinterher. Sobald die Bühne leer ist, kommen die Prinzessinnen erneut auf die Bühne, diesmal in die andere Richtung laufend, und der Drache rennt wieder mit Abstand hinterher.

Musik: Peter Gabriel; CD: Passion; Titel: Of These, Hope.

Szene 13: Frau Holle

Die Szene verläuft wieder genau wie Szene 5.

KÖNIG/KÖNIGIN: Frau Holle! Was machst du denn schon wieder da? Weg mit dir! Immer dieser Schnee. Das passt jetzt nicht!

Szene 14: Die Skelette

Die PRINZESSINNEN *kommen völlig erschöpft auf die Bühne, setzen sich und jammern:* Hunger! *Die* SKELETTE *kommen im Gleichschritt hintereinander auf die Bühne, stehen in einer Reihe und gehen im Gleichschritt von hinten auf die sitzenden Prinzessinnen zu, die sie noch nicht entdeckt haben.*

Die SKELETTE *rufen:* Kummer wegen Hunger? *und lachen. Die Prinzessinnen schauen sich um, sehen die Skelette und springen entsetzt auf. Die Skelette marschieren um die Prinzessinnen herum, lachen und wiederholen* Kummer wegen Hunger? *und lachen dabei.*

Die PRINZESSINNEN *haben immer noch Hunger, nehmen ihren Mut zusammen und sagen zu den Skeletten:* Kummer wegen Hunger! *Die Skelette wackeln davon und holen etwas ‚Essbares'. Sie geben den Prinzessinnen große Knochen. Die* FEINE PRINZESSIN *ist so entsetzt, dass sie in Ohnmacht fällt, gerade in die Arme der Skelette. Die anderen Prinzessinnen schleichen weiter. Die Skelette werden müde und legen sich mit der ohnmächtigen Prinzessin schlafen.*

Kommentar: Die Skelette gehen auf sehr wackeligen Beinen, die Arme hängen schlaff herunter und baumeln ein wenig. Der Kopf hängt leicht nach vorne und wackelt beim Gehen. Die großen Knochen sind selbstverständlich nicht echt, sondern aus Plastik.

Musik: Andreas Vollenweider; CD: Caverna magica; Titel: Huiziopochtli.

Szene 15: Die Zauberer

Die drei letzten PRINZESSINNEN *kommen an die Höhle der Zauberer und entdecken dort die Blume der Zufriedenheit. Eine fragt die* ZAUBERER*:* Wer ist der Chef? *Alle Zauberer antworten:* Ich bin der Chef! *Jeder Zauberer schubst den anderen weg und drängt sich nach vorne. Die* ZWEITE PRINZESSIN *fragt noch einmal:* Wer ist der Chef? *Nun will keiner mehr der Chef sein, jeder zeigt auf einen anderen und sagt:* Du bist der Chef! *Die Zauberer sind so mit sich beschäftigt, streiten und diskutieren, dass sie gar nicht merken, wie die Prinzessinnen an ihnen vorbeischleichen, die Blume der Zufriedenheit holen und sich damit davonstehlen. Als die Zauberer es schließlich doch noch bemerken, sind die Prinzessinnen schon weit fort. Die Zauberer sind wütend, streiten und raufen schon wieder miteinander.*

Kommentar: Der Streit der Zauberer findet in einer nicht verständlichen Geheimsprache statt und kreist ansonsten immer nur um die Sätze: „Wer ist der Chef?" – „Ich bin der Chef!" – „Du bist der Chef!"

Musik wie in Szene 2: René Aubry; CD: Steppe; Titel: Sagittaire.

Szene 16: Das große Fest

Die Prinzessinnen kommen auf die Bühne und übergeben zu dritt die Blume der Zufriedenheit an das Königspaar. Das Königspaar und die Prinzen freuen sich sehr.

KÖNIG/KÖNIGIN: Oh, liebe Prinzessinnen, wir sind euch so dankbar! Ihr habt uns unsere Blume der Zufriedenheit wiedergebracht. Jetzt wird endlich wieder große Freude und Glück in unser Land zurückkehren. Zum Lohn und Dank für euere Arbeit sollt ihr unsere Söhne als Gemahlen erhalten.

Die Prinzen stehen auf, gehen auf die drei Prinzessinnen zu und küssen ihrer Auserwählten die Hand.

KÖNIG/KÖNIGIN: Wir werden ein großes Fest für alle Bewohner unseres Landes feiern. Es sollen alle Bewohner eingeladen sein, denn unsere Freude ist so groß. Auch die Zauberer sollen unsere Gäste sein. Bote, reite zu den Zauberern und lade sie zu unserem Fest.

Der Bote kommt zum Königspaar, verbeugt sich und hört sich den Auftrag an. Er reitet los und holt die Zauberer. Die sind ganz erstaunt und freuen sich. Als sie mit dem Boten am Königshof ankommen, eröffnet der König das Fest mit einem Signal (z.B. Gong) und alle schlafenden Dorfbewohner, Prinzessinnen und Märchengestalten wachen auf. Die drei Prinzenpaare gehen über die Bühne. Alle springen auf und jubeln ihnen zu.

Das KÖNIGSPAAR *steigt von seinem Thron und ruft nun nach Frau Holle:* Frau Holle, wo bist du denn? Jetzt brauchen wir dich. Wo bleibst du denn?

FRAU HOLLE *liegt gelangweilt am Bühnenrand, kommt nun auf die Bühne, steigt auf einen Stuhl und schüttelt ihr Bett aus. Sie wirft erst einzelne Federn in die Luft, holt dann viele Federn aus ihrem Kissen hervor und wirft sie alle hoch in die Luft. Alle jubeln, tanzen und freuen sich. Nach einer Weile kommt das Königspaar nach vorne an den Bühnenrand und verabschiedet sich vom Publikum. Alle stehen still.*

KÖNIG/KÖNIGIN: Liebe Besucher unseres Märchenlandes, sie haben gesehen, wie schnell einem Glück und Freude abhanden kommen kann. Deshalb achten Sie gut auf Ihre Blume der Zufriedenheit, sonst wird sie Ihnen vielleicht auch eines Tages gestohlen. Und dann ist sie schwer wiederzubekommen, denn so mutige Prinzessinnen gibt es nicht überall.

Das Königspaar verbeugt sich und geht von der Bühne ab. Es folgen die Prinzenpaare, der Bote, die Hexe usw. Alle kommen nacheinander zum vorderen Bühnenrand, verbeugen sich und gehen seitlich von der Bühne ab.

Kommentar: Diese Szene, die das Finale darstellt, muss gut geprobt sein, da sie sonst leicht in Chaos ausarten kann. Es stehen alle Kinder auf der Bühne, d.h. es ist sehr eng. Es muss deshalb jeder genau wissen, was zu tun ist. Alle Kinder müssen den Ablauf der Szene und die Raumwege sicher beherrschen. Darum ist eine ausführliche Probe des Finales sehr wichtig. Zumal diese Szene der letzte Eindruck des Stückes für das Publikum ist.
Die Kussproblematik zwischen Prinzen und Prinzessinnen war die gleiche wie in Szene 11, deshalb gab es nur Handküsse (schon das war einem Prinzen mehr als genug!). Das Signal für das Fest war ein lauter Gong. Daraufhin erwachten alle ‚Schlafenden' am hinteren Bühnenrand. Wichtig ist, dass die ‚Schlafenden' sich tatsächlich erst auf dieses Signal hin bewegen und zuvor einfach still und unbeweglich am hinteren Bühnenrand

liegen. Das tun sie, seid sie in ihrer Szene eingeschlafen sind, d.h. einige der kleinen Schauspieler ‚schlafen' fast während des gesamten Stückes. Das ist für die Kinder eine anspruchsvolle Aufgabe. Sie sind auf der Bühne, werden also ständig vom Publikum gesehen, spielen aber nicht aktiv, sondern müssen sich einfach nur ruhig halten und schlafend stellen. Sie können natürlich die Augen öffnen, sollten aber in einer Schlafposition liegen oder sitzen. Das muss den Kindern bewusst gemacht und mit ihnen geprobt werden. Da nach jeder Szene mehr Kinder einschlafen und auf der Bühne liegen, wird der freie Platz auf der Bühne immer weniger. Auch das stellt eine Schwierigkeit dar. Gleichzeitig war es mir wichtig, dass alle Kinder ‚schlafend' auf der Bühne waren, da es zum roten Faden des Märchens gehörte.

Musik: Cappercaillie; CD: Get out; Titel: Silver Spear Reels.

Vorprogramm

Folgende Möglichkeiten bieten sich beim Thema Märchen an, um das Publikum bereits vor der Aufführung spielerisch einzustimmen und einzubeziehen.

- Zwei bis drei Kinder verteilen mündlich Zaubersprüche unter den Gästen vor dem Eingang. Mögliche Zaubersprüche:
  – Spinnenbein und Krötenschleim, dreimal schwarzer Kater.
  – Hokus Pokus Pfeffernuss, Eulenschwanz und Pferdefuß.
  – Ene mene pippifax, hula hula zappeldax.
  – Affenschwanz und Krötenbein, alle sollen verzaubert sein.
  – Lirum Larum Löffelstiel, zaubern kann ich ganz schön viel.
  – Zicke Zacke Spinnenkacke, auf die dicke Rattenbacke.
- Am Eingang stehen zwei Kinder, die als ‚Eintrittspreis' einen Zauberspruch verlangen, denn kostenlos kommt man nicht ins Märchenland.
- Die drei Prinzen gehen durchs Publikum und suchen mit jeweils einem Stöckelschuh nach Aschenputtel. Sie lassen mehrere weibliche Gäste die Schuhe anprobieren.
- Die Hexe geht durchs Publikum und verteilt in einem Korb Lebkuchen.
- Frau Holle geht mit ein bis zwei Kissen durch das Publikum und lässt einzelne Gäste die Kissen ausschütteln.
- Prinzessinnentest: Zwei Kinder gehen mit vielen Kissen und einer Erbse zu einzelnen Zuschauern. Diese müssen sich auf die Kissen setzen und fühlen, ob eine Erbse darunter liegt oder nicht.
- Aschenputtel braucht Hilfe: Ein Kind geht mit einer Schüssel verschiedenfarbiger Erbsen zu einzelnen Zuschauern und lässt sich beim Aussortieren helfen.
- Das Königspaar steht am Eingang und begrüßt alle ankommenden Gäste.
- Märchentest: Einige Kinder gehen durchs Publikum und machen mit einzelnen Gästen einen Märchentest. Mögliche Fragen:
  1. Wem ist ein Stück giftiger Apfel im Hals stecken geblieben?
  2. Warum hat die böse Fee Dornröschen und alle Bewohner einschlafen lassen?

3. Was hat der böse Wolf getan, damit ihn die sieben Geißlein ins Haus gelassen haben?
4. Wer sagt: „Großmutter, warum hast du so große Augen?“
5. Woher hat Rapunzel seinen Namen?
6. Wie heißt die Schwester von Schneeweißchen?
7. Was sagt Rumpelstilzchen weiter: „Heute back ich, ...“
8. Wer sagt: „Spieglein, Spieglein an der Wand, wer ist die Schönste im ganzen Land?“
9. Welche Märchenfigur würden Sie gerne sein?
10. Welches ist Ihr Lieblingsmärchen?

Antworten: 1. Schneewittchen. 2. Weil sie nicht zum Fest des Königs geladen war, da sie der 13. Gast gewesen wäre. 3. Er hat Kreide gefressen und sich eine Tatze mit Mehl weiß bestäubt. 4. Weil ihre Eltern der Hexe immer Rapunzeln gebracht haben. 5. Rotkäppchen. 6. Rosenrot. 7. „Heute back ich, morgen brau ich, übermorgen hol ich mir der Königin ihr Kind.“ 8. Die Königin in Schneewittchen.

Resümee

Die Bühnengestaltung bedurfte einiger Überlegungen, da sie mehrere Kriterien erfüllen musste: Die Spielfläche auf der Bühne musste recht tief sein, da die meisten Kinder nach ihrer Szene ‚schlafend‘ auf der Bühne blieben. Der Thron des Königspaars und die Sitzplätze der Prinzen mussten seitlich am vorderen Bühnenrand platziert sein, damit die Königsfamilie vom Publikum gut gesehen werden und gleichzeitig selbst das gesamte Stück mitverfolgen konnte. Die Höhle der Zauberer befand sich auf der anderen Seite der Bühne. Sie wurde etwas erhöht und näher am hinteren Bühnenende aufgebaut. Dazu haben wir Tische verwendet, die mit schwarzen Stoffen abgedeckt wurden. Um die erhöhte Spielfläche herum wurden weitere schwarze Stoffe gehängt, um den Höhlencharakter deutlich zu machen.

Eine große Herausforderung war für die meisten Kinder die Tatsache, dass sie nach ihrem Auftritt weiterhin auf der Bühne bleiben mussten. Das bedeutete, dass die Kinder für die Zuschauer ständig sichtbar waren, obwohl sie nicht aktiv in den Szenen mitspielten. Wir mussten dieses ruhige Sitzen oder Liegen auf der Bühne gut üben. Selbstverständlich mussten sich die Kinder nicht mit geschlossenen Augen schlafend stellen, aber es sollte trotzdem der Eindruck einer schlafenden Gruppe entstehen. Die zweite Schwierigkeit war das Platzproblem: Nach jeder Szene gesellten sich neue Kinder zu den Schlafenden. Damit wurde die Spielfläche für die agierenden Schauspieler immer kleiner. Deshalb war es wichtig, dass die schlafende Gruppe ziemlich eng beieinander lag.

Fazit: Die Kinder haben die Grundidee des Märchens sehr gut angenommen und eine lebendige, spannende Geschichte daraus gestaltet. Die größte Veränderung ergab sich aus der Tatsache, dass so viele Mädchen Prinzessin werden wollten und deshalb sie die Abenteuer bestehen mussten. Dies hat zunächst natürlich zu einer Enttäuschung der Prinzen geführt, die lieber auch aktiver gewesen wären. Gleichzeitig hatten sie aber selbst keinerlei Ideen, was sie hätten tun können. Deshalb sind sie letztlich einfach nur beim Königspaar wartend sitzen geblieben. Die Idee, das Publikum als Zauberwald mit in das Stück zu integrieren, kam bei den Kindern nicht gut an und wurde demzufolge fallen gelassen. Die beteiligten Kinder, das Publikum und ich selbst waren nach der Aufführung mit unserem Stück sehr zufrieden.

Ein Wintermärchen

Spiele rund um das Thema

Es eignen sich selbstverständlich viele Spiele, die bereits beim ersten Märchenstück vorgestellt wurden. Darüber hinaus hier noch einige themenbezogene Spiele zum Wintermärchen:

- Vier-Felder-Gehen
  Der Raum wird in vier Felder eingeteilt, die Theatergruppe halbiert. Gruppe A spielt in jedem Feld einen anderen Begriff. Gruppe B rät, nachdem Gruppe A alle vier Begriffe gespielt hat. Dargestellt werden entweder vier verschiedene Jahreszeiten, vier Orte oder vier Tiere.

- Was gehört zum Winter?
  Die Kinder überlegen zu zweit oder dritt typische Dinge, die es im Winter gibt (z.B. Schneeflocke, Eiszapfen, Schlitten, Schneemann, Schneeball, Pudelmütze, Skilift, Einhockeyschläger, Schnupfen). Sie verwandeln sich in diese und spielen sie der Gruppe vor, die sie erraten muss.

- Verschiedene Wetterlagen
  Die Kinder bewegen sich durch den Raum. Der Spielleiter gibt ein Signal (z.B. Gong) und nennt eine Wetterlage, die die Kinder in Bewegung umsetzen müssen (z.B. heiß, kalt, regnerisch, eisig, schwül, sonnig, neblig, stürmisch, es schneit, es hagelt). Ertönt das Signal erneut, erstarren alle Kinder. Der Spielleiter nennt eine neue Witterung und alle bewegen sich entsprechend.

- Eisstatuen
  Die Kinder finden sich in Paaren zusammen. Jedes Kind formt aus seinem Partner eine Eisstatue.

- Im Lauf der Jahreszeiten
  Die Gruppe wird halbiert. Gruppe A sitzt im Raum verteilt am Boden, Gruppe B bewegt sich durch den Raum und spielt typische Tätigkeiten in einer Jahreszeit, die der Spielleiter zuvor genannt hat. Auf ein Signal des Spielleiters hin sinken alle Kinder der Gruppe B langsam zu Boden, während die Kinder der Gruppe A aufstehen. Eine neue Jahreszeit wird genannt und typische Tätigkeiten in dieser Zeit werden gespielt.

- Schneesturm – Eisregen – Hexen
  Es handelt sich um eine Abwandlung des Spiels ‚Feuer–Wasser–Sturm'. Alle Kinder laufen durch den Raum. Der Spielleiter ruft eines der drei Kommandos und die Kinder müssen darauf reagieren. Schneesturm: Alle legen sich hin. Eisregen: Alle frieren ein und stehen erstarrt. Hexe: Alle laufen in eine Ecke (vor der Hexe davon).

- Verwandlungen
  Alle stehen im Raum verteilt. Der Spielleiter beschreibt die langsame Verwandlung von den Füßen bis zum Kopf in typische Winterfiguren, -tiere oder -gestalten (z.B. Schneewölfe, Schneemänner, Eisfeen, Schneeflocken, Eisbären, Eiskunstläuferin). Die Kinder spielen die Verwandlungen sofort mit.

- Wintermärchen: Was könnte passieren?
  In Kleingruppen überlegen die Kinder, was in einem Wintermärchen passieren könnte und spielen es den anderen Gruppen vor (z.B. Schneemänner werden von einer Hexe geschmolzen, Tanz der Schneeflocken, Frau Holle lässt es schneien, bis alles im Schnee versinkt, Schneeelefanten geraten in eine Lawine, Hexe verwandelt alle in Schneeflocken, Wettgraben im Schnee, ein Drache taut den Schnee, Eisbären tanzen auf ihren Eisschollen, Pinguine reisen zum Nordpol, Schneemänner machen eine Schneeballschlacht). Die Kinder müssen erraten, was dargestellt wird.

- Welche Jahreszeit?
  Zwei bis drei Kinder spielen eine für eine bestimmte Jahreszeit typische Handlung (z.B. Frühling: Ostereier suchen, pflanzen; Sommer: Eis essen, baden, barfuß gehen; Herbst: Drachen steigen lassen, Äpfel ernten; Winter: Schlitten fahren, frieren, Eis am Auto abkratzen). Die anderen Kinder raten, um welche Jahreszeit es sich handelt.

- Hexenzauber
  Der Spielleiter gibt eine für eine bestimmte Jahreszeit typische Handlung vor (z.B. Winter: Schlitten fahren). In Dreiergruppen überlegen sich die Kinder nun, wie der Hexenzauber aussehen könnte und spielen dies den anderen Kindern vor. Die ersten drei Kinder gehen auf die Bühne und spielen Schlitten fahren. Auf ein Signal des Spielleiters beginnt der Hexenzauber. Jetzt zeigen die Kinder, was der Zauber mit ihnen angestellt hat: Sie fallen ständig vom Schlitten. Die nächste Dreiergruppe spielt ebenfalls Schlittenfahren. Auf ein Signal des Spielleiters folgt ihre Zaubervariante: Ihr Schlitten fährt rasante Kurven.

Vorgegebene Grundidee

Es war einmal in einem Märchenland, da lebten alle glücklich und zufrieden. Es gab eine Fee für jede Jahreszeit. Diese Feen brachten stets das entsprechende Wetter ihrer Jahreszeit mit. Die Kinder im Märchenland mochten die Feen, freuten sich aber über die Winterfee und den Winter am meisten. Deshalb wurden die anderen Jahreszeitfeen ganz neidisch und beauftragten Hexen und Zauberer, die Winterfee und den Winter zu ärgern. Dies taten die bösen Gestalten gerne.

Aber als die Jahreszeitfeen sahen, was sie angerichtet hatten, tat es ihnen Leid und sie brachten es wieder in Ordnung. Zum Schluss wird alles wieder gut.

Bei diesem Stück arbeiteten wir mit der Instrumentalgruppe der Schule zusammen. Die Leitfiguren, die Hexen, die Zauberer, die Feen und die Kinder erhielten eigene melodische Motive, die jeweils live mit Orff-Instrumenten eingespielt wurden. Alle anderen Musikuntermalungen kamen vom Band.

Das Bühnenstück

Personen des Stückes:

2 Erzähler
8 Schneehasen
6 Feen
9 Schneeflocken
6 Pinguine
6 Eisbären
4 Schneewölfe
1 Frau Holle
7 Zwerge
1 Schneewittchen
6 Hexen
4 Zauberer
6 Kinder

Szene 1: Die Erzählerinnen

Die zwei Erzählerinnen kommen auf die Bühne und stehen nebeneinander.

A: Liebe Kinder, liebe Erwachsene, ich möchte euch heute ein Wintermärchen vorlesen.
B: Liebe Kinder, liebe Erwachsene, ich möchte euch heute ein Wintermärchen erzählen.
A: Nein, das geht nicht. Ich bin die Märchenvorleserin!
B: Aber ich bin die Märchenerzählerin!
A: Das geht nicht. Ich finde, du solltest wieder gehen.
B: Pah, ich finde, du solltest gehen!
A: Ich gehe nicht!
B: Ich gehe auch nicht!
A *(an das Publikum gewandt)*: Was können wir nun tun?
Das Publikum *antwortet (wenn nicht, schlägt* B *die Lösung vor)*: Ihr könnt das Märchen gemeinsam vorlesen und erzählen.
A: Na, einverstanden, wir können's ja probieren.

Die zwei Erzählerinnen setzen sich auf ihre Sessel am seitlichen Bühnenrand. Sie erzählen bzw. lesen den Text im Wechsel.

Erzählerinnen: Es war einmal vor langer, langer Zeit in einem fernen Märchenland. Da lebten viele verschiedene Menschen, Tiere und Gestalten friedlich miteinander. Es gab in diesem Märchenland auch viele Kinder.

Kommentar: Beide Kinder, die die Rolle der Erzählerin gewählt hatten, waren weder geübte Leserinnen, noch hatten sie laute, kräftige Stimmen. Deshalb mussten beide sowohl den Text, als auch das Vortragen vor Publikum sehr fleißig üben. Auch wenn ich anfangs skeptisch war, haben mich die beiden Mädchen letztlich durch ihre Leistung überzeugt und sie haben ihre Rollen fantastisch gespielt. Den Text des Märchens mussten die Kinder nicht auswendig lernen, sondern sie hatten ihn auf der Bühne mit dabei, eingelegt in einem dicken Märchenbuch. Die beiden Mädchen waren die einzigen, die ein Mikrofon verwendet haben.

Musik: Pinguin Café Orchestra; CD: When in Rome …; Titel: Air a danser.

Szene 2: Die Kinder

Die Kinder kommen auf die Bühne. Einige spielen Ball, andere springen Seil, die nächsten spielen Bock springen und fangen, einige sitzen am Boden und lesen. Nach ein paar Minuten laufen und hüpfen alle Kinder von der Bühne.

Kommentar: Diese Szene war sehr ausdrucksstark, da es den Kindern gelang, die Selbstvergessenheit des kindlichen Spiels beim Publikum herüberzubringen und gleichzeitig Bühnenpräsenz zu zeigen.
Musik: Pinguin Café Orchestra; CD: When in Rome …; Titel: Air a danser.

Szene 3: Feen

ERZÄHLERINNEN: In unserem Märchenland lebten auch einige Feen. Diese Feen brachten immer eine Jahreszeit mit. Es gab die Frühlingsfee, die Sommerfeen, die Herbst- und die Winterfeen.

Die Feen kommen von zwei Seiten auf die Bühne. Sie springen kreuz und quer über die Bühne, bilden einen Halbkreis und tänzeln am Platz. Die Feen der einzelnen Jahreszeiten tanzen nach vorn, spielen typische Bewegungen für ihre Jahreszeit und verbeugen sich. Alle Feen tanzen noch einmal im Kreis, aber diesmal durcheinander. Danach verlassen sie tanzend die Bühne auf zwei verschiedenen Seiten.

Kommentar: Es war uns wichtig, dass man die Feen nicht nur am Kostüm, sondern auch am Temperament und den Bewegungen erkannte. Deshalb sollten sich die Feenkinder entsprechend der Stimmung der jeweiligen Jahreszeit bewegen.
Musik: Die musikalische Begleitung erfolgte live.

Szene 4: Kinder und Frühlingsfee

ERZÄHLERINNEN: Einige Monate im Jahr bestimmte die Frühlingsfee das Wetter. Sie brachte die Frühlingssonne mit, ließ im ganzen Märchenland die Blumen wachsen und machte die

Bäume wieder grün. Auch viele Vögel waren wieder zurückgekommen. Die Kinder freuten sich sehr über den Frühling und mochten die Frühlingsfee ganz gerne.

Die Kinder kommen auf die Bühne gehüpft und spielen. Sie entdecken, dass die Frühlingsfee auf die Bühne kommen will, schauen in ihre Richtung,

winken ihr zu und hüpfen ihr entgegen. Die Kinder bilden einen Kreis um die Frühlingsfee und tanzen um sie herum. Die Frühlingsfee lässt die Sonne scheinen und die Blumen blühen. Die Kinder lösen den Kreis auf, freuen sich an der Sonne und riechen an den Blumen. Die Frühlingsfee verabschiedet sich. Die Kinder winken ihr fröhlich nach.

Kommentar: Die Frühlingsfee und die Kinder spielten alle Aktionen pantomimisch. Eine Überlegung war, die Blumen tatsächlich ‚wachsen' zu lassen, indem die Frühlingsfee Blumen aus Krepppapier auf der Bühne verteilt. Das hatte die Kinder aber nicht überzeugt.
Musik: live

Szene 5: Kinder und Sommerfeen

ERZÄHLERINNEN: Nachdem sich die Frühlingsfee verabschiedet hatte, erschienen in jedem Jahr die beiden fröhlichen Sommerfeen. Sie verzauberten das Land mit ihrem sonnigen, warmen Sommerwetter und alle Kinder waren glücklich.

Der Ablauf ist ähnlich wie in der Szene mit der Frühlingsfee, nur diesmal mit den Sommerfeen und mit typischen Sommeraktivitäten.

Musik: live

Szene 6: Kinder und Herbstfee

ERZÄHLERINNEN: Nach einigen Wochen sagten auch die Sommerfeen wieder „Auf Wiedersehen!" und machten Platz für die Herbstfee, die ihr Herbstwetter mitbrachte. Auch diese Jahreszeit mochten die Kinder sehr. Sie begrüßten die Herbstfee begeistert und freuten sich auf den stürmischen Herbstwind, die vielen Früchte, die es im Herbst gab und die bunten Blätter an den Bäumen.

Die Herbstfee saust über die Bühne und bringt den Herbstwind mit. Die Kinder kommen auf die Bühne, müssen aber gegen den Wind ankämpfen. Sie begrüßen die Herbstfee und freuen sich an den Blättern, die von den Bäumen fallen. Die Herbstfee saust über die Bühne und lässt weiterhin den Sturmwind blasen. Die Kinder lassen nun Drachen steigen. Die Herbstfee gibt den Kindern Früchte von den Bäumen. Alle Kinder essen ihre Früchte. Die Herbstfee verabschiedet sich und die Kinder winken ihr nach.

Kommentar: Auch diese Szene wurde ohne Requisiten, nur pantomimisch gespielt.
Musik: live

Szene 7: Kinder

ERZÄHLERINNEN: Die Herbstfee verabschiedete sich ebenfalls nach einigen Wochen. Die Kinder winkten ihr zufrieden nach und wurden ganz unruhig. Sie mochten alle drei Jahreszeiten sehr, aber am allermeisten freuten sie sich auf die Winterfeen und deren Jahreszeit, den Winter.

Die Kinder springen über die Bühne, tanzen, hüpfen, reiben sich die Hände, sind ganz aufgeregt und freuen sich auf die Winterfeen.

Musik wie in Szene 2: Pinguin Café Orchestra; CD: When in Rome ...; Titel: Air a danser.

Szene 8: Winterfeen, Frau Holle, Schneeflocken

Erzählerinnen: Endlich erschienen die Winterfeen mit ihren großen, weißen Umhängen und verzauberten das ganze Märchenland. Es wurde ganz still und sanft. Die Winterfeen ließen Frau Holle kommen und diese brachte viele, viele niedliche kleine und große Schneeflocken mit.

Die beiden Winterfeen kommen von zwei Seiten, langsam und ganz leise mit weichen, fließenden Bewegungen auf die Bühne. Sie versuchen, die Bühne mit ihren weißen, langen Umhängen zu bedecken. Die Winterfeen winken Frau Holle herbei. Frau Holle kommt und wird von den Winterfeen in ihre Mitte genommen und von den weißen Umhängen umschlossen. Die Winterfeen ziehen sich nun an den rechten und linken Rand der Bühne zurück. Frau Holle winkt ihren Schneeflocken. Die Schneeflocken kommen auf die Bühne getanzt. Erst erscheinen einzelne, dann zwei oder drei gleichzeitig. Sie zeigen einen kurzen Schneeflockentanz. Zum Schluss fassen sie sich alle an den Händen und tanzen von der Bühne. Frau Holle ist zufrieden und folgt den Schneeflocken. Auch die Winterfeen schauen zufrieden.

Kommentar: Bei den Schneeflocken war es mir wichtig, einerseits das individuelle Durcheinanderwirbeln einzelner Schneeflocken zu zeigen, andererseits sollten auch kleine Formationen sichtbar werden. Beides wurde im Schneeflockentanz umgesetzt. Alle Bewegungen waren weich und fließend – auch die der Winterfeen und von Frau Holle.
Musik: live

Szene 9: Kinder und die Winterfeen

Erzählerinnen: Nun war das Märchenland versunken unter einer dicken, weißen Schneedecke und die Kinder spielten und tobten glücklich herum.

Die Kinder kommen auf die Bühne, entdecken den Schnee und die Winterfeen, die immer noch an beiden Seiten der Bühne stehen. Die Kinder springen durch den Schnee, bauen Schneemänner, machen eine Schneeballschlacht, fahren Ski. Sie laufen immer wieder zu den Winterfeen und danken ihnen. Sie setzen sich zu den Winterfeen an den Rand der Bühne und machen ein glückliches Gesicht.

Kommentar: Die Kinder haben nun Mützen, Handschuhe und Schals an, zum Teil auch dicke Pullover und Jacken.

Musik wie in Szene 2: Pinguin Café Orchestra; CD: When in Rome ...; Titel: Air a danser.

Szene 10: Feen der drei anderen Jahreszeiten

Erzählerinnen: Die Winterfeen waren sehr zufrieden, denn die Augen der Kinder strahlten vor Glück. Die Feen der drei anderen Jahreszeiten beobachteten das Ganze misstrauisch und wurden neidisch. Sie hatten das Gefühl, dass sich die Kinder im Winter mehr freuten und glücklicher waren als in ihrer Jahreszeit.

Die Kinder sitzen bei den Winterfeen am Rand der Bühne, strahlen sie an, berühren sie neugierig und sind begeistert von ihnen. Die Feen der anderen Jahreszeiten stürzen von beiden Seiten auf die Bühne, beobachten die Kinder und ärgern sich. Die Feen bleiben auf der Bühne und schauen verärgert zu den Kindern. Sie sind sehr aufgebracht.

Musik: live

Szene 11: Feen, Hexen und Zauberer

Erzählerinnen: Verärgert flüsterten die Feen miteinander und heckten einen gemeinen Plan aus. Sie schickten eine Botschaft an die Hexen und Zauberer und baten diese um Hilfe. Die Hexen und Zauberer waren ungemütliche, böse Gestalten. Sie hausten im finstersten Wald und waren alle sehr gefürchtet.

Die Feen flüstern miteinander. Sie haben eine Idee, sind begeistert und nicken sich zu. Sie bilden einen Kreis, murmeln einen Zauberspruch und winken mit den Armen in Richtung Hexen und Zauberer. Die Hexen und Zauberer erscheinen auf der Bühne. Die Hexen reiten auf ihren Besen rein, die Zauberer sausen mit flatternden Umhängen auf die Bühne. Die Zauberer schauen finster ins Publikum. Alle wirbeln über die Bühne. Dann beruhigen sie sich, stellen sich als Gruppe zusammen und hören den Feen zu.

Erzählerinnen: Die Feen erzählten ihren Ärger. Die Zauberer und Hexen waren immer zu bösen Streichen aufgelegt, sie hatten Freude daran, andere zu ärgern und boten begeistert ihre Hilfe an. Ihr Ziel war es, den Winter kaputtzumachen. Alle Kinder, Tiere und Märchengestalten sollten die böse Hexen- und Zauberkraft zu spüren bekommen.

Die Hexen und Zauberer haben schon Ideen, wie sie den Feen helfen können. Sie flüstern miteinander, reiben sich die Hände und kichern böse. Die Feen nicken den Hexen und Zauberern zu. Sie besiegeln ihre Abmachung mit Handschlag und verabschieden sich voneinander. Die Feen verlassen die Bühne, die Hexen und Zauberer gehen an den seitlichen Bühnenrand, setzen sich auf eine etwas erhöhte Plattform, von der aus sie das Geschehen auf der Bühne gut beobachten können.

Kommentar: Das Gespräch zwischen den Feen und den Hexen und Zauberern verlief pantomimisch, begleitet von Tönen, Geräuschen und Fantasiewörtern. Die erhöhte Plattform als Beobachtungsplatz für die Zauberer und Hexen sollte mit schwarzen Stoffen bedeckt sein und insgesamt etwas schaurig wirken. Der Platz muss einerseits am Bühnenrand liegen, um nicht zu viel Platz von der Bühne wegzunehmen, andererseits müssen die Zuschauer die Hexen und Zauberer aber gut sehen können.

Musik: René Aubry; CD: Dérives; Titel: Rencontres.

Szene 12: Schneehasen

Erzählerinnen: Zunächst schien alles ganz normal zu sein. Die Hexen und Zauberer beobachteten alle Lebewesen im Märchenland und überlegten sich verschiedene böse Zauber. Im Märchenland lebten einige kleine Schneehasen. Die Schneehäschen genossen ebenfalls den Winter und mochten das schöne, kalte Wetter.

Die Schneehasen kommen auf die Bühne gehoppelt. Sie graben im Schnee, spielen Fangen, putzen sich ihr Schnäuzchen und hoppeln durch den Schnee. Die Zauberer und Hexen schwingen ihre Zauberstäbe in Richtung Schneehasen. Es ertönt der Zauberfluch: Alle Schneehasen erstarren drei Sekunden lang. Die Schneehasen schwitzen plötzlich ganz fürchterlich. Sie wischen sich den Schweiß von der Stirn, schauen geblendet in die Sonne, ziehen sich schließlich ihr Fell aus und schleichen traurig und erschöpft von der Bühne.

Kommentar: Bei den Schneehasen bestand die Schwierigkeit, dass sie von den hinteren Zuschauerreihen nur schlecht zu sehen waren, da sie meist auf allen Vieren am Boden spielten. Wir haben versucht, das Problem dadurch zu lösen, dass die Schneehasen sich bei ihren Aktionen häufig aufrichten mussten. Der Zauberfluch wurde durch ein akustisches Signal deutlich und die Tiere erstarrten drei Sekunden lang in aufrechter Haltung.

Musik: René Aubry, CD: Dérives, Titel: Il pleut sous la mer (bis zum Zauberfluch). Der Zauberfluch wird live gespielt, danach gibt es keine Musik mehr.

Szene 13: Schneewölfe

Erzählerinnen: Die Schneewölfe liebten ebenfalls den Winter. Wurden auch sie von den Hexen und Zauberern mit einem bösen Fluch belegt?

Es ertönt Wolfsgeheul. Der älteste Wolf erscheint auf der Bühne. Er ist müde und legt sich zum Schlafen hin. Das Wolfsgeheul wird stärker, die anderen Wölfe erscheinen und wecken den alten Wolf auf. Der alte Wolf ist zunächst verärgert und faucht seine Kameraden an. Dann beruhigt er sich aber und alles ist wieder gut. Alle Wölfe legen sich die Pfoten auf die Schultern als Zeichen der Freundschaft. Dann machen sie aus Spaß eine Schneeballschlacht. Alle Wölfe wälzen sich im Schnee und fühlen sich pudelwohl. Zauberer und Hexen schwingen ihre Zauberstäbe in Richtung Schneewölfe. Es ertönt der Fluch der Zauberer und Hexen und alle Schneewölfe erstarren drei Sekunden lang. Die Schneewölfe liegen immer noch im Schnee, merken aber jetzt, dass der Schnee nass und kalt ist. Sie fühlen sich nicht mehr wohl im Schnee und fangen an zu frieren. Sie frieren ganz stark, jaulen jämmerlich, zittern und schleichen von der Bühne.

Kommentar: Ähnlich wie bei den Schneehasen bestand die Schwierigkeit, dass der schlafende Schneewolf von den hinteren Sitzreihen nur schlecht zu sehen war. Die Lösung war ein Hocker, der mit einem braunen Tuch bedeckt wie ein Fels wirkte, auf dem sich der Schneewolf ausruhte.

Musik: Gypsy soul; CD: Ashik; Titel: Coyote (bis zum Zauberfluch). Zauberfluch: live, danach keine Musik mehr.

Szene 14: Eisbären

ERZÄHLERINNEN: Den Eisbären erging es nicht viel besser. Schauen wir uns an, was diesen armen Tieren widerfahren ist.

Die Eisbären sind in zwei Mannschaften eingeteilt und kommen von zwei Seiten auf die Bühne. Jede Mannschaft geht in einer Reihe hintereinander. Die beiden Mannschaften stellen sich gegenüber auf und begrüßen sich mit einem freundlichen Tatzenschlag. Jeder Eisbär fährt Schlittschuh und erkundet das Eis. Die Eisbären holen sich jetzt ihre Eishockeyschläger und beginnen ihr Eishockeyspiel. Zauberer und Hexen sind wieder mit ihren Zauberstäben aktiv. Es ertönt der Fluch der Zauberer und Hexen und die Eisbären erstarren drei Sekunden lang. Sie wollen weiterspielen, merken aber, dass das Eis anfängt zu schmilzen. Jeder Eisbär bewegt sich ganz vorsichtig auf dem Eis, spürt aber immer deutlicher, dass das Eis knackt und bricht. Alle brechen schließlich auf dem dünnen Eis ein, liegen im Wasser und schwimmen von der Bühne.

Kommentar: Diese Szene stellte große Anforderungen an die Schauspielkunst der Kinder. Sie mussten das Schlittschuh fahren ohne Schlittschuhe darstellen, das Erkunden des Eises sowie das Schmelzen und Brechen des Eises war ebenfalls nicht einfach zu spielen. Auch der Übergang vom Stehen auf dem Eis über das Einbrechen zum Schwimmen im Wasser, war nicht leicht. Nach einigem Feilen ist es den Kindern aber gelungen, die Szene verständlich und ausdrucksstark zu spielen. Eishockeyschläger und Puck waren echte Requisiten, aber zum Teil selbst gebastelt aus Pappe.

Musik: Appenzeller; CD: Herbstimprovisationen; Titel: Ab in den Wald (bis zum Zauberfluch). Zauberfluch: live, danach keine Musik mehr.

Szene 15: Kinder

ERZÄHLERINNEN: Wie wir wissen, liebten die Kinder die Winterfeen und den Winter sehr. Vielleicht konnten sie sich gegen die Zauberer und Hexen wehren. Wie es ihnen erging, sehen wir gleich.

Die Kinder kommen auf die Bühne, fahren Schlitten, bauen einen Schneemann, und machen eine Schneeballschlacht. Die Zauberer und Hexen schwingen wieder ihre Zauberstäbe. Es ertönt der Fluch und die Kinder erstarren in ihrer jeweiligen Bewegung. Sie bleiben ‚eingefroren' stehen, liegen oder sitzen. Die Zauberer und Hexen kommen von ihrer Plattform auf die Bühne, betrachten die ‚eingefrorenen' Kinder begeistert und tragen sie gemeinsam von der Bühne.

Kommentar: Die eingefrorenen Kinder müssen absolut regungslos in ihrer jeweiligen Position bleiben. Sie dürfen ihre Körperspannung auch nicht aufgeben, wenn sie weggetragen werden. Immer zwei Zauberer oder Hexen tragen ein Kind.

Musik wie in Szene 2: Pinguin Café Orchestra; CD: When in Rome ...; Titel: Air a danser (bis zum Zauberfluch). Zauberfluch: live, danach keine Musik mehr.

Szene 16: Pinguine

ERZÄHLERINNEN: Auch die Pinguine freuten sich sehr am Winter. Vielleicht wurden ja sie von den bösen Gesellen verschont.

Die Pinguine kommen auf die Bühne gewackelt. Sie testen mit ihren Flossen vorsichtig das Eis, ob es auch stabil genug ist. Erst wagt sich nur einer auf das Eis, dann folgen die anderen. Das Eis wird ausgiebig getestet. Die Pinguine springen, um zu sehen, ob es hält. Dann sind sie zufrieden und laufen Schlittschuh. Einzelne Pinguine machen Kunststücke, drehen sich und zeigen Bewegungen zu zweit. Die Pinguine haben sehr viel Spaß auf dem Eis. Die Hexen und Zauberer schwingen ihre Zauberstäbe. Es ertönt der Fluch und die Pinguine erstarren drei Sekunden lang. Sie wollen danach weiter Schlittschuh fahren, aber das Eis ist nicht mehr glatt und geschmeidig. Die Pinguine fallen andauernd hin und können nicht mehr über das Eis gleiten. Sie stolpern und fallen von der Bühne.

Kommentar: Für die Kinder war es teilweise nicht einfach, sich einerseits wie Pinguine zu bewegen und andererseits Schlittschuh-Kunststücke zu zeigen. Diese Verknüpfung der Bewegungen musste gut geübt werden.

Musik: René Aubry; CD: Dérives; Titel: Sac de noeds (bis zum Fluch). Zauberfluch: live, danach keine Musik mehr.

Szene 17: Sieben Zwerge und Schneewittchen

ERZÄHLERINNEN: Im Märchenland lebten natürlich auch viele Märchengestalten. Wir besuchen die sieben Zwerge und ihr Schneewittchen und beobachten, wie sie den Winter genießen.

Schneewittchen kommt auf die Bühne, ist müde und legt sich schlafen. Die sieben Zwerge kommen in einer Reihe hintereinander anmarschiert. Der erste Zwerg sieht Schneewittchen, erschrickt und bleibt ganz abrupt stehen. Alle anderen marschieren weiter und laufen auf ihre jeweiligen Vordermänner auf. Der erste Zwerg deutet mit dem Finger auf Schneewittchen und flüstert dem zweiten Zwerg etwas zu. Dieser flüstert zu dem dritten Zwerg usw. Der letzte Zwerg dreht sich auch um und will seinem Hintermann etwas zuflüstern, aber da steht niemand. Er ärgert sich und flüstert seinem Vordermann etwas ins Ohr, dieser gibt die Botschaft an seinen Vordermann weiter usw. Sobald die Botschaft beim ersten Zwerg angekommen ist, weckt dieser Schneewittchen vorsichtig auf. Die Zwerge stehen weiterhin in einer Reihe hintereinander, schauen aber neugierig nach vorne. Schneewittchen streckt sich, wacht auf und steht auf. Die Zwerge sind begeistert und fallen der Reihe nach um (Dominoeffekt), nur der letzte bleibt stehen. Schneewittchen gibt dem ersten Zwerg die Hand, dieser dem zweiten usw. Dann stürmen alle nach vorne und schütteln Schneewittchen die Hände. Schneewittchen lässt es schneien. Die Zwerge sind begeistert und springen im Schnee um Schneewittchen herum. Schneewittchen holt kleine Schaufeln, und die Zwerge schaufeln Schnee und bauen ein Iglu. Es ertönt der Fluch der Zauberer und Hexen und Schneewittchen und die sieben Zwerge erstarren drei Sekunden lang. Dann schneit es immer heftiger. Schneewittchen und die Zwerge stapfen

durch den Schnee, die Zwerge schaufeln wie wild, sind von der Arbeit völlig erschöpft und stecken schließlich bis zum Hals im Schnee. Sie kämpfen sich mit Schneewittchen langsam von der Bühne.

Kommentar: Das Lustige bei den Zwergen kommt nur beim Publikum an, wenn die Bewegungsabfolge in der Reihe hintereinander exakt gespielt wird. Vor allem der letzte Zwerg muss deutlich spielen, da bei ihm die ‚Breaks' stattfinden:

1. Jeder flüstert seinem Hintermann etwas ins Ohr, der letzte Zwerg dreht sich ebenfalls um und will seinem Hintermann, den es ja nicht gibt, etwas zuflüstern.
2. Der erste Zwerg fällt um, stößt dabei an den zweiten. Dieser fällt um und stößt dabei an den dritten usw. Der letzte Zwerg bleibt stehen.

Schwierig zu spielen war für die Kinder auch der immer höher werdende Schnee.

Musik: René Aubry; CD: Dérives; Titel: La bime.

Szene 18: Frau Holle und die Schneeflocken

Erzählerinnen: Frau Holle und ihre vielen, vielen kleinen und großen Schneeflocken versuchten den Winter zu retten. Gelang es ihnen?

Frau Holle und die Schneeflocken tanzen auf die Bühne und füllen die ganze Bühne aus. Es ertönt der Zauberfluch und die Schneeflocken und Frau Holle erstarren drei Sekunden lang. Dann drehen sie sich ganz schnell – wie von Zauberhand gesteuert. Sie wirbeln alle durcheinander über die Bühne, drehen sich andauernd, stoßen zusammen, allen wird schlecht, sie sinken zu Boden und kriechen von der Bühne.

Musik: live

Szene 19: Kinder, Tiere, Märchengestalten, Winterfeen

Erzählerinnen: Nein, es gelang ihnen nicht. Eine große Traurigkeit legte sich über das ganze Märchenland. Alle Kinder, Tiere und Märchengestalten waren sehr betrübt. Am allertraurigsten und unglücklichsten aber waren die Winterfeen.

Von beiden Seiten kommen alle Kinder, Tiere und Märchengestalten auf die Bühne. Sie schleichen, gehen und stolpern über die Bühne. Alle lassen den Kopf hängen, manche weinen. Zum Schluss kommen die beiden Winterfeen von verschiedenen Seiten, gehen über die Bühne, treffen sich in der Mitte, weinen bitterlich und gehen wieder von der Bühne.

Kommentar: Die Kinder bleiben nur kurz in der Mitte der Bühne stehen und gehen dann gleich weiter. Wenn die Winterfeen auf die Bühne kommen, sind alle anderen bereits von der Bühne abgegangen.

Musik: live

Szene 20: Hexen und Zauberer

Erzählerinnen: Die Hexen und Zauberer standen am Rande des Märchenlandes und rieben sich die Hände. Sie hatten gute Arbeit geleistet und waren mit dem Ergebnis sehr zufrieden.

Die Hexen und Zauberer sausen von ihrer Plattform aus auf die Bühne. Sie nicken sich zufrieden

zu, klopfen sich gegenseitig auf die Schultern. Sie bleiben auf der Bühne stehen.

Musik wie in Szene 11: René Aubry; CD: Dérives; Titel: Rencontres.

Szene 21: Feen

ERZÄHLERINNEN: Die Feen des Frühlings, Sommers und des Herbstes hingegen waren sehr entsetzt darüber, was sie angerichtet hatten. Das hatten sie nicht gewollt. Sie überlegten angestrengt, was sie nun tun konnten und hatten schließlich eine Idee.

Die Feen der drei Jahreszeiten kommen auf die Bühne. Sie sind ganz entsetzt, schütteln den Kopf, halten die Hand vor den Mund und lassen die Schultern hängen. Sie überlegen gemeinsam, was sie tun könnten. Sie beraten sich und haben schließlich eine Idee. Die Feen verjagen die Hexen und Zauberer. Die Hexen und Zauberer sind mürrisch, lassen sich aber verjagen und verlassen verärgert die Bühne. Die Feen stellen sich in einem Halbkreis zusammen und mischen einen Zaubertrank. Sie holen die Winterfeen und Frau Holle auf die Bühne und geben ihnen den Zaubertrank.

Kommentar: Die Hexen und Zauberer stehen auf der Bühne, am hinteren Bühnenrand, während die Feen auf die Bühne kommen. Die Feen zerren sie dann nach vorne, um sie von der Bühne zu verscheuchen. Die Zauberer und Hexen sind mürrisch, wehren sich aber nur sehr zurückhaltend und lassen sich von der Bühne schieben.

Musik: live

Szene 22: Finale

ERZÄHLERINNEN: Die Hexen und Zauberer waren also vertrieben. Die Winterfeen und Frau Holle erholten sich schnell wieder. Sie halfen alle zusammen und ließen es kräftig schneien. Da konnten sich alle wieder am Winter freuen.

Die Winterfeen und Frau Holle winken allen zu. Es kommen zuerst die Schneeflocken auf die Bühne. Dann folgen alle Kinder, Tiere und Märchengestalten. Alle freuen sich, springen und tanzen fröhlich auf der Bühne herum. Nur die Hexen und Zauberer stehen auf ihrer Plattform und ärgern sich.

ERZÄHLERINNEN: Und wenn sie nicht gestorben sind, dann leben sie noch heute.

Alle Kinder kommen nacheinander nach vorne, verbeugen sich paarweise und gehen dann auseinander an den seitlichen Rand. Von dort gehen sie nach hinten und verlassen die Bühne.

Musik: Andreas Vollenweider; CD: The Essential; Titel: Moondance.

Resümee

Bei diesem Theaterstück mischten sich Live-Musik und ‚Musik vom Band'. Die Hauptfiguren und die immer wiederkehrenden Situationen wie der Zauberfluch wurden mit selbst komponierten einfachen Melodien auf Orff-Instrumenten begleitet.

Auch bei diesem Stück musste die Bühne in drei Spielflächen eingeteilt werden. Die beiden Sessel für die Erzählerinnen standen an einem Seitenrand der Bühne, ganz vorne. Die Erzählerinnen mussten einen guten Blick auf das Geschehen auf der Bühne haben, um ihren Einsatz nicht zu verpassen. Gleichzeitig mussten sie vom Publikum gut gesehen werden, durften aber auch die Sicht auf die einzelnen Szenen nicht verdecken. Die Hexen und Zauberer hatten, wie in unserem anderen Märchen, eine mit schwarzen Stoffen verhängte, erhöhte Plattform aus Tischen am hinteren, seitlichen Bühnenrand. Auch sie mussten sowohl das Geschehen auf der Bühne selbst gut sehen können, da sie ja häufig im Einsatz waren, als auch vom Publikum gut gesehen werden. Verschiedenfarbige Scheinwerfer auf alle drei Spielflächen gerichtet, unterstützten die Wirkung der jeweiligen Szenen. Das Vorprogramm verlief ähnlich wie beim ersten Märchen. Der Einsatz an Material und Requisiten war bei diesem Stück sehr gering.

Fazit: Das Thema MÄRCHEN hat auch dieses Mal die Kinder sehr begeistert. Sie haben viele Ideen eingebracht und nach einer ausgesprochen kreativen Erarbeitungsphase ist unser Stück entstanden, mit dem wir alle sehr zufrieden waren. Besonders gelungen war die Untermalung der Szenen mit Live-Musik. Einziges Problem war dabei, dass einzelne Kinder sowohl in der Instrumentalgruppe als auch in der Schulspielgruppe auf der Bühne aktiv waren und dadurch sehr gefordert – aber nicht überfordert – wurden.

Tiere

Das Thema Tiere begeistert Kinder ähnlich wie das Thema Märchen, da es ebenfalls ihrer Erfahrungs- und Erlebniswelt entspricht. Schon ganz kleine Kinder verwandeln sich bei Rollenspielen in Katzen, Hunde, Tiger oder Vögel und ahmen deren Bewegungen und Laute nach. Kinder sind sehr interessiert an Tieren, kennen meist viele Tierarten und mögen sie sehr. Das sind gute Voraussetzungen, um ein Theaterstück zu diesem Thema zu gestalten. Gleichzeitig muss es natürlich auch einen Handlungsablauf für das Thema Tiere geben. Wir haben in unserer Theatergruppe bisher zwei verschiedene Rahmenthemen mit dem Thema Tiere kombiniert und zu Bühnenstücken gestaltet. Das eine war eine OLYMPIADE DER TIERE, die im folgenden Kapitel vorgestellt wird. Das zweite Stück war ein BALL DER TIERE, dessen Umsetzung auf folgender Grundidee basierte:

Es findet ein großer Ball statt, zu dem viele verschiedene Tiere kommen. Sämtliche Aktivitäten eines Balles (z. B. tanzen, essen, plaudern, flirten, bedienen) sowie alle Personengruppen (z. B. Kellner, Musiker, Pressefotografen, Showgirls, Künstler, Moderator) und deren Tätigkeiten werden – ebenfalls in der Rolle von Tieren – gespielt. Die Aufgabe der Kinder ist es zu überlegen, als welches Tier und in welcher Funktion (z. B. Moderator, Gast, Pressefotograf, Kellner) sie am Ball teilnehmen wollen bzw. welches Tier zu welcher Funktion passt. Bei diesem Stück, wie auch bei der OLYMPIADE DER TIERE, müssen die Kinder eine Doppelrolle spielen. Außer dem Moderator des Balles, der die ‚Menschensprache' beherrscht, dürfen die Tiere nicht sprechen, sondern nur typische Laute und Geräusche machen. Es sollten möglichst viele verschiedene Tänze ausgearbeitet werden, die alle Gäste gemeinsam tanzen.

Olympiade der Tiere

Bei diesem Thema sind die beiden Bereiche Tiere und Olympiade miteinander verknüpft. Das stellt einen besonderen Reiz dar, da mit verschiedenen Elementen der Olympiade (Sportarten, Doping, Werbung, Leistungsgedanke, Sieger/Verlierer) spielerisch umgegangen werden kann und sich aus der Übertragung einer Olympiade in die Tierwelt leicht Komik erzeugen lässt. Gleichzeitig kann durch eine Überzeichnung, Karikatur oder identische Übernahme vieler Elemente und Rituale ein kritischer Blick auf die heutigen Olympischen Spiele geworfen werden und als gewünschter Nebeneffekt zum Nachdenken angeregt werden.

Die Kinder haben zwar eine Vorstellung von Olympischen Spielen, sind bei diesem Thema aber meist keine Experten, deshalb muss dieser Bereich mit den Spielen rund um das Thema gut vorbereitet werden. Die Kinder sollten den ursprünglichen olympischen Gedanken kennen lernen. Da bei den Olympischen Spielen von heute davon nicht mehr viel übrig geblieben ist bzw. andere Dinge an Wichtigkeit gewonnen haben, könnte in dem Theaterstück auch eine Gegenüberstellung des olympischen Gedankens und der Umsetzung heute gezeigt werden. (Idee: Griechische Wettkämpfer treten als roter Faden der Veranstaltung immer wieder auf, stören die Veranstaltung und stellen alles Mögliche in Frage.)

Die Aufgabe des Spielleiters ist es, die Elemente und Rituale einer Olympiade ausführlich zu analysieren. Besonders wichtig war mir ein spielerischer Umgang mit dem Element des Wettkampfs und der Bewertung sportlicher Leistung. Gerade dabei gibt es auf der Bühne vielfältige

Möglichkeiten, den Leistungsgedanken spielerisch und mit Komik zu präsentieren. Stellen Sie sich als Spielleiter und auch den Kindern die Frage: Wer gewinnt und wer verliert bei den einzelnen Wettkämpfen und wie gewinnt oder verliert jemand? Was passiert mit den Siegern und vor allem mit den Verlierern? Dabei kommt den Schiedsrichtern eine bedeutende Rolle zu, unter anderem lässt sich die Subjektivität von Schiedsrichterentscheidungen gut aufzeigen. Aber auch mit den Sportwettkämpfen selbst kann spielerisch umgegangen werden. Beispielsweise können neue Sportarten erfunden werden (Teebeutelweitwurf, Kirschkernweitspucken, Wetteierlegen der Hühner), es können bei einem Wettkampf verschiedene Tiere gegeneinander antreten (Wettlauf von Hase und Igel) oder vermeintlich geeignete bzw. ungeeignete Tiere bestreiten einen Wettkampf (Boxkampf der Boxer, Wettlauf der Schnecken).

Am Anfang steht für den Spielleiter die Analyse des Themas: Rituale bei Olympischen Spielen (z.B. Olympisches Feuer, Olympische Ringe, Eröffnungsfeier, Einmarsch der Sportler, Siegerehrung, Fahnen der Nationen, Abschlussfeier) und Elemente bei Olympischen Spielen (z.B. Wettkämpfe, Werbung, Doping, Berichterstattung, Sponsoren, Fans). Daran knüpfen die Fragen an: Welche Sportwettkämpfe gibt es bei unserer Olympiade der Tiere? Welche Tiere eignen sich für welche Wettkämpfe? Daneben gibt es noch viele Personengruppen über die Sportler hinaus, die ebenfalls eine wichtige Rolle bei einer Olympiade spielen (z.B. Reporter, Sanitäter, Schiedsrichter, Cheergirls, Ehrengäste, Sponsoren, Hostessen, Maskottchen). Auf der Grundlage dieser Analyse werden dann mit den Kindern verschiedene Fragestellungen und deren Lösungen in Spielen erarbeitet. Beispiel: Olympische Ringe (Wie entsteht die Form der Olympischen Ringe?) Eine mögliche Lösung: Zwei Kinder streiten sich um einen Reifen, vier weitere sind dahinter versteckt. Ein drittes, viertes und fünftes Kind kommt dazu. Alle zerren, die Reifen werden auseinander gezogen, fünf Reifen sind da und werden in die olympische Form gebracht. Weitere Beispiele: Doping (Wie könnte man das zeigen?) und Werbung (Wie könnte man sie einbauen?)

Spiele rund um das Thema

- Tiere in Bewegung

Der Spielleiter nennt ein Tier und die Kinder bewegen sich auf Musik wie dieses Tier durch den Raum. Bei Musikstopp erstarren alle. Beginnt die Musik erneut, nennt der Spielleiter ein neues Tier und alle bewegen sich wie dieses Tier.

- Begrüßung

Alle bewegen sich auf Musik durch den Raum. Bei Musikstopp nennt der Spielleiter verschiedene Nationalitäten (z.B. Spanier, Russen, Chinesen, Amerikaner) oder verschiedene Sportlergruppen (z.B. Turner, Schwimmer, Boxer, Marathonläufer). Die Kinder begrüßen sich wie diese Sportler. Beginnt die Musik erneut, bewegt sich wieder jeder neutral durch den Raum.

- Du bist ein ...

Alle sitzen im Kreis. Ein Kind geht spontan in die Mitte des Kreises und stellt ein Tier dar. Die anderen Kinder raten. Wer zu wissen glaubt, welches Tier gemeint ist, ruft: „Du bist ein (z.B. Zebra, Floh, Löwe, Faultier).“

- Wettlauf in Zeitlupe

Alle probieren das Laufen in Zeitlupe aus. Dann starten immer vier oder fünf Kinder über eine bestimmte Strecke quer durch den Raum. Der langsamste Sprinter gewinnt.

- Wettlauf der Tiere

  Die Kinder suchen sich einen Partner und überlegen zu zweit, welche Tiere sie beim Wettlauf darstellen. Die Paare spielen ihren Wettlauf vor. Die anderen Kinder raten, welche Tiere gelaufen sind.

- Wettkampf der Tiere

  Die Kinder überlegen in Kleingruppen, welche Tiere sich für welche Wettkämpfe eignen bzw. welche Wettkämpfe ihnen gefallen könnten. Die Kleingruppen spielen ihre Ergebnisse vor. Die anderen Kinder raten, welchen Wettkampf welche Tiere ausgeführt haben (z.B. Pfau – Räder schlagen; Hühner – Eier legen; Hunde – knurren, wettpinkeln; Affen – turnen, sich lausen; Krebse – rückwärts gehen; Böcke – Bock springen; Faultier – faul sein; Känguru – springen; Bienen – Honig sammeln; Schafe – stricken; Eisfuchs – Schneeflocken sammeln; Löwe – brüllen, wettfauchen).

- Wer bin ich?

  Die Kinder sind in zwei Gruppen eingeteilt. Eine Gruppe spielt, die andere Gruppe schaut zu und rät. Der Spielleiter gibt an den Olympischen Spielen beteiligte Personen vor (z.B. Sanitäter, Schiedsrichter, Zuschauer, Fan, Trainer, Masseur, Reporter, Fahnenträger). Alle Kinder der Gruppe spielen die gleiche Personengruppe vor.

  – Variante: Nachdem jede Gruppe eine Aufgabe erfüllt hat, wird die Aufgabe erweitert. Der Spielleiter stellt die Frage: Welche Tiere passen zu eurer Personengruppe? Die beiden Gruppen beraten sich, einigen sich auf ein Tier und spielen ihre Personengruppe jetzt nochmals als Tier vor. Die zuschauende Gruppe muss das Tier erraten (z.B. Schiedsrichter: Hahn, Giraffe, Löwe, Vogel, Affe; Reporter: Papagei, Schlange, Affe; Preisverleiher: Fuchs, Katze, Löwe).

- Denkmal bauen

  In einer Dreiergruppe gestalten die Kinder ein Denkmal zu Olympia. Zwei Kinder stellen das Denkmal dar, ein drittes Kind ist der Bildhauer, der den Zuschauern den Titel des Denkmals nennt. Alle Denkmäler stehen im Raum verteilt, die Bildhauer schauen sich gegenseitig ihre Kunstwerke an.

- Fototermin

  Die Kinder stellen zu viert oder fünft eine Sportlergruppe oder Personengruppe der Olympiade dar. Sie gehen zum Fotografen, suchen sich ein Standbild, bleiben zwei bis drei Sekunden in dieser Position und lösen das Standbild wieder auf. Die anderen Kinder schauen zu und raten, welche Personen fotografiert wurden.

- Sportart gesucht

  Die Kinder bilden zwei Gruppen. Gruppe A spielt eine Sportart vor, Gruppe B rät. Danach wird gewechselt.

- Einmarsch ins Stadion

  Die Kinder überlegen sich zu viert Personengruppen, die an der Olympiade beteiligt sind und spielen den anderen deren Einmarsch vor. An der Art des Einmarsches müssen die Zuschauer erkennen, wer kommt (z.B. Masseure gehen anders als Fans).

- Vorher – nachher

  Die Kinder überlegen in Kleingruppen, welche Tiere sie mit welcher Sportart darstellen wollen. Sie spielen vor, wie sich diese Tiere auf den Wettkampf bis hin zum Startschuss vorbereiten (z.B. Kugelstoßen der Affen: Dehnungsgymnastik, Lockerungsübungen, Vorbereiten des Wettkampfgerätes). Nach dem Start erstarren alle kurz und spielen danach gleich die Szene nach dem Wett-

kampf, in der die Sportler die Wettkampfarena verlassen. Die zuschauenden Kinder müssen erraten, um welche Tiere und um welche Sportart es sich handelt.

- Neue Wettkämpfe erfinden
  In Kleingruppen erfinden die Kinder neue Sportarten und spielen sie den anderen Kindern vor (z.B. Dauernasenbohren, Einbein hüpfen, rückwärts gehen).

- Au ja! – Au nein!
  Alle Kinder gehen durch den Raum. Der Spielleiter ruft einen Auftrag: „Jetzt sind wir alle Bären!" Jedes Kind ruft nach Belieben „Au ja!" oder „Au nein!" und spielt den Bären entsprechend der Stimmung lustvoll oder lustlos. Der Spielleiter kann zuerst Tiere und danach Sportlergruppen (z.B. Fechter, Schwimmer, Turner) vorgeben.

- Hühner in Aktion
  Die Kinder bilden Kleingruppen und überlegen, was Hühner alles machen könnten. Welche Aktionen und welche Sportart könnten Hühner darstellen? Die Ergebnisse werden den anderen Gruppen vorgespielt. Dieses Spiel ist auf jedes andere Tier, bei dem noch ein Mangel an Ideen besteht, übertragbar.

Vorgegebene Grundidee

Es treffen sich viele verschiedene Tiere zu einer Olympiade. Dabei sollte sich der Ablauf mit sämtlichen Ritualen und Elementen an einer richtigen Olympiade orientieren, aber eben von Tieren gespielt. Wichtig war mir, der Olympiade der Tiere einen eigenständigen, spielerischen Charakter zu verleihen. Die Kinder hatten bei diesem Thema die Aufgabe, sich in zwei Rollen hineinzudenken: Einerseits mussten sie ein Tier spielen, andererseits mussten sie einen Sportler oder eine sonstige Figur bei einer Olympiade darstellen.

Das Bühnenstück

Personen des Stückes:

7 Reporter: Ratten
2 Moderatoren: Löwe und Pinguin
3 Sanitäter: Geier
2 Hostessen und Fackelträgerinnen: Ameisen
3 Schiedsrichter: 2 Mäuse und 1 Giraffe
6 Cheergirls: Mäuse
4 Hühner: Sportler
9 Affen: Sportler
5 Seehunde: Sportler
8 Katzen: Sportler
2 Schnecken: Sportler
4 Boxer: Sportler
3 Bären: Sportler
2 Ratten: Sportler

Szene 1: Die Reporter

Alle Reporter kommen mit viel Ausrüstung (z.B. Fotoapparate, Stativ, Fototasche, Koffer) vom Eingang und drängeln sich durch das Publikum in Richtung Bühne. Sie hasten auf die Bühne und schleppen schwer an ihren Geräten. Jeder drängelt sich vor den anderen, alle sausen über die Bühne und verschwinden schnell mit ihrer Ausrüstung von der Bühne. Sie erscheinen sofort wieder und schauen nervös auf der Suche nach interessanten Fotomotiven oder wichtigen Ereignissen umher. Dann flitzen sie wieder von der Bühne und kehren ein drittes Mal hektisch mit aller Ausrüstung auf die Bühne zurück. Sie schauen wieder nach Motiven suchend herum, bleiben schließlich erschöpft auf der Bühne stehen und kämpfen mit ihren Geräten. Nun begeben sich alle Reporter auf der Bühne auf

die Lauer, jeder kämpft um den besten Platz und es entsteht ein Gerangel. Sie bauen ihre Geräte auf, alles ist in eine Richtung ausgerichtet. Sie starren in diese Richtung, schauen nervös auf die Uhr und sind ungeduldig. Ein Reporter interviewt das Publikum, die anderen bleiben in Lauerstellung. Es ertönt eine Fanfare und das Olympische Feuer erscheint am Eingang. Alle Reporter stürzen hin.

Kommentar: Die dreimalige Wiederholung der Aktionen der Reporter auf der Bühne soll die Hektik und vor allem die Penetranz der Reporter verdeutlichen. Der Kampf mit den technischen Geräten, z.B. das Stativ fällt immer wieder um, die vielen Fotoapparate um den Hals strangulieren einen Reporter fast, das Mikrofonkabel verheddert sich ständig, soll komisch wirken. Auch das gegenseitige Wegdrängeln soll lustig erscheinen, muss aber im Ablauf gut geprobt sein. Jeder muss genau wissen, wie er sich verhält, wen er wegdrängelt oder behindert, damit das Ganze nicht einfach nur chaotisch wirkt.

Musik: Jablkon; CD: Jablkon mit Czech Symphony Orchestra live in Prague; Titel: Baba Aga.

Szene 2: Olympisches Feuer

Beim Ertönen der Fanfare erscheinen die beiden Fackelträgerinnen mit dem Olympischen Feuer am Eingang hinter den Zuschauern. Sie tragen die Fackel mit dem Olympischen Feuer zu zweit feierlich durch den Raum in Richtung Bühne. Sofort stürzen die Reporter von der Bühne auf die Fackelträgerinnen zu, bedrängen sie, fotografieren sie, wollen sie interviewen und umringen sie. Die Fackelträgerinnen kämpfen gegen die Reporter und drängen sie weg. Auf der Bühne angekommen übergeben die Fackelträgerinnen die Fackel an die beiden Moderatoren, den Löwen und den Pinguin, die inzwischen bereitstehen und fallen dann erschöpft zu Boden. Die Reporter fotografieren noch rasch die erschöpften Fackelträgerinnen und suchen sich dann einen Platz am vorderen, seitlichen Bühnenrand.

Kommentar: Ein Scheinwerfer sollte den Weg der Fackelträgerinnen begleiten. Es war mir wichtig, eine Fackel mit echtem Feuer zu verwenden, da es die Atmosphäre und die Spannung steigert. Gleichzeitig ist Feuer immer auch eine Gefahrenquelle, vor allem in einem eng gefüllten Raum. Außerdem mussten die Kinder das Gedränge mit den Reportern und deren Abwehr spielen, was mit einer brennenden Fackel nicht unbedingt leicht war. Selbstverständlich stand die Sicherheit aller an erster Stelle. Deshalb waren die Reporter beim Bedrängen der Fackelträgerinnen sehr zurückhaltend und behutsam. Außerdem stand hinter der Bühne ein großer Eimer mit Wasser bereit. Und vor der Bühne hatte ein Kollege, ebenfalls mit einem Eimer Wasser ausgerüstet, die ganze Aktion im Auge.

Musik: Olympic Fanfare.

Szene 3: Einmarsch der Tiere

Löwe und Pinguin *begrüßen die Gäste*: Liebe Tiere, wir begrüßen Sie recht herzlich zu unserer Olympiade der Tiere. In diesem Jahr sind ganz besonders viele fremde Gäste anwesend. Es freut uns sehr, dass unsere Olympiade so viel Interesse auch bei einem internationalen Publikum findet.

Deshalb begrüßen wir ganz besonders herzlich unsere Gäste, die Menschen.

Sehr verehrte Menschen, Sie können diese Olympiade der Tiere im Originalton verfolgen, aber damit Sie auch alles verstehen, haben wir extra für Sie unsere Auslandskorrespondenten vor Ort. Wir beide beherrschen selbstverständlich ebenfalls die Menschensprache.

Bevor es nun losgeht, wollen wir uns noch kurz beim gesamten AOC – dem Animalischen Olympia Club – bedanken und ganz besonders beim Präsidenten Herrn Hans Wurst sowie bei allen Sponsoren dieser Veranstaltung.

Damit auch hier im Stadion die richtige Stimmung aufkommt, möchten wir mit Ihnen noch die Welle üben. Als gute Zuschauer müssen Sie außerdem richtig jubeln, anfeuern und klatschen können. Wir wollen auch das kurz üben. Jetzt geht's aber los mit dem großen Einmarsch der Sportlerinnen und Sportler. Begrüßen Sie mit uns die Spitzensportler aus dem gesamten Tierreich.

Alle Tiergruppen marschieren auf die Bühne, winken, schwingen die Fahnen, gehen eine Runde und verlassen dann die Bühne wieder.

Kommentar: Die beiden Moderatoren, Löwe und Pinguin, verwenden ein Mikrofon für ihre Ansagen. Die brennende Fackel wird vor der Ansage noch hinter die Bühne gebracht und dort gelöscht. Das Olympische Feuer während der gesamten Vorstellung brennen zu lassen, war mir zu riskant. Die Moderatoren üben mit den Zuschauern eine Welle, d. h. alle Zuschauer stehen kurz nacheinander auf, schwingen die Arme nach oben, rufen einen Ton („Oooooh!") und setzen sich wieder. Allseits bekannt aus den Fußballstadien. Auch das Klatschen, Jubeln und Trampeln üben die Moderatoren mit dem Publikum. Sie sind beim ersten Übungsdurchgang noch nicht so ganz zufrieden und lassen die Zuschauer noch ein- bis zweimal weiterüben. Die Tiere marschieren beim Einmarsch gruppenweise auf die Bühne. Der erste jeder Gruppe trägt eine große Fahne, die jede Sportlermannschaft zuvor bemalt und gebastelt hat.

Musik: Olympic Fanfare.

Szene 4: Sanitäter

Moderatoren: Vor dem ersten sportlichen Wettkampf möchten wir Ihnen noch wichtige Helfer vorstellen, die für einen sicheren Ablauf der Wettkämpfe sorgen. Begrüßen Sie mit uns mit einer Welle und viel Jubel unsere Sanitäter, die Gruppe Geier Sturzflug.

Die drei Sanitäter kommen mit viel Ausrüstung auf die Bühne geflattert. Sie drehen ihre Kreise auf der Bühne und schauen sich um, ob jemand Hilfe brauchen könnte. Die Sanitäter umflattern Löwe und Pinguin immer wilder und enger. Löwe und Pinguin rufen um Hilfe, weil sie sich bedrängt fühlen. Daraufhin stürzen sich die Sanitäter auf die beiden, legen sie auf den Boden, untersuchen sie intensiv. Sie machen Wiederbelebungsversuche, messen den Puls, legen einen Kopfverband an und lagern die Beine hoch. Löwe und Pinguin können sich gerade noch erwehren, schimpfen mit den Sanitätern und schicken sie auf ihre Plätze. Die Sanitäter flattern beleidigt an den Seitenrand der Bühne und setzen sich.

Kommentar: Die Ausrüstung der Sanitäter besteht aus Erste-Hilfe-Koffern. Der Platz der Sanitäter am Seitenrand der Bühne sollte etwas erhöht sein, damit das Publikum sie

gut sehen kann. Dazu eignet sich eine kleine Bank, auf die sich die Tiere in der Hocke stellen.

Musik: René Aubry; CD: Dérives; Titel: Sarannah.

Szene 5: Schiedsrichter

MODERATOREN: Nun bitten wir das Oberste Schiedsgericht ins Stadion. Alle drei Oberschiedsrichter haben die tierische Schiedsgerichtsprüfung in Schweinhausen, dem Olympiastützpunkt, abgelegt. Sie sind sehr erfahren, unbestechlich und äußerst gewissenhaft bei der Erfüllung ihres Amtes. Wir dürfen sicher sein, dass es immer faire und korrekte Entscheidungen geben wird. Bitte Applaus für unsere Schiedsrichter.

Die drei Tiere des Schiedsgerichts kommen sehr ernsthaft auf die Bühne, sehen seriös aus mit Brille, Koffer und Schreibbrett. Sie schauen sich auf der Bühne um, prüfen, ob alles in Ordnung ist, notieren einiges, flüstern miteinander, deuten auf verschiedene Dinge und setzen sich dann auf ihre Plätze am hinteren Rand der Bühne.

Kommentar: Für die Schiedsrichter ist am hinteren Bühnenrand ein Tisch mit drei Stühlen vorbereitet.

Musik: Edward Elgar; Titel: Pomp and Circumstances No. 1 in D-major (ab 1.30 Min.).

Szene 6: Schnecken

MODERATOREN: Aber jetzt, liebe Tiere, liebe Menschen, erleben wir den ersten Wettbewerb. Den 100-m-Sprint der Schnecken.

Die Schnecken werden von Löwe und Pinguin aufgerufen, kommen aber zunächst einmal nicht auf die Bühne.

MODERATOREN: Die Sportlerinnen sind aufgerufen!

Wieder passiert nichts.

MODERATOREN: Aber wo bleiben sie denn? (*Pause. Nichts passiert.*) Es ist immer dasselbe mit den Schnecken. Bitte gedulden Sie sich noch ein wenig.

Endlich kommen die beiden Schnecken langsam auf die Bühne.

MODERATOREN: AAAAh, jetzt sind sie da.

Die Schnecken kriechen an den Start. Ein Moderator ruft das Startsignal. Während des Startkommandos läuft eine Schnecke los. Die Schiedsrichter heben die rote Fahne, das bedeutet, es war ein Fehlstart. Die Moderatoren bitten die Schnecken zurück an den Start. Der Start wird wiederholt. Nach dem zweiten Startkommando bewegen sich beide

Schnecken zunächst einmal gar nicht. Dann kriechen sie ganz langsam los. Um das Tempo zu erhöhen, halten die beiden Moderatoren den Schnecken Salatblätter vor die Nase. Während des Rennens gibt es einen seitlichen Zusammenstoß der beiden Schnecken. Beide kullern übereinander und eine dreht sich dabei so, dass sie nun wieder in Richtung Start zurückkriecht. Während des Rennens packen die Schiedsrichter ihre Brotzeit aus, sie plaudern miteinander und beachten den Wettlauf überhaupt nicht. Nach dem Rennen legen sie die falsche Siegerin fest: Es gewinnt die Schnecke, die wieder zum Start zurückgelaufen ist.

Kommentar: Bei dieser Szene war die Sicht auf die Akteure für die Zuschauer teilweise schwierig, da die Schnecken am Boden gekrochen sind. Da wir aber keine andere Lösung finden konnten, mussten die Zuschauer einfach ihre Hälse recken, um gut zu sehen. 100-m-Lauf der Schnecken ist natürlich eine witzige Disziplin, da Schnecken und Wettlauf wenig gemeinsam haben. Deshalb war es wichtig, dass Moderatoren und Schnecken mit dieser Langsamkeit gut umgehen und sie wirklich ausspielen konnten.

Musik: René Aubry; CD: Dérives; Titel: Sac de noeds.

Szene 7: Cheergirls

Moderatoren: War das nicht ein spannendes Rennen? Bevor wir zum Dreikampf der drei Bären kommen, erwarten wir unsere Cheergirls, die Mäusegruppe ‚Cheese', die uns alle richtig in Stimmung bringen wird. Wow, yes, swingen Sie mit, klatschen Sie mit, machen Sie mit. Bitte schön, unsere Mäuschen für Sie!

Die Mäuse haben Puschel in jeder Hand. Jede macht ein Rad und turnt so auf die Bühne. Alle kommen in der Mitte der Bühne zusammen, halten die Hände mit den Puscheln aufeinander, springen auseinander und rufen dabei: Yeah! *Danach hüpfen alle in einer Reihe und werfen abwechselnd ein Bein hoch (sie tanzen Cancan). Alle wackeln mit Po und Schultern, gehen nacheinander in die Knie und kommen wieder hoch. Die Reihe wird aufgelöst, jede Maus läuft diagonal vor zum Publikum und am Rand der Bühne wieder zurück. Alle hüpfen nach vorne in eine Keilform, mit der Spitze des Keils zum Publikum, und tanzen. Mit dem rechten Arm zweimal nach rechts, mit dem linken Arm zweimal nach links. Wiederholung mit dem gegengleichen Bein. Dann werden die Puschel zu den Zuschauern gestreckt und gewackelt. Es folgt eine halbe Drehung, dabei werden die Arme in die Hüfte gestützt und mit dem Po gewackelt, dann nochmals eine halbe Drehung. Schließlich tanzen alle wild durcheinander, winken mit ihren Puscheln und laufen raus.*

Kommentar: Diese Szene war angelehnt an echte Cheerleader-Auftritte und sollte richtig Stimmung bringen, deshalb waren eine peppige Musik, fröhliche Tänzerinnen und lustige Tanzschritte wichtig. Die Mädchen haben immer wieder mit Zwischenrufen und Juchzen die Stimmung angeheizt. Die Moderatoren im Hintergrund animierten die Zuschauer zum Klatschen. Die Puschel hatten die Mädchen aus Krepppapier in zwei Farben selbst gebastelt.

Musik: Sailor; Titel: La Cumbia.

Szene 8: Bären

MODERATOREN: Mit so viel Stimmung kommen wir jetzt zum nächsten Wettkampf: dem Dreikampf der drei Bären. Vor dem Kampf sehen wir noch kurz eine kleine Showeinlage der Sportler.

Die drei Bären marschieren hintereinander auf die Bühne. Sie stellen sich nebeneinander auf, schmatzen, schlecken, brummen und reiben sich die Bäuche. Sie holen Tüten mit Gummibärchen hinter dem Rücken hervor und zeigen sie den Zuschauern. Die Bären singen den Werbeslogan: Haribo macht Bären froh und die Menschen ebenso! *Das Ganze geschieht zweimal. Dann verteilen die Bären Gummibärchen an die Zuschauer in der ersten Reihe und werfen weitere Bärchen in die Menge.*

MODERATOREN: Jetzt geht's aber los mit dem Kampf. Ring frei für den Dreikampf der Bären.

Die drei Bären kämpfen miteinander, schlagen mit den Tatzen, umfassen sich, ringen miteinander und drücken sich gegenseitig zu Boden. Sie brummen kämpferisch dabei. Die Schiedsrichter schauen beim Kampf der Bären interessiert zu. Sie kämpfen auf ihren Plätzen mit, stoßen sich dabei am Tischbein an oder geben aus Versehen sich selbst oder dem Kollegen einen Kinnhaken. Die Bären kämpfen immer wilder mit- bzw. gegeneinander und liegen schließlich alle drei ganz erschöpft am Boden. Sofort kommen die Reporter auf die Bühne geeilt und interviewen die Bären, die am Boden liegen bleiben. Jetzt kommen die Sanitäter auf die Bühne geflattert, scheuchen die Reporter weg, die sich allerdings nur mühsam vertreiben lassen. Die Sanitäter untersuchen die Bären und tragen sie von der Bühne. Die Schiedsrichter werden von den Moderatoren gefragt, wer denn nun gewonnen habe. Daraufhin zucken sie mit den Achseln.

Kommentar: Die Bären mussten ihre Kampfszene gut üben, denn es sollte keine beliebige Rauferei sein, sondern ein gespielter Kampf, der in etwa einem Ablauf folgt und bei dem auf eine Aktion eines Bären (z.B. Schlag mit der Tatze in Richtung Kopf) die Reaktion eines anderen Bären folgt (angegriffener Bär bückt sich und der dritte Bär wird von der Tatze getroffen). Außerdem sollten sich die Kinder selbstverständlich nicht gegenseitig wehtun. Deshalb war es wichtig, die gespielten Schläge gut zu üben. Nachdem die Bären am Boden liegen, kommen zuerst die Reporter, dann die Sanitäter auf die Bühne. Außerdem waren die Schiedsrichter die ganze Zeit auf der Bühne und auch die Moderatoren standen seitlich am Bühnenrand. Bei so vielen verschiedenen Darstellern auf der Bühne musste die Gruppe, die gerade spielte, sehr deutlich in Aktion treten und die anderen mussten sich ruhig verhalten, damit kein Durcheinander entstand. Ein Scheinwerfer beleuchtete die jeweils aktiven Kinder zusätzlich, damit der Ablauf deutlich wurde.

Musik: Peter Gabriel; CD: Passion; Titel: Troubled.

Szene 9: Seehunde

MODERATOREN: Ist das nicht eine fantastische Pressearbeit. Wir danken unseren Reportern für die aktuellen Interviews. Wir kommen sofort zum nächsten Wettbewerb bei diesen Olympischen Spielen. Bis aus der Arktis sind sie angereist, die Sportlerinnen des nächsten Wettkampfs. Wir begrüßen die Seehunde in unserem Stadion. Gleichzeitig danken wir der Gruppe ‚Greenpeace'

für den Transport und die Unterstützung der Sportlerinnen durch Werbefotos und so weiter. Erleben Sie nun den Wettbewerb der Seehunde.

Die Seehunde kommen reingerobbt. Sie stellen sich nebeneinander auf und klatschen in die Hände, jeder hebt zuerst die eine Flosse, dann die andere. Die Seehunde rollen seitwärts und wieder zurück. Ein Ball wird von der Seite auf die Bühne gerollt. Die Seehunde spielen damit, werfen sich Kopfbälle zu, laufen dem Ball hinterher. Abschließend spielen sie mit dem Publikum Ball.

MODERATOREN: Nein, nein, nein, die Seehunde haben immer wieder Schwierigkeiten mit dem Wettbewerbsgedanken bei unseren sportlichen Veranstaltungen. Wie sollen wir denn so einen Sieger feststellen? Ich bitte Sie, meine Damen, etwas mehr Ernst bei der Sache!

Die Schiedrichter lesen während des Wettbewerbs der Seehunde Zeitung und schauen ab und zu über oder unter der Zeitung hervor. Die Seehunde spielen weiter sehr vergnügt miteinander Ball. Sie vergessen den Wettbewerb und haben viel Spaß.

MODERATOREN: Ja, ich denke, wir müssen den Wettkampf abbrechen. Damit können wir auch bei diesen Olympischen Spielen keinen Sieger bei den Seehunden feststellen. Na, vielleicht beim nächsten Mal.

Kommentar: Die Seehunde haben mit einem großen Wasserball gespielt. Dieser war für die Zuschauer gut sichtbar. Außerdem rollt und fliegt ein Wasserball langsamer als ein kleinerer Ball aus Gummi.

Musik: Haindling; CD: Perlen; Titel: Irgendwie und sowieso.

Szene 10: Hühner

MODERATOREN: Weiter geht's mit dem Wettkampf der Hochleistungshühner. Sie erleben Legehühner der Spitzenklasse. Die Sportlerinnen kommen direkt aus dem Trainingslager der A-Kader-Legebatterien. Durch gutes Kraftfutter und Bodenhaltung konnten sie ihren Leistungsstand noch optimieren und treten nun an zum Wetteierlegen mit Jonglierkür. Bitte Applaus für die Sportlerinnen!

Die HÜHNER *kommen mit viel Gegacker auf die Bühne getrippelt, plustern sich auf und machen sich schön. Sie stellen sich nebeneinander in einer Reihe auf. Sie gackern erst durcheinander und stimmen dann in ein gemeinsames Lied ein. Sie gackern sehr engagiert und laut:* Froh zu sein bedarf es wenig, denn wer froh ist, ist ein König!

MODERATOREN: Nein, nein, meine Damen! Hier findet nicht der Gesangswettbewerb statt. Hier ist das Wetteierlegen mit Jonglierkür.

Die Hühner brechen ihr Gegacker ab, sind etwas irritiert und beleidigt. Daraufhin stürzen die Repor-

ter auf die Hühner zu und wollen sie fotografieren. Das gefällt den eitlen Hühnern. Sie stellen sich in Positur und lassen sich fotografieren.

Die Moderatoren *schicken die Reporter von der Bühne:* Nein, das geht nicht. Liebe Hühner, die Fotos und Interviews bitte nach dem Wettkampf. Die Reporter müssen sofort die Arena verlassen. Bitte Ruhe im Stadion. Auf die Stange – fertig – los!

Dann beginnt der Wettkampf des Wetteierlegens. Die Hühner konzentrieren sich, strengen sich an und drücken sichtlich. Die Eier fallen auf den Boden. Die Hühner jonglieren mit ihren Eiern. Die Schiedsrichter machen während des Wettkampfs der Hühner wieder Brotzeit und beachten die Hühner kaum. Die Hühner verbeugen sich zum Schluss sehr vornehm und gnädig.

Die Moderatoren *fragen die Schiedsrichter, wer die Siegerin ist:* Nach diesem eindrucksvollen Wettkampf erwarten wir gespannt das Ergebnis des Schiedsgerichts. Wer ist Olympiasiegerin in diesem Jahr?

Um dies festzustellen, würfeln die Schiedsrichter und deuten auf ein Huhn. Als die Hühner das Wettkampfergebnis hören, sind sie empört und trippeln wild gackernd und aufgeregt von der Bühne. Das Huhn, das als Siegerin festgelegt wurde, schreitet stolz als letztes von der Bühne.

Moderatoren: Wieder ein sehr überraschendes Ergebnis. Aber so ist das eben im Sport. Einzig und allein die Leistung zählt.

Kommentar: Die Eier der Hühner sind Plastikeier. Da die Kinder unsicher waren, haben sie nur mit jeweils zwei Eiern jongliert. Ein Huhn hatte ein riesiges Plastikei ‚gelegt' und hat nur mit dem einen Ei jongliert.
Musik: Scott Joplin; Titel: Elite Syncopation.

Szene 11: Boxer

Moderatoren: Wir kommen zur nächsten Kampfsportart: der Boxkampf der Boxer. Liebe Tiere, liebe Menschen, erleben Sie Kampfhunde aus bester Züchtung und mit bester Ausbildung. Cheftrainer Henry Husky hat die Jungs fit gemacht für den Kampf. Die andere Mannschaft wurde betreut von Rocky Roll. Freuen wir uns auf einen spannenden, fairen Boxkampf. Bitte beachten Sie auch unsere Sponsoren.

Bevor die Boxer auf die Bühne kommen, tänzeln die beiden Ameisen mit Hundefutterdosen und kleinen Fähnchen über die Bühne. Die Boxer erscheinen langsam auf der Bühne und boxen dabei dauernd in die Luft. Sie stellen sich in einer Reihe auf, die zwei Sportler einer Mannschaft eng nebeneinander, die andere Mannschaft mit etwas Abstand. Die Schiedsrichter stehen dazwischen. Die Boxer wollen schon vor dem Kampf aufeinander losgehen, boxen zu den Gegnern hinüber, aber die Schiedsrichter halten sie zurück. Die ersten beiden Boxer kämpfen gegeneinander, die anderen beiden stehen im Hintergrund und boxen in die Luft. Die beiden kämpfenden Boxer tänzeln umeinander, boxen, weichen aus und liegen schließlich beide am Boden.

Die Schiedsrichter unterstützen jeweils eine Mannschaft und wollen sie gewinnen lassen. Jeder Schiedsrichter drückt seiner Mannschaft die Daumen und feuert sie an. Dabei geraten die Schiedsrichter untereinander in Streit, schubsen sich und sind ganz verärgert. Als die Boxer nach der ersten Runde am Boden liegen, gehen die Schiedsrichter

zu ihnen und winken den Sanitätern, die sie an den Rand der Bühne schleppen. Nun kämpfen die beiden anderen Boxer gegeneinander. Als auch diese beiden k.o. am Boden liegen, kommen die Schiedsrichter und Sanitäter wieder und räumen sie zur Seite. Die beiden Moderatoren kündigen die zweite Runde an, aber kein Boxer bewegt sich. Da haben die Schiedsrichter eine Idee. Sie verteilen, für alle Zuschauer gut sichtbar, Dopingpillen an die Boxer.

Gleichzeitig erklären die MODERATOREN: Wie Sie ja wissen, ist Doping natürlich streng verboten, aber der Wettkampf muss weitergehen und da helfen eben manchmal nur noch Amvitamine und CDX-Klykofitosamine. Bitte schauen Sie alle kurz weg. Ich denke, keiner von Ihnen hat etwas gesehen. Nun kann der Kampf also weitergehen.

Die Boxer springen nach Einnahme der Pillen sofort auf, fühlen sich ganz stark und kämpfen nun zu viert alle gegeneinander. Am Ende des Kampfes liegen wieder alle am Boden. Es gibt keinen Sieger. Die Sanitäter schleppen sie von der Bühne.

Kommentar: Die Dopingpillen waren Smarties. Die Kampfszene musste ähnlich gut geübt werden wie bei den Bären.
Musik: Europe; CD: The Final Countdown; Titel: The Final Countdown.

Szene 12: Ratten

MODERATOREN: Liebe Tiere, liebe Menschen, wir kommen zur nächsten Kampfsportart der Spitzenklasse. Sehen Sie den Fechtkampf der beiden Hochleistungsratten Jo Lo und Ti Li. Ring frei für den Herausforderer Ti Li und seinen Gegner Jo Lo.

Vor dem Wettkampf schleicht eine Ratte auf die Bühne und gibt den Schiedsrichtern Geld. Die Schiedsrichter freuen sich, reiben sich die Hände, streiten sich um das Geld und beachten den Kampf gar nicht. Eine Ratte kommt siegessicher auf die Bühne, die andere Ratte steht seitlich am Bühnenrand, versteckt sich und hat Angst. Die siegessichere Ratte fordert die ängstliche Ratte heraus. Die beiden Ratten holen sich ihre Waffen, indem sie ihre Schwänze abreißen. Leider klemmt bei einer Ratte der Schwanz. Die beiden Ratten kämpfen gegen-

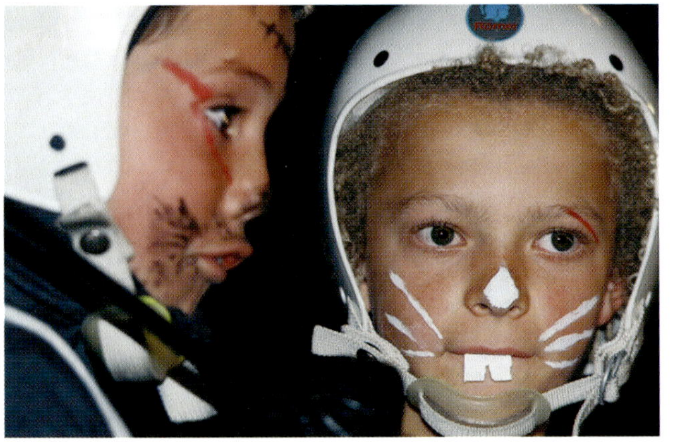

einander, weichen geschickt aus, greifen an und kämpfen mit viel Können.

Dann folgt der Höhepunkt der Kampfszene: Eine Ratte schlägt der anderen mit dem Stock auf den Helm am Kopf, die andere Ratte schlägt genau so zurück und beide Ratten fallen daraufhin gleichzeitig zu Boden.

Die MODERATOREN *unterbrechen den Kampf*: Ah, das war eine besonders spannende Kampfszene. Können wir uns die noch einmal in Zeitlupe anschauen? Bitte drehen Sie den Film noch einmal zurück. Und jetzt die gleiche Szene noch einmal in Zeitlupe.

Die beiden Ratten liegen am Boden und heben zunächst irritiert den Kopf. Dann lassen sie die letzte Szene rückwärts laufen. Danach zeigen sie die gleiche Szene noch einmal in Zeitlupe.

Moderatoren: Danke! Jetzt kann der Kampf weitergehen.

Die beiden Ratten kämpfen weiter, bis beide erschöpft am Boden liegen. Auf die Frage der Moderatoren, wer den Kampf gewonnen habe, deuten die Schiedsrichter auf die Ratte, die ihnen das Geld gegeben hat. Diese Ratte hebt kurz den Kopf und nickt dankbar zu den Schiedsrichtern hin. Es kommen die Sanitäter angeflattert und schleppen die Ratten von der Bühne.

Kommentar: Die Waffen sind zunächst die Schwänze der Ratten, die aus Pappmaschee gebastelt sind. Im weiteren Verlauf des Kampfes wollten die Kinder lieber mit großen Plastikkeulen (Faschingsartikel) kämpfen. Besonders effektvoll war in dieser Szene die Bewegungsfolge, die in der Wiederholung rückwärts gezeigt wurde und anschließend in Zeitlupe.
Musik: Jablkon; CD: Jablkon und Czech Symphonic Orchestra; Titel: Pausa Intermission.

Szene 13: Affen

Moderatoren: Es folgt der nächste Wettkampf: Erleben Sie hier im Olympiastadion den Dreikampf der Affen. Es kämpfen drei Dreiergruppen in drei Disziplinen gegeneinander. Wir bitten die Sportlerinnen an den Start.

Die Affen kommen wild auf die Bühne getobt, laufen durcheinander, kreischen und spielen miteinander. Die Moderatoren rufen die Affen zur Ordnung. Diese beruhigen sich und setzen sich in eine Reihe.

Moderatoren: Wir beginnen mit der ersten Disziplin: dem Wettlausen. Es werden nur lebende Läuse gezählt. Daher ist eine besonders gute Technik gefragt. Sie sehen hier ausschließlich Spitzensportlerinnen, die durch jahrelanges Training eine hohe Läusegeschwindigkeit erreicht haben. Also: An die Läuse – fertig – los!

Die Affen lausen sich gegenseitig in Dreiergruppen, sammeln die Läuse in den Händen und legen sie schließlich den Schiedsrichtern auf den Tisch. Die Schiedsrichter beachten den Wettkampf gar nicht, sondern spielen währenddessen Karten. Als sie die Läuse auf den Tisch gelegt bekommen, schauen sie kurz auf, sind angeekelt und spielen gleich weiter. Als die Moderatoren fragen, welche Affengruppe gewonnen hat, knobeln sie.

Moderatoren: Die zweite Disziplin lautet: Bananenwettfressen. Es zählen dabei Ästhetik und Langsamkeit. Die Affengruppe gewinnt, die ihre Banane am langsamsten und am schönsten frisst. An die Banane – fertig – los!

Jede Dreiergruppe schält elegant ihre Banane und frisst sie ganz genüsslich und langsam. Auf die Frage der Moderatoren, wer diesmal gewonnen habe, knobeln die Schiedsrichter wieder und bestimmen offensichtlich die falsche Gruppe.

MODERATOREN: Aha, ein interessantes Ergebnis. Es folgt die dritte und letzte Disziplin: akrobatische Kletterübungen mit Pyramidenbau. Auch hier zählen Ästhetik, Originalität und natürlich auch der Schwierigkeitsgrad der Pyramiden. Wir sehen die Sportlerinnen bei der höchsten Schwierigkeitsstufe ihrer Klasse. Auf die Affen – fertig – los!

Mit viel Gekreische und Gehopse zeigen die Affengruppen kleine Akrobatikkunststücke und bauen Dreierpyramiden. Wieder legen die Schiedsrichter durch Knobeln eine beliebige Gruppe als Sieger fest.

MODERATOREN: Das ist ein sehr interessantes Ergebnis. Gut, dass wir so qualifizierte Schiedsrichter haben. Zum Schluss zeigen die Affendamen noch eine gemeinsame Gruppenpyramide. Bitte Applaus für diese außerordentlichen Darbietungen.

Als Abschluss zeigen die Affen eine große Gemeinschaftspyramide und toben dann wild von der Bühne.

Kommentar: Die Szene lebt von der Lebendigkeit und Ausgelassenheit der Affen. Gleichzeitig muss bei den einzelnen Disziplinen eine gewisse Ordnung herrschen, damit die Handlung gut sichtbar wird.

Musik: Johannes Galli/Michael Summ; CD: Tanzmeditationen: Tiere; Titel: Affen.

Szene 14: Katzen

MODERATOREN: Als letzten Wettbewerb präsentieren wir Ihnen ein ganz besonders ästhetisches Erlebnis: der Schönheitswettbewerb der Katzen. Zuvor aber noch eine kleine Werbeeinlage unseres Sponsors. Wir bitten Sie herzlich, kräftig mitzumachen.

Die Ameise kommt auf die Bühne, teilt mit Gesten das Publikum in drei Gruppen und zeigt jeder Gruppe ein Schild: Ki – te – kat. Löwe und Pinguin erklären das Ganze. Nun dirigiert die Ameise das Publikum und lässt die einzelnen Publikumsgruppen ihre Silbe laut rufen. Es entsteht das Wort ‚Kitekat'. Die Ameise zeigt noch eine Dose ‚Kitekat' ins Publikum und verlässt dann die Bühne. Die einzelnen Katzen werden jetzt mit Namen aufgerufen und stolzieren auf die Bühne. Mit Verzögerung schreitet die Vorjahressiegerin auf die Bühne. Alle Katzen sitzen auf kleinen Podesten, lecken sich die Pfoten, machen sich schön, überprüfen Frisur und Make-up. Die Reporter stürzen auf die Bühne, wollen Interviews mit den Katzen machen und fotografieren sie. Den Katzen gefällt das sehr, sie werfen sich in Pose und lassen sich gerne interviewen, bis die Moderatoren die Reporter von der Bühne verweisen. Die Schiedsrichter sind von den Katzen ganz hingerissen, sie tun sehr verliebt und sind ganz unkonzentriert. Dann beginnt der Wettbewerb. Nach der Reihe tritt immer eine Katze vor die Reihe und präsentiert sich: Sie zeigt ihre Krallen, schreitet elegant über die Bühne, zwinkert dem Publikum schelmisch zu und geht dann in die Reihe zurück. Die Katzen, die nicht dran sind, schauen abschätzig, fauchen sich gegenseitig an und greifen sich auch teilweise an. Dadurch wird die Frisur zerzaust, das Kostüm verschoben. Eine Katze wird an den Krallen verletzt und maunzt jämmerlich. Die Sanitäter kommen angesaust und legen ihr einen Kopfverband an. Nachdem alle Katzen an der Reihe waren, ziehen die Schiedsrichter Karten und ärgern sich selbst über das Ergebnis, da ihre jeweilige Favoritin nicht gewinnt. Es gewinnt die unscheinbarste Katze: der amerikanische Streuner. Alle anderen Katzen sind höchst empört, ärgern sich, stürzen sich auf die Siegerin, fauchen, kratzen und stolzieren beleidigt von der Bühne.

Kommentar: Das Publikumsorchester funktioniert nur dann, wenn die Anleitung klar und verständlich angekündigt wird und die Dirigentin deutliche Zeichen gibt. Wenn das klappt, ist diese Publikumseinlage sehr witzig. Um die Sicht für die Zuschauer zu verbessern, hatten die Katzen kleine Hocker als erhöhte Sitzfläche. Beim Schönheitswettbewerb sind sie über eine Langbank stolziert.
Musik: Henry Mancini; CD: The Pink Panther; Titel: The Royal Blue.

Szene 15: Siegerehrung und Finale

MODERATOREN: Nach unserem letzten Wettkampf der diesjährigen Olympiade der Tiere schreiten wir jetzt zur Siegerehrung und damit gleichzeitig zum großen Finale. Ganz nach dem Motto der Olympischen Spiele ‚Dabei sein ist alles!' erhält selbstverständlich jeder Sportler und jede Sportlerin eine Auszeichnung. Unsere beiden charmanten Ameisen werden die Preisverleihung vornehmen. Bitte Applaus für unsere Sportlerinnen und Sportler.

Die beiden Ameisen kommen mit Körben auf die Bühne und postieren sich am vorderen Bühnenrand. Alle Sportlergruppen werden aufgerufen, kommen auf die Bühne, verbeugen sich und erhalten von den Ameisen ihren Preis.

MODERATOREN: Als Anerkennung seiner sportlichen Leistung erhält jeder Teilnehmer eine Feder des goldenen Olympiahuhns. Neben den Sportlern danken wir auch den Sanitätern, Schiedsrichtern, Cheergirls und unseren Reportern für ihre Leistungen. Zu guter Letzt noch einen Applaus für unsere Ameisen und natürlich auch für uns beide!

Die aufgerufenen Gruppen kommen auf die Bühne, verbeugen sich und erhalten ihren Preis.

MODERATOREN: Damit sind die diesjährigen Olympischen Spiele der Tiere zu Ende. Wir bedanken uns bei allen Helfern, freuen uns über Ihr Interesse und sehen uns hoffentlich wieder in vier Jahren zur nächsten Olympiade der Tiere.

Alle Kinder auf der Bühne hüpfen, tanzen und winken. Die Kinder, die in der ersten Reihe stehen, verbeugen sich und hüpfen seitlich weg, die nächste Reihe Kinder rückt nach vorne, verbeugt sich, geht seitlich weg. Das geht so lange, bis sich alle Kinder verbeugt und die Bühne verlassen haben. Die beiden letzten Akteure, die sich verabschieden, sind Löwe und Pinguin.

Kommentar: Als Preis hat jedes Kind eine mit Goldfarbe besprühte, große Gänsefeder bekommen. Das Finale muss ein buntes, fröhliches Treiben sein, das aber auch wieder viel Struktur braucht, um nicht ins Chaos abzugleiten. Jedes Kind muss wissen, was es beim Finale auf der Bühne zu tun hat und vor allem auch, welche Raumwege es gehen muss. Nach dem Verbeugen wird die Bühne verlassen. Ist die Bühne dann endgültig leer, wissen die Zuschauer, dass das Theaterstück zu Ende ist. Diese Schlussszene muss gut geprobt und mit viel Dyna-

mik dargeboten werden, um eine gute Abschlussstimmung zu vermitteln.

Musik: Mezzoforte; CD: Surprise Surprise; Titel: Garden Party.

Vorprogramm

Folgende Ideen sind beim Thema OLYMPIADE DER TIERE möglich, um die Zuschauer bereits vor der Vorstellung einzustimmen und zu unterhalten.

- Wurfstation als Eintritt
  Jeder Zuschauer muss einen Ring über eine Stab werfen, um sich den Eintritt zur Olympiade zu verdienen.

- Papierfähnchen bemalen
  Damit die Zuschauer gut ausgerüstet sind, können sie selbst gebastelte Papierfähnchen der Kinder mit bunten Stiften bemalen.

- Dopingpillen
  Zwei Kinder verteilen in einem Bauchladen Traubenzuckerbonbons als Dopingpillen für leistungsstarke Zuschauer.

- Hier laust Sie der Affe
  Auf einem Tisch sitzen einige Affen, die anbieten, den Zuschauern die Köpfe zu lausen.

- Interviews
  Die Reporter gehen durch die Reihen und interviewen die Zuschauer oder machen Fotos mit einer Polaroidkamera.

- Fitnesstest
  Zwei Kinder gehen durch das Publikum und machen mit einzelnen Gästen einen Fitnesstest (z.B. Kniebeugen, auf einem Bein hüpfen, eine Hantel stemmen).

- Olympiatest
  Zwei Kinder gehen durch das Publikum und befragen einzelne Gäste, z.B.:
  1. In welchem Zeitabstand findet eine Olympiade statt?
  2. Welche Tiere sind unsere Moderatoren?
  3. Was ist der Wettbewerb der Hühner?
  4. Wo findet die nächste Olympiade der Menschen statt?
  5. In welcher Sportart würden Sie gerne bei einer Olympiade mitmachen?

Resümee

Die OLYMPIADE DER TIERE war ein buntes, fröhliches Theaterstück. Viele Kinder hatten wunderschöne, selbst gebastelte Kostüme. Alle Kinder haben mit viel Engagement gespielt, obwohl es vor allem für die jüngeren Kinder zunächst einmal schwierig war, die Doppelrolle Tier und Teilnehmer einer Olympiade zu verstehen und umzusetzen. Im Laufe der Übungsstunden hat sich dann aber doch jedes Kind in seine Rolle hineingefunden. Mein Eindruck war, dass viele Kinder einiges dazu gelernt haben zum Thema Olympiade, die Komik unserer Nummern schnell durchschaut haben und sich vor allem zum Wettkampfgedanken und dem Gewinnen und Verlieren viele Gedanken gemacht haben. Das war, neben einer gelungenen Aufführung, für mich ein bedeutender Nebeneffekt.

Reise um die Welt

Das Thema REISE UM DIE WELT ist ebenfalls sehr gut für eine Inszenierung mit Kindern geeignet. Kinder haben meist selbst schon einige Reiseerfahrungen und erzählen oft begeistert von ihren Reiseerlebnissen. Außerdem sind Kinder grundsätzlich sehr interessiert an der Welt, an fremden Ländern, Tieren, Menschen und deren Lebensformen. Je fremder und ungewöhnlicher, desto besser. Die Informationen, die die Kinder über andere Länder, Sitten und Gebräuche aus Büchern, Erzählungen oder Fernsehsendungen haben, mischen sich oft mit ihren Fantasievorstellungen und heraus kommen eine interessante Sicht der Welt und viele spannende Geschichten. Folglich ein gutes Rahmenthema für ein Theaterstück. Auch hier war es wieder wichtig, sich das Thema spielerisch zu erarbeiten, um eine große Vielfalt zu schaffen, aus der die Kinder ihre Rollen bestimmen konnten.

Spiele rund um das Thema

- Internationale Begrüßung
  Alle Kinder gehen auf Musik durch den Raum. Bei Musikstopp begrüßen sie sich als Personen verschiedener Nationalitäten, die der Spielleiter jeweils vorgibt (z. B. Indianer, Eskimo, Chinese, Italiener, Deutscher, Russe, Afrikaner, Amerikaner).

- Internationale Gespräche
  Alle Kinder gehen durch den Raum. Auf ein Signal des Spielleiters hin sucht sich jedes Kind einen Partner und führt ein kurzes (Nonsens-)Gespräch, da die beiden Partner jeweils verschiedene Spra-

chen sprechen und sich nicht verstehen können. Der Spielleiter gibt vor, welche zwei Nationalitäten zusammentreffen (Italiener trifft Eskimo, Franzose trifft Amerikaner, Afrikaner trifft Chinese, Russe trifft Deutschen, Australier trifft Mexikaner).

– Variante: Die Kinder führen ein kurzes Gespräch ohne Sprache, d.h. die Unterhaltung verläuft nur pantomimisch mit typischen Gesten.

- Kofferpacken

  Alle Kinder sitzen im Kreis. Jedes Kind, das möchte, geht in den Kreis und packt pantomimisch einen Gegenstand in den Koffer, den es auf seine Reise um die Welt mitnehmen möchte. Der Gegenstand wird benannt: „Ich nehme ein Schmetterlingsnetz mit auf die Reise.“ Weitere Beispiele: Zahnbürste, Toilettenpapier, Lupe, Weltkarte, Butterbrot, Kuscheltier.

- Reisesouvenirs auspacken

  Alle Kinder sitzen im Kreis. In der Mitte steht ein geöffneter Koffer. Jedes Kind, das möchte, geht in die Mitte, greift pantomimisch in den Koffer und sagt z.B.: „Ich war in Mexiko und habe einen Sombrero mitgebracht.“ Das Kind spielt den Gegenstand pantomimisch. Weitere Beispiele: Nordpol – Eisscholle, Amerika – Kaugummi, China – Schälchen Reis, Italien – Eis, Spanien – Fächer, Russland – Puppe in der Puppe.

- Spontane Reise

  Ein Kind hat einen Hut auf und beginnt, eine Reisegeschichte zu erzählen. Alle Kinder, einschließlich des Erzählers, setzen die Erzählung sofort in Bewegung um. Weiß das Kind nicht mehr weiter, gibt es seinen Hut an ein anderes Kind und dieses setzt die Geschichte fort.

- Verrückte Reise

  Der Spielleiter gibt komische Reiseerlebnisse und Flunkergeschichten vor (z.B. ein Kamel melken, auf einem Eisbären reiten, das Mittelmeer austrinken, eine Pyramide besteigen, in der Wüste Schlittschuh laufen, im Eismeer mit einem Eisbären um die Wette schwimmen, Krokodile kitzeln, einen Indianertanz machen). Alle Kinder bewegen sich durch den Raum und setzen die Vorgaben des Spielleiters um. Auf ein Signal hin (z.B. Gong, Glöckchen oder Tröte) erstarren die Kinder, bis eine neue Bewegungsaufgabe vom Spielleiter angesagt wird. Kinder, die selbst eine lustige Idee haben, melden sich und können nach dem nächsten Bewegungsstopp ihren Vorschlag einbringen.

- Sandsturm – Hochwasser – Vulkanausbruch

  Es handelt sich um eine Abwandlung des Spiels ‚Feuer–Wasser–Sturm‘. Die Kinder bewegen sich durch den Raum, der Spielleiter ruft eines der drei Kommandos, die Kinder müssen darauf reagieren. Sandsturm: Alle legen sich hin. Hochwasser: Alle klettern auf eine erhöhte Stelle. Vulkanausbruch: Alle laufen in eine Ecke.

- Vier-Felder-Gehen

  Der Raum wird in vier Felder eingeteilt, die Theatergruppe halbiert. Gruppe A spielt in jedem Feld ein anderes Reiseziel (z.B. in der Wüste, im Dschungel, am Meer, am Nordpol, auf einer kleinen Insel, in einer Sumpflandschaft, auf dem Mond, unter Wasser, in einer Großstadt). Gruppe B rät, nachdem Gruppe A alle vier Ziele vorgespielt hat. Danach wird gewechselt.

- Reisevehikel gesucht

  Jedes Kind sucht sich einen Partner. Die Paare überlegen, wie sie sich auf ihrer Reise fortbewegen und spielen es den anderen Kindern vor (z.B.

mit dem Schiff, mit dem Floß, zu Fuß, auf dem Kamel, mit dem Auto, mit dem Bus, schwimmend, mit Rollschuhen, mit dem Fahrrad, mit dem fliegenden Teppich, mit der Kutsche, mit dem U-Boot, mit dem Dreirad, mit dem Pferd, mit dem Flugzeug, mit dem Segelboot, mit dem Ruderboot). Die anderen Kinder müssen das Transportmittel erraten.

- Lustige Reisegruppe
  Drei bis fünf Kinder überlegen sich, welche Reisegruppe sie sind, und spielen das den anderen Kindern vor (z.B. Familie, Seniorenclub, Sportgruppe, Jugendgruppe, Kindergartengruppe, Schulklasse, Königsfamilie, feine Damen, Filmstar mit Bodyguards). Die anderen Kinder versuchen, die Reisegruppe zu erraten.

- Reisepartner gesucht
  Der Spielleiter verteilt Zettel an die Kinder. Auf jeweils zwei Zetteln steht der gleiche Begriff. Notiert sind verschiedene Personentypen, die auf eine Reise gehen (z.B. dicker Mann, feine Dame, zerstreuter Professor, neugieriger Wissenschaftler, cooler Jugendlicher, jammerndes Kind, gebrechlicher Opa, gelangweilter Mann). Jedes Kind spielt den Begriff auf seinem Zettel und sucht gleichzeitig den Partner, der den gleichen Begriff spielt.

- Eine Fahrt wohin?
  In Vierer- oder Fünfergruppen überlegen die Kinder, wie und wohin sie verreisen und spielen es den anderen Kindern vor (z.B. mit dem Auto ans Meer, mit dem Zug in die Wüste, mit dem Motorrad nach Italien, mit dem Boot in die Türkei, mit dem fliegenden Teppich ins Gebirge). Die zuschauenden Kinder versuchen, Fortbewegungsmittel und Reiseziel zu erraten.

- Wo sind wir?
  Die Kinder werden in zwei Gruppen eingeteilt. Eine Gruppe spielt, die andere Gruppe schaut zu. Der Spielleiter gibt ein Land oder eine landschaftliche Region vor (z.B. Ägypten: auf Kamelen reiten, Pyramiden, der Nil, Krokodile; Dschungel: Schlangen, Affen, viele Bäume und Pflanzen, Vögel; China: mit Stäbchen essen, chinesische Begrüßung, Chinesische Mauer; Italien: schwimmen im Meer, Spaghetti und Eis essen, mit Händen und Füßen reden; Schweiz: Käse, Berg steigen, Alphorn spielen). Die Kinder spielen spontan, was ihnen zu dem Stichwort einfällt. Die zuschauenden Kinder versuchen, das Land oder die Region zu erraten.

- Wer sind wir und was machen wir?
  Die Kinder überlegen sich zu zweit, wer sie sind und welche typische Tätigkeit sie ausführen (z.B. Amerikaner: Baseball spielen; Afrikaner: Buschtanz; Chinese: Karate; Spanier: Stierkampf; Österreicher: Bergsteigen; Bayer: Schuhplatteln). Die anderen Kinder raten.

Vorgegebene Grundidee

Eine Reisegruppe, bestehend aus einem Reiseleiter und sehr unterschiedlichen Typen unter den Reiseteilnehmern, macht sich auf zu einer Reise um die Welt. Sie ist mit verschiedenen Verkehrsmitteln unterwegs, bereist zahlreiche Länder und besteht natürlich jede Menge Abenteuer. Nur der Reiseleiter hat einen hohen Sprechanteil, alle anderen Reiseteilnehmer beschränken sich auf Ausrufe oder einzelne Sätze. Die Kommunikation mit den Menschen in den bereisten Ländern erfolgt vor allem pantomimisch oder in einer Fremd- bzw. Fantasiesprache.

Personen des Stückes:

15 Reiseteilnehmer
1 Reiseleiterin
7 Bewohner des Nordpols
(Eskimos und Pinguine)
7 Bewohner des Dschungels
4 Skelette im Tal des Todes
5 Bewohner von New York
5 Bewohner von Indien
5 Indianer

Szene 1: Begrüßung und Stadtführung

Die Reiseleiterin *betritt die Bühne und spricht zum Publikum:* Guten Tag, meine Damen und Herren. Ich begrüße Sie alle recht herzlich zu unserer Abenteuerreise rund um die Welt. Es freut mich sehr, dass sich so viele von Ihnen für unsere exklusive Reise interessieren, aber leider ist die Anzahl der Teilnehmer begrenzt. Einige von Ihnen haben die Reisegebühren nicht rechtzeitig bezahlt, anderen fehlen die richtige Ausrüstung oder die nötigen Unterlagen. Deshalb müssen leider einige von Ihnen zu Hause bleiben. Die auf meiner Liste aufgeführten Personen sind die Teilnehmer unserer diesjährigen Expedition um die Erde. Ich bitte um Ihre Aufmerksamkeit. Werden Sie genannt, so bitte ich Sie mit Ihrem Gepäck zu mir nach vorne zu kommen: Herr und Frau Meckermann, Professor Dr. Tunichtgut, Fräulein Meckerschnecke, Familie Maier mit ai, Frawado Frawinschi, Familie Pokerface, Frau Müller von der Presse, die beiden Geschwister ohne Eltern, Mister Unbekannt und Herr Spitzbauch.

Die aufgerufenen Personen kommen auf die Bühne. Sie haben teilweise viel Gepäck (z.B. Koffer, Taschen, Rucksäcke) und Ausrüstung (z.B. Schmetterlingsnetz, Schwimmring, Fotoapparate, Taucherbrillen) dabei, sind ihrem Typ entsprechend gekleidet (z.B. Professor Dr. Tunichtgut mit Tropenhelm, Outdoor-Kleidung, Treckingstiefeln; Fräulein Meckerschnecke mit Stöckelschuhen, Sommerkleidchen, Sonnenbrille und Täschchen). Alle versammeln sich um die Reiseleiterin.

Reiseleiterin: Da unser Flugzeug etwas Verspätung hat und die meisten von Ihnen sowieso die eigene Stadt nicht richtig kennen, machen wir nun eine kleine Stadtführung. Bitte folgen Sie mir und meinem bunten Fähnchen.

Die Reiseleiterin geht über die Bühne, zeigt hierhin und dorthin und redet ganz viel. Sie deutet auf Bauwerke, erklärt und erzählt gestikulierend ihre Geschichten. Alle Reiseteilnehmer nehmen ihr Gepäck und folgen der Reiseleiterin. Anfangs sind sie noch sehr interessiert, schauen alle in die Richtung, in die die Reiseleiterin zeigt, nicken höflich und hören aufmerksam zu. Da nicht viel Zeit ist, drängt die Reiseleiterin ständig alle Reisenden beieinander zu bleiben und zügig zu folgen. Die gesamte Gruppe geht öfter über die Bühne. Im Laufe der Zeit werden die Reisenden immer uninteressierter und müder, bis sie zum Schluss nur noch erschöpft auf der Bühne mit ihrem Gepäck sitzen bleiben und apathisch vor sich hinstarren.

Dann ruft die Reiseleiterin, *die ihr Programm einfach durchzieht, ohne auf die Teilnehmer zu achten:* So, liebe Reiseteilnehmer, jetzt ist es Zeit, in das Flugzeug zu steigen. Bitte bleiben Sie zusammen und folgen Sie mir zügig.

Die Reiseteilnehmer springen auf und schleppen sich von der Bühne.

Kommentar: Bei dieser Szene sollten die typischen Elemente einer Reisegruppe gezeigt und karikiert werden: Die unterschiedlichen Personentypen, die Reiseleiterin, die dominant ihr Programm durchzieht, das überfüllte Programm. Durch die überzogene Darstellung dieser Elemente entstand die Komik der Szene. Die Teilnehmer sitzen am Anfang im Publikum und müssen sich, wenn sie aufgerufen werden, an den Zuschauern vorbei drängeln, um auf die Bühne zu gelangen.

Szene 2: Indianer

Die Bühne ist leer. Von beiden Seiten lugen die Federn der Indianer auf die Bühne. Die Reisegruppe kommt auf die Bühne geritten.

REISELEITERIN: Wir sind nun im Wilden Westen angekommen. Bitte binden Sie die Pferde kurz an, damit wir uns kurz besprechen können. Sie brauchen sich nicht zu fürchten, denn es gibt keine Indianer mehr. Nachdem wir nun drei Stunden geritten sind, werden wir ein kleines Picknick machen.

Alle binden ihre Pferde an und treffen sich in der Mitte der Bühne zu einem Picknick. Die Indianer beobachten die Reisegruppe. Sie greifen mit Indianergeheul an, die Reisenden springen erschrocken auf, haben Angst und stehen eng gedrängt. Die Indianer kreisen die Gruppe ein und fesseln alle mit einem langen Seil. Der Häuptling beginnt mit Zeichensprache und Lauten, der Gruppe zu erklären, dass sie umgebracht werden. Die Reisegruppe ist verschreckt. Die Reiseleiterin beruhigt ihre Gruppe, holt einen Indianerkopfschmuck aus der Tasche, setzt ihn auf, packt ihr Wörterbuch aus, schlägt nach und antwortet dem Häuptling mit Zeichensprache und Lauten. Die beiden kommunizieren miteinander, die Indianer und die Reiseteilnehmer reagieren entsprechend mit Gestik und Mimik. Die Reiseleiterin bietet verschiedene Gastgeschenke für ihre Freilassung an: Goldtaler, Bonbons, Taschenuhr usw. Der Häuptling und seine Indianer lehnen desinteressiert ab, schütteln den Kopf und verziehen die Miene. Einem Kind der Reisegruppe wird langweilig. Es holt eine Seifenblasendose aus seinem Rucksack und macht Seifenblasen. Die Indianer entdecken die Blasen, werden

neugierig und wollen die Seifenblasen als Gastgeschenk. Das Kind gibt den Indianern die Seifenblasendose, die gleich ausprobiert wird. Dann wird die Reisegruppe entfesselt und die Friedenspfeife herumgereicht. Gemeinsam tanzen alle einen kurzen Indianertanz und verabschieden sich danach brüderlich.

Kommentar: In dieser und allen folgenden Szenen haben die Reiseteilnehmer nur einen kleinen Teil ihres Gepäcks dabei. Die Reisenden und die Indianer mussten das Gespräch zwischen Häuptling und Reiseleiterin sehr deutlich mit Gestik und Mimik ver-

folgen und darauf reagieren. Wenn z.B. der Häuptling bei einem angebotenen Gastgeschenk den Kopf schüttelt und mit einer Handbewegung deutlich macht, dass alle geköpft werden, machen diese Bewegungen alle anderen Indianer nach, um die Aussage ihres Häuptlings zu verstärken, und die Reisenden zucken zusammen, zittern vor Angst und drängen sich noch dichter aneinander. Die Pferde der Reisenden werden pantomimisch gespielt.

Musik: Lorne Greene; Titel: Filmmusik aus Bonanza.

Szene 3: Indien

Zwei Träger bringen den Maharadscha herein, dessen Frau folgt zu Fuß. Die Reisegruppe kommt auf die Bühne.

Mit etwas Abstand zum Maharadscha spricht die REISELEITERIN *zu ihrer Gruppe*: Wir sind nun in Indien und haben eine Einladung beim Maharadscha. Bitte benehmen Sie sich, ansonsten könnte es schlimme Folgen für Sie und uns alle haben. Der Maharadscha kann leicht wütend werden.

Die Reisegruppe tritt vor den Maharadscha, verneigt sich vor ihm und setzt sich in seine Nähe. Der Maharadscha klatscht und winkt.

REISELEITERIN: Ah, da kommen schon unsere Getränke!

Zwei Damen tänzeln auf die Bühne und bringen zwei Tabletts mit Getränken, tragen diese aber an den Touristen vorbei zum Maharadscha. Die Touristen schauen den Getränken gierig hinterher. Der Maharadscha trinkt, bietet den Gästen nichts an, klatscht und winkt wieder.

REISELEITERIN: Aber das Obst ist bestimmt für uns!

Diesmal bringen die zwei Damen ein Tablett mit Obst, tragen auch dieses an den Touristen vorbei und stellen es beim Maharadscha ab. Der Maharadscha isst das Obst, klatscht und winkt ein drittes Mal. Nun kommen drei Tänzerinnen herein und beginnen einen Bauchtanz. Die männlichen Touristen sind begeistert, schauen ganz interessiert und verliebt zu. Die weiblichen Touristen sind empört. Eine Touristin, die Oma, unterbricht die Tänzerinnen, schiebt diese zur Seite und tanzt selbst (auf Rockmusik). Alle Reisenden und die Reiseleiterin sind erschrocken und schauen mit offenem Mund zu. Die Frau des Maharadschas ist empört, steht auf und lässt die Musik abschalten. Alle schauen gespannt zum Maharadscha und erwarten seine Reaktion. Nach einer kurzen Pause klatscht der Maharadscha, alle klatschen erleichtert mit. Der Maharadscha steht auf, schiebt seine Frau zur Seite, nimmt die Oma mit und geht von der Bühne. Der Opa folgt den beiden, holt sich die Oma wieder und erscheint mit ihr auf der Bühne. Den beiden folgt der Maharadscha, der sich die Oma zurückholt und von der Bühne geht. Nun folgt noch einmal der Opa, holt sich die Oma wieder und hält sie fest. Alle anderen beobachten das Ganze völlig erstaunt und erschrocken.

Die REISELEITERIN *fordert die Touristen ungeduldig auf aufzubrechen*: Wir sollten jetzt, da wir gerade komplett sind, den Palast möglichst schnell verlassen. Nichts wie weg! Folgen Sie mir!

Alle schleichen davon und, als der Maharadscha auf der Suche nach der Oma wieder auf die Bühne kommt, sind alle weg. Er wird wütend und verlässt die Bühne, gefolgt von seiner Frau.

Kommentar: Die drei Tänzerinnen beherrschten einige Bauchtanzschritte, da sie Mitglieder einer Bauchtanzgruppe waren. Deshalb konnten sie einen schönen kurzen Bauchtanz zeigen. Die Verfolgungsszene zwischen Opa und Maharadscha musste exakt gespielt werden, d. h. die Abfolge musste flott, aber doch mit räumlichen Abstand stattfinden. Der Maharadscha und die Oma mussten die Bühne komplett verlassen haben, erst dann folgte der Opa. Der Opa und die Oma kamen auf die Bühne zurück und mit etwas Abstand eilte der Maharadscha hinterher.

Musik: Bauchtanzmusik und Queen; Titel: We Will Rock You.

Szene 4: Dschungel

Raubtiere des Dschungels kommen auf die Bühne, legen sich verteilt hin, schlafen, fressen, spielen und schlecken sich das Fell. Die Reisegruppe kommt mit einem Safaribus angefahren.

REISELEITERIN: Wir sind hier auf einer sehr gut organisierten Safari unterwegs. Sogar die Raubtiere sind auf Touristen eingestellt. Sie sind tagsüber fast zahm, lassen sich streicheln und posieren gerne für Fotos.

Die Raubiere kommen näher, lassen sich fotografieren, stellen sich sogar in Posen für die Fotos, geben Pfötchen und lassen sich streicheln. Die Touristen sind begeistert. Die Reisegruppe will weiterfahren. Die Raubtiere ziehen sich wieder zurück und legen sich auf der Bühne verteilt nieder.

Der Bus springt nicht an und nach mehreren vergeblichen Startversuchen wendet sich die REISELEITERIN *an ihre Touristen*: Meine Damen und Herren, leider haben wir eine kleine Panne. Ich bitte Sie alle, kurz auszusteigen, damit wir den Schaden reparieren können. Bitte bleiben Sie eng zusammen, denn es wird schon dunkel und in der Nacht sind die Raubtiere meist recht wild. Aber keine Angst. Sie sehen, Sie haben auch das Abenteuer gebucht. Bitte verhalten Sie sich möglichst ruhig und unauffällig.

Die Touristen steigen ängstlich aus. Auch die Reiseleiterin hat Angst, versucht sie aber zu überspielen. Die Raubtiere werden auf das Geschehen aufmerksam und kommen neugierig näher. Die Tiere brüllen, fauchen, schlagen mit den Tatzen und wollen angreifen. Die Touristen kauern sich eng zusammen und zittern vor Angst. Da zieht ein Tourist ein Feuerzeug aus der Tasche und entzündet es. Die Tiere erschrecken, bekommen Angst und schleichen schnell von der Bühne. Die Reisegruppe ist erleichtert und steigt ins Fahrzeug. Diesmal springt es an und fährt mit der Reisegruppe von der Bühne.

Kommentar: Der Safaribus besteht aus einem großen Pappkarton, auf dem die Räder und die Türen aufgemalt sind. Die Kinder halten den Karton, ihre Beine und der Oberkörper schauen heraus. Als die Reiseleiterin verkündet, dass es dunkel wird, wird das Bühnenlicht heruntergefahren. Die Startversuche des Autos haben wir vom Band abgespielt. Auch der erfolgreiche Start und das laufende Motorengeräusch kamen vom Band.

Musik: Johannes Galli/Michael Summ; CD: Tanzmeditationen: Tiere; Titel: Affen.

Szene 5: Tal des Todes

Die vier Skelette wackeln auf die Bühne, stellen sich an den hinteren Bühnenrand und ‚frieren ein'. Ein Skelett hat einen Stock mit einem roten Fähnchen in der Hand. Die Reisegruppe kommt erschöpft auf die Bühne. Alle sind durstig und fächern sich Luft zu. Manche sind so erschöpft, dass sie kriechen. In der Mitte der Bühne lassen sich alle nieder und machen eine Pause. Die Reisegruppe hat die Skelette noch nicht entdeckt.

REISELEITERIN: So, wir befinden uns nun im Tal des Todes. Wir machen hier eine kleine Verschnaufpause. Machen Sie es sich bequem.

Die Reiseleiterin steht leicht abseits von der Gruppe, entdeckt die Skelette, erschrickt, untersucht sie und erkennt, dass das die Reisegruppe ist, die vor drei Monaten hier war.

Die REISELEITERIN *flüstert ihre Erkenntnis dem Publikum zu*: Oh Gott, das ist ja mein Kollege, der Herr Baumann. Und dass muss seine Reisegruppe sein. Ja, was mache ich denn jetzt? Meine Gruppe darf auf keinen Fall etwas merken.

Die REISELEITERIN *überlegt kurz, dann hat sie eine Idee. Sie stellt der Gruppe die Skelette als archäologische Funde vor*: Hier sehen Sie sehr interessante, archäologische Funde aus der späten Steinzeit. Bitte nicht berühren. Schauen Sie nur kurz, wir müssen bald weiter.

Die Touristen sind begeistert von den Skeletten. Sie untersuchen sie genau, schauen mit der Lupe, notieren einiges dazu und fotografieren. Die Gruppe lässt sich viel Zeit. Die Reiseleiterin drängt immer wieder, da sie um die Gefahr weiß. Langsam geht die Gruppe weiter. Ein Tourist verabschiedet sich von den Skeletten und schüttelt einem die Hand. Das Skelett hält die Hand fest, der Tourist ruft um Hilfe. Sofort kommt ein anderes Mitglied der Reisegruppe, packt den Touristen und will ihn wegziehen, es kommt ein zweiter zu Hilfe, ein dritter, ein vierter. Alle ziehen, das Skelett lässt aus und alle fünf fallen hin. Die Touristen stehen empört auf, klopfen sich den Staub von den Kleidern und verlassen die Bühne. Ein Kind der Reisegruppe geht als letztes von der Bühne, dreht sich noch einmal um und streckt den Skeletten die Zunge raus. Diese erwachen und erschrecken das Kind, indem sie sich bewegen und die Arme nach oben reißen. Das Kind bekommt Angst und läuft der Gruppe hinterher. Die Skelette freuen sich, lachen, schütteln sich die Hände und wackeln von der Bühne.

Kommentar: Die Skelette waren Kinder in schwarzer Kleidung, auf der ein Skelett aufgemalt war. Auch die Gesichter waren wie ein Skelett geschminkt. Die Skelette mussten während der Szene die meiste Zeit regungslos stehen. Das war nicht einfach und musste gut geübt werden. Die Bewegungen der Skelette beim Auf- und Abgang von der Bühne mussten eckig, wackelig und ungelenk sein. Die Reiseleiterin hatte ihren Stock mit einem bunten Fähnchen bei sich und verglich es mit dem roten Fähnchen, das ein Skelett in der Hand hielt. So erkannte sie, dass es sich um ihren Kollegen und dessen Reisegruppe handelt. Als der Tourist vom Skelett an der Hand gehalten wurde, kamen ihm nacheinander vier Reisekollegen zu Hilfe und zogen. Alle mussten sich dabei gleich verhalten: Schauen, was los ist, den Vordermann an den Hüften halten und ziehen. So entstand eine Schlange, die gemeinsam umfiel, als das Skelett losgelassen hat.

Musik: Ennio Morricone; Titel: Spiel mir das Lied vom Tod.

Szene 6: Nordpol

Die Reisegruppe kommt auf einer Eisscholle angeschwommen, schiebt sich mit langen Stöcken vorwärts. Alle Reisenden frieren fürchterlich.

Die REISELEITERIN *spricht mit vor Kälte zitternder Stimme*: Wir sind nun am Nordpol angekommen. Wie Sie sicher merken, ist es hier etwas kühl. Ich hoffe, Sie sind richtig gekleidet.

In der Bühnenmitte erstarren alle. Die Pinguine kommen hintereinander, der Größe nach geordnet, auf die Bühne gewatschelt. Sie stolpern nacheinander alle an der gleichen Stelle über einen fiktiven Stein. Der erste Pinguin entdeckt die Reisegruppe, erschrickt und bleibt abrupt stehen. Alle anderen Pinguine laufen auf den ersten auf. Sie stellen sich wieder hin und zupfen ihr Gefieder zurecht. Der erste Pinguin zeigt fragend auf die Reisegruppe. Diese Gestik und Mimik läuft nacheinander durch die Reihe. Jeder Pinguin dreht sich um und schaut seinen Hintermann fragend an. Der letzte zuckt mit den Schultern. Diese Geste wandert wieder nach vorne. Die Pinguine lösen die Reihe auf und beschnuppern die Touristengruppe. Dann sehen sie zwei Eskimos kommen und flüchten an den seitlichen Bühnenrand. Die Pinguine stellen sich als Gruppe zusammen. Die Eskimos kommen von beiden Seiten der Bühne, spielen Schneeballschlacht, bemerken die eingefrorene Reisegruppe und erschrecken. Sie haben Angst und schieben sich gegenseitig nach vorne, um die eingefrorenen Gestalten zu untersuchen. Schließlich berühren sie die Touristen vorsichtig und bemerken, dass diese eingefroren sind. Sie haben eine Idee: Sie holen zwei Föhns und tauen die Reisenden von unten nach oben auf. Diese können sich langsam wieder bewegen, erst unten die Füße, dann immer weiter nach oben bis zum Kopf. Sobald die Touristen aufgetaut sind, freuen sie sich und wollen die Eskimos vor Dankbarkeit stürmisch umarmen. Die Eskimos bekommen Angst, fühlen sich bedrängt und flüchten von der Bühne. Die Reisegruppe rudert auf ihrer Eisscholle von der Bühne. Die Pinguine, die alles von der Seite beobachtet haben, wundern sich, schauen sich fragend an, schütteln die Köpfe und watscheln in einer Reihe von der Bühne.

Kommentar: Um die Eisscholle deutlich erkennbar zu machen, mussten die Touristen eng beieinander stehen, rutschende Schritte machen und mit dem Oberkörper eine gemeinsame Vorwärtsbewegung andeuten. Danach mussten sie lange Zeit regungslos auf der Bühne stehen. Wie bei den Skeletten war dies keine einfache Aufgabe. Die Kinder haben sie aber gut gemeistert. Die Komik der Pinguine entstand durch die Bewegungen, die nacheinander durch die

Reihe liefen, und durch das Auflaufen auf den ersten Pinguin. Die Föhns waren nicht eingesteckt, d.h. die Eskimos hatten die Föhns mit Kabel in der Hand. Hinter der Bühne wurde ein Föhn eingeschaltet, damit das Föhngeräusch auf der Bühne zu hören war. Das Auftauen der Reisegruppe war die nächste anspruchsvolle Übung. Die Touristen durften sich nur langsam von unten nach oben bewegen, d.h. die Füße und danach die Beine waren schon mobil, während der Rest des Körpers noch eingefroren war. Das waren richtige Bewegungskunststücke und sehr interessante Bewegungsbilder.

Musik: Leif Strand; CD: De 12 Arstiderna; Titel: Jannari.

Szene 7: New York

Die Mitglieder einer Straßenbande kommen einzeln sehr cool und lässig auf die Bühne, stellen sich in zwei Reihen gegenüber auf und bilden eine Gasse, so dass das Publikum eine Seitenansicht hat. Die zwei Gruppen schauen sich feindselig an und gehen langsam aufeinander zu. Es folgt ein Begrüßungsritual mit Fingerschnipsen, In-die-Hände-klatschen, An-die-Schultern-rempeln und anderen ‚coolen' Bewegungen. Danach stellen sich alle im Takt der Musik in zwei Reihen, mit Blick nach vorne zum Publikum, auf und tanzen ein paar Schritte gemeinsam bis zur Musikstelle ‚I'm bad'. Auf vier Zählzeiten erfolgen Schritte im Gleichschritt nach vorne in Richtung Publikum, alle Köpfe werden ruckartig nach rechts und nach links gedreht, der rechte Arm wird zackig nach rechts gestreckt, dann folgt eine halbe Drehung. Die gleiche Bewegungskette erfolgt wieder nach hinten. Nach der halben Drehung erstarren alle in einer

gemeinsamen Pose: Ein Arm ist kampfeslustig nach oben gestreckt, die Beine sind leicht gegrätscht und gebeugt. Der Boss der Gruppe kommt ganz lässig auf die Bühne und spricht dabei laut einen englischen Kauderwelsch. Die Bande erschrickt, löst die Pose auf, teilt sich wieder in zwei Gruppen und schaut den Boss etwas verängstigt an, der sich in die Mitte stellt. Er fordert mit Worten und Gestik Zigaretten und Geld von seinen Jungs. Die Bande hat aber nichts. Alle sind ratlos, da hat einer eine Idee. Er holt alle zu einem engen Kreis zusammen und erklärt mit Gestik und Mimik, dass sie doch eine Touristengruppe überfallen könnten. Alle sind von dem Vorschlag begeistert. Ihre Hände treffen sich in der Mitte, um das Vorhaben zu besiegeln. Die Bande versteckt sich am Bühnenrand.

Die Touristengruppe kommt auf die Bühne und macht mit ihrer REISELEITERIN *eine Stadtführung*: So, meine Damen und Herren, wir befinden uns am letzten Ort unserer Abenteuerreise um die Welt, in New York. Wir werden eine kurze Stadtführung unternehmen. Bitte schauen Sie, rechts und links die Wolkenkratzer, dort die Freiheitsstatue.

Die Touristen schauen sich interessiert um. Die Bandenmitglieder kommen von allen Seiten angriffslustig und drohend auf die Reisegruppe zu. Sie haben Waffen dabei und bedrängen die Touristen. Die Touristen sind völlig unbeeindruckt. Es entsteht ein Kampf. Der Kampf findet in Zeitlupe statt. Die Touristen setzen sich mutig zur Wehr, kämpfen mit ihren Utensilien wie Schmetterlingsnetz, Handtäschchen, Regenschirm, Spazierstock und schlagen schließlich die Bande in die Flucht. Die Bandenmitglieder liegen am Boden, halten sich ihre verletzten Körperteile und schleichen, humpeln und stolpern von der Bühne. Die Touristen rücken Frisur und Kleidung zurecht, fahren mit ihrer Stadtführung fort, als ob nichts gewesen wäre, und verlassen die Bühne.

Kommentar: Die Kinder der Straßenbande sind sehr ‚cool' gekleidet mit Leder- oder Jeansjacken, Bluejeans, Sonnenbrillen, Baseballmützen und Kaugummi im Mund. Das angriffslustige Hereinkommen der Bandenmitglieder und das feindselige Aufeinanderzugehen sollen einen bevorstehenden Kampf andeuten. Dann folgt der ‚Break', die Zuschauer wurden getäuscht, denn alle begrüßen sich freundschaftlich. Beim Tanz bewegen sie sich ganz lässig mit Hüftschwung und lockeren Armbewegungen. Nur der Boss der Bande spricht – aber auch nur Kauderwelsch mit einzelnen englischen Wörtern. Die Bandenmitglieder verständigen sich nur mit Ausrufen wie „Yeah!", „Wow!" oder „Hey, cool!". Der Kampf findet in Zeitlupe statt. Dadurch sind die einzelnen Aktionen und Reaktionen für die Zuschauer besser zu sehen, außerdem wird die Komik deutlicher, z.B. will einer der Bande die feine Dame mit dem Stock schlagen, diese bückt sich aber in dem Moment gerade, so dass der Stock im Bauch eines anderen Bandenmitglieds landet. Solche und ähnliche lustige Kampfszenen haben sich die Kinder selbst ausgedacht und einstudiert. Auch bei diesem Kampf musste wieder eine ungefähre Abfolge erkennbar sein, sonst hätte alles nur wie ein chaotisches Durcheinander gewirkt. Die Mimik der Touristen blieb stets unbeeindruckt, die der Bandenmitglieder angespannt und angriffslustig.

Musik: Michael Jackson; CD: Best of Michael Jackson; Titel: Bad.

Szene 8: Finale

Die Reisegruppe kommt mit ihrem gesamten Gepäck langsam und erschöpft auf die Bühne und setzt sich an den hinteren Bühnenrand.

REISELEITERIN: Meine Damen und Herren, wir befinden uns in der Wartehalle des Flughafens und am Ende unserer gemeinsamen Reise um die Welt. Ich danke Ihnen für Ihr Vertrauen in unser Reiseunternehmen und für Ihr Verständnis für so manche unvorhergesehenen Ereignisse. Vielleicht

sehen wir uns mal wieder bei einer anderen Abenteuerreise mit unserem Unternehmen. Ich hoffe, Sie nehmen viele schöne Erlebnisse, Gedanken und Reiseerinnerungen mit nach Hause. Oft begegnen einem so eindrucksvolle Ereignisse ja noch im Traum. Ich sage jetzt einfach nur: Vielen Dank und auf Wiedersehen!

Während die Reiseleiterin spricht, schlafen alle Reiseteilnehmer auf ihrem Gepäck erschöpft ein. Nach ihrer Rede setzt sich auch die Reiseleiterin hin und schläft ein. Es ertönt ruhige Musik und nacheinander erscheinen alle Personen und Tiere, denen die Reiseteilnehmer unterwegs begegnet sind, auf der Bühne. Sie kommen mit typischen Bewegungen zum vorderen Bühnenrand, verbeugen sich und gehen von der Bühne ab. Als Letztes erwachen die Reiseteilnehmer, schauen etwas verwirrt um sich, verabschieden sich voneinander, kommen ebenfalls nach vorne, verbeugen sich vor dem Publikum und verlassen die Bühne.

Kommentar: Das Erscheinen der einzelnen Gruppen auf der Bühne sollte so wirken, als ob die Reisegruppe dies träumt. Nachdem sich alle verbeugt hatten und von der Bühne gegangen waren, wechselte die Musik und alle kamen nochmals gemeinsam, lebhaft hüpfend und winkend, auf die Bühne, um sich ein zweites Mal zu verabschieden.

Musik: Deuter; CD: Planet of Light; Titel: Tree of Light. Später: Mezzoforte; CD: Surprise Surprise; Titel: Garden Party.

Vorprogramm

Auch bei der Reise um die Welt sollten die ankommenden Zuschauer auf das Spektakel eingestimmt werden. Da eine Reise vielfältige Vorbereitungen braucht, bieten sich viele Spiele und Aufgaben für die Kinder und die Gäste an. Wichtig war mir dabei stets der behutsame, respektvolle und sensible Umgang der Kinder mit den Zuschauern. Vor allem bei den Stationen Sicherheitskontrolle oder Zoll war es wichtig, mit den Gästen spielerisch umzugehen und sie nicht zum Mitspielen zu zwingen. Wer nicht wollte, musste selbstverständlich nicht mitmachen. Darauf mussten die Kinder Rücksicht nehmen.

- Verkauf von Reisetickets
  Am Eingang sitzen zwei Kinder und stellen Reisetickets für die ankommenden Gäste aus. Die Gäste zahlen mit selbst hergestellten Schecks der Kinder. Sie tragen lediglich noch die Summe ein und unterschreiben.

- Kontrolle der Reisetickets
  Die nächste Station bilden zwei Kinder, die die Reisetickets überprüfen. Gäste ohne Reiseticket werden zur letzten Station zurückgeschickt. Nur Gäste mit Reiseticket dürfen den Eingang passieren.

- Sicherheitskontrolle
  Eine weitere Station am Eingang besteht aus drei bis vier Kindern, die eine Sicherheitskontrolle wie am Flughafen durchführen. Sie tasten alle Gäste behutsam von oben bis unten ab und fahren mit einem selbst gebastelten Metalldetektor von oben bis unten an den Gästen entlang. Bei einem Piepston, den die Kinder selbst machen, müssen die Gäste alle Metallgegenstände, die sie am Körper tragen (z. B. Ringe, Ketten, Uhren) herzeigen.

- Zoll
  Zwei Kinder kontrollieren das Gepäck der Gäste und fragen nach, ob diese etwas zu verzollen haben.

- Grenzstation
  An dieser Station müssen die Gäste bei zwei Kindern ihren Personalausweis oder Reisepass vorzeigen. Haben sie keinerlei Ausweise bei sich, stellen die Kinder einen vorläufigen Reisepass aus. Dafür müssen die betroffenen Personen ein Foto vorlegen.

- Fotoschnellautomat
  Hinter einem Vorhang warten zwei Kinder mit einer Polaroidkamera und fotografieren alle Personen, die ein Foto für ihren vorläufigen Reisepass brauchen.

- Abschluss von Lebensversicherungen
  Einige Kinder gehen durchs Publikum und preisen wie ein Marktschreier ihre Lebensversicherungen an. Sie sprechen auch einzelne Gäste gezielt an und schließen Lebensversicherungen ab.

- Abschluss von Reisegepäckversicherungen
  Einige Kinder gehen durch den Raum und bieten Reisegepäckversicherungen an. Auch sie sprechen einzelne Gäste an und stellen bei Bedarf sofort die Verträge aus.

- Pillen gegen Reisekrankheit
  Einige Kinder gehen mit einem Bauchladen durch den Raum und verteilen Smarties und Traubenzucker als Pillen gegen Reisekrankheit oder andere Beschwerden (z.B. Heimweh, Fernweh, Malaria). Sie preisen diese Pillen lautstark wie Marktschreier an.

- Reiseproviant
  Einige Kinder gehen mit kleinen Tabletts durch das Publikum und bieten Snacks (z.B. Kräcker, Erdnüsse, Salzstangen) als Reiseproviant an.

Resümee

Die Kinder haben das Thema begeistert angenommen und hatten schnell Vorstellungen, welche Rolle sie übernehmen wollten. Viele Kinder wollten Touristen spielen. Anfangs hatte ich etwas Bedenken wegen der Größe der Reisegruppe (16 Kinder), ob die Bühne nicht alleine dadurch ausgefüllt und die Szenen nicht mehr deutlich erkennbar sein würden. Aber da kein Kind zu einer anderen Gruppe wechseln wollte und jedes Kind der Reisegruppe seinen Typ sehr deutlich ausspielte, war ich letztlich einverstanden. Im Laufe der Proben wurde die Reisegruppe insgesamt ein sehr aufeinander eingespielter Verbund, bei dem sich die Kinder gut aufeinander bezogen und oft räumlich eng eine konzentrierte Gruppe bildeten. Damit überzeugten sie mich, dass die Größe der Reisegruppe doch kein Problem war. Insgesamt hatten die Kinder auch bei diesem Thema sehr fantasievolle Ideen und gestalteten ihre Szenen mit viel Begeisterung und Ausdauer. Das Ergebnis war ein originelles, witziges Theaterstück, das von den Zuschauern mit viel Applaus belohnt wurde.

Traumgeschichten in Schachteln

Das Thema Träume ist ein weit gefasstes Rahmenthema und bietet gleichzeitig eine große Vielfalt an theatralen Möglichkeiten. Träume zählen zur Erfahrungswelt der Kinder. In Träumen ist alles möglich, was das reale Leben nicht bieten kann: Man kann bei Bedarf fliegen, sich verwandeln, ist bärenstark und kann Dinge besitzen, die man sich sonst nie leisten könnte.

Dieses Element der Träume – dass Unmögliches möglich ist – beflügelt die kindliche Fantasie. Auch durch den reichen Erfahrungsschatz der Kinder ist das Thema gut geeignet für eine theatrale Inszenierung. Gleichzeitig ist nicht jede fantastische Traumidee auf der Bühne darzustellen. Das war eine Herausforderung bei diesem Thema: Erlebnisse, die nur im Traum, nicht im realen Leben möglich sind, auf die Bühne zu bringen.

Ein Traum kann zweierlei sein: Ein gedachtes Erlebnis im Schlaf oder ein unerfüllter Wunsch, eine Sehnsucht. Beides sollte bei der Ideensuche für die einzelnen Szenen möglich sein. Es gibt auch verschiedene Arten von Träumen: Albträume, bei denen man Schreckliches erlebt und selbst meist das hilflose Opfer ist; Wunschträume, in denen sich Erlebnisse zutragen, die man schon immer herbeigesehnt hat; normale Träume, in denen sich Erlebtes in unterschiedlicher Weise und mit Abwandlungen widerspiegelt. Alle verschiedenen Formen des Traums, von der Wunschvorstellung bis zum Albtraum, sollten in unseren Traumgeschichten Raum finden.

Um einen Handlungsrahmen zu schaffen, der alle Träume miteinander in Beziehung setzt, wurden alle Träume in Schachteln ‚verpackt' und diese auf der Bühne präsentiert. Den roten Faden

des Bühnenstückes bildeten einige Kinder, die die Traumschachteln auf der Bühne entdeckt hatten. Vor jeder Szene öffneten sie eine Schachtel, schauten neugierig hinein und kündigten das Thema des folgenden Traumes an, indem sie den Text, der in der Schachtel lag, vorlasen. Die Idee dazu entstand durch Axel Hackes Buch „Der kleine König Dezember“, in dem der kleine König Träume in Schachteln aufbewahrt, sich jede Nacht eine Schachtel neben sein Bett stellt und sich überraschen lässt, welches Erlebnis im Schlaf auf ihn wartet. Da das Thema Träume sehr weit gefasst ist, war es wichtig, durch die themenbezogenen Spiele konkretere Vorstellungen und Ideen zu entwickeln.

Spiele rund um das Thema

- Verwandlungen
  Die Gruppe wird halbiert. Eine Hälfte spielt, die andere schaut zu und rät. Danach wird gewechselt. Der Spielleiter liefert die Vorgaben (z.B. Monster, Vogel, Wurm, Marsmännchen, Teufel, Engel, Raubritter, Millionär, Auto, Flugzeug). Die Akteure liegen zunächst am Boden und schlafen. Dann verwandelt sich jedes Kind in das vorgegebene Tier, Wesen oder den Gegenstand. Alle Gruppenmitglieder spielen die gleiche Figur. Gruppe B versucht herauszufinden, wer oder was dargestellt wird.

- Wem begegnet ihr im Traum?
  Ein Kind geht auf die Bühne und spielt die Begegnung mit einem fremden Wesen (z.B. Riese, Prinzessin, Ungeheuer, Zauberer, Kobold, Zwerg, Fee) oder einem Tier. Die anderen Kinder schauen zu. Wenn ein Kind zu wissen glaubt, um welches Wesen oder Tier es sich handelt, geht es auf die Bühne und spielt dieses in der Begegnung mit dem Kind. Hat ein zweites Kind eine andere Idee, um wen es sich handeln könnte, geht auch dieses auf die Bühne und spielt seine Idee. Am Ende sagt das erste Kind, wem es im Traum begegnet ist.

- Ein spannender Traum
  Zwei Kinder denken sich einen Traum aus, der gefährlich oder spannend für die beteiligten Personen ist. Diesen Traum beginnen sie auf der Bühne zu spielen. Jeder aus dem Publikum kann, wann immer er will, „Stopp!“ rufen und sofort erstarren beide Kinder. Der Stopprufer geht jetzt auf die Bühne und ersetzt eines der Kinder. Beide spielen nun den Traum weiter, aber ohne sich abzusprechen, d.h. der Traum geht anders als geplant weiter, solange bis das nächste Kind „Stopp!“ ruft und wieder eines der beiden Kinder ersetzt. Es entsteht eine spontane Geschichte, bei der sich die Kinder ohne Worte auf der Bühne sehr flexibel aufeinander einstellen müssen.

- Wunschträume
  Alle Kinder stehen im Kreis. Jedes Kind kommt der Reihe nach dran, nennt mit einem Satz einen Wunschtraum und spielt dazu kurz eine Geste oder Körperbewegung. Zum Beispiel: „Ich träume wie ein Vogel zu fliegen.“ Das Kind stellt sich auf ein Bein, das andere Bein wird nach hinten gestreckt, die Arme werden ausgebreitet und schwingen auf und ab. Oder: „Ich träume auf dem Mond zu landen.“ Das Kind schreitet ‚schwerelos‘ ein paar Schritte durch den Raum.

- Wo sind wir?
  Die Gruppe wird wieder halbiert. Die eine Hälfte spielt, die andere Hälfte rät. Wo sind wir im Traum gelandet? Zum Beispiel: auf dem Mond, unter Wasser, auf einer Insel, in der Schule, auf einer Bergspitze, in einer Höhle, im Bauch eines Wals.

- Verrückte Welt
  Die Kinder denken sich in Kleingruppen Situationen aus, die die Umkehrung des Normalen darstellen und spielen sie vor (z.B. ein Hund führt sein Herrchen spazieren, das Baby füttert seine Mutter, die Schulkinder unterrichten ihren Lehrer, das Pferd sitzt auf seinem Reiter).

- Heldenhafte Taten
  In Kleingruppen überlegen sich die Kinder heldenhafte Taten und spielen diese vor (z.B. Ein Kind wird vor dem Ertrinken gerettet. Es findet eine heftige Rauferei statt, ein Kind kommt dazu, trennt die Raufenden und schlichtet den Streit. Ein Bergkamerad ist in die Tiefe gestürzt, der Freund hält ihn am Seil und zieht ihn wieder hoch.). Die Situationen können ruhig unrealistisch sein. Nach dem Vorspielen stürmen immer einige Kinder auf die Bühne und umjubeln, beklatschen und feiern den oder die Helden der Szene.

- Ich wollte, ich wäre ein Star
  Jedes Kind überlegt sich, auf welchem Gebiet es gerne ein Star wäre und spielt es vor (z.B. Filmstar, Tennisstar, Fußballstar, Starmodell, Eislaufstar, Popstar, Starfriseur, Starkoch). Die anderen raten.

- Eine Zeitreise
  Alle Kinder liegen am Boden und schlafen. Der Spielleiter erzählt eine Geschichte, in der sich die Kinder in verschiedenen Zeitepochen befinden und verschiedene Personen darstellen (z.B. Mann in der Steinzeit, Ritter im Mittelalter, Angestellter im Büro in der heutigen Zeit). Die Kinder setzen das Erzählte sofort in Bewegung um. Nachdem sie eine Epoche gespielt haben, schlafen sie wieder ein, um in einer anderen Zeitepoche zu erwachen.

- Zauberkraft
  Alle Kinder gehen durch den Raum. Der Spielleiter oder ein Kind, das eine Idee hat, schlägt einen Gong und gibt vor, auf welche Weise alle Kinder verzaubert wurden (z.B. alle werden müde, große Flohplage, alle haben Gummiknochen, alle werden zu Robotern, Kühen oder Mäusen, alle frieren ein, alle werden aggressiv). Die Kinder spielen den Zauber so lange, bis der Gong das zweite Mal ertönt. Dann ist der Zauber vorbei und alle gehen wieder normal durch den Raum.

Vorgegebene Grundidee

„Ich besuchte den kleinen König Dezember in seinem Zimmer. Alle Wände waren bedeckt von dunklen Holzregalen, in denen Schachteln standen, sehr viele kleine Schachteln, ungefähr solche, in die der Juwelier einen Ring tut, damit man ihn jemand anderem schenken kann. Sie waren bunt, die Schachteln, aber nie einfarbig, sondern immer mit Mustern bemalt, Schlangenmustern, Blumenmustern, Mustern mit Häusern und Autos, mit Eisenbahnen und Menschen oder auch mit Drachen und Feen, die spitze Hüte trugen. Was bewahrst du in diesen Schachteln auf? fragte ich. Meine Träume, sagte der König Dezember. Deine Träume, rief ich. Alle meine Träume, sagte der König. In jeder Schachtel ist ein Traum. Aber wie träumst du deine Träume, wenn du sie in Schachteln hast? fragte ich. Abends, wenn ich schlafen gehe, sagte der König, nehme ich eine Schachtel aus dem Regal, stelle sie neben mein Bett und nehme den Deckel ab. Dann schlafe ich ein und träume. Und morgens, wenn ich aufgewacht bin, bleibe ich noch ein bisschen liegen und erinnere mich an die Nacht. Dann tue ich den Traum wieder in die Schachtel und stelle sie ins Regal zurück.“ (aus: *Axel Hacke*, „Der kleine König Dezember“)

Diese Passage aus dem Buch habe ich den Kindern vorgelesen und erklärt, dass dies das Rahmenthema darstellt. Es gibt verschiedene Schachteln, in denen Träume enthalten sind. Einige Kinder sollen die Schachteln entdecken, sich an den König Dezember erinnern und vermuten, dass in diesen Schachteln ebenfalls Träume stecken. Vor jeder Szene öffnen die Kinder eine Schachtel und lassen so den Traum auf die Bühne wandern.

Verschiedene Traumgeschichten sollten inszeniert werden, wobei keinerlei Themen dafür vorgegeben waren. Die Kinder mussten überlegen, was einen Traum kennzeichnet, d.h. woran man erkennen könnte, dass es sich um einen Traum handelt. Daran anknüpfend sollte das Element des Irrealen in jeder Szene vorhanden sein. Auch bei diesem Stück war die Vorgabe, die Sprache auf ein Minimum zu reduzieren. Lediglich die ‚Schachtelkinder', die die Rolle eines Moderators hatten, sollten größere Sprechpassagen haben.

Das Bühnenstück

Die Personen des Stückes:

- 7 Schachtelkinder
- 3 Frösche
- 9 Tänzerinnen der Nacht
- 3 Popstars
- 6 Kinder bei einem Banküberfall
- 6 Kinder und 1 Maus
- 5 Pferde und 1 Kind
- 9 Kinder mit Zauberkraft
- 3 Tintenfische, 2 Fische, 2 Taucher
- 4 Erwachsene und 5 Kinder

Szene 1: Pferde

Die Schachtelkinder *kommen auf die Bühne, spielen miteinander, haben kurz darauf keine Lust mehr, entdecken die Schachteln, die auf der Bühne stehen und überlegen, was das sein könnte. Die Kinder werden neugierig. Ein Kind vermutet, es könnten Traumschachteln sein, so wie beim kleinen König Dezember. Gemeinsam öffnen die Kinder die erste Schachtel, finden in ihr einen Zettel mit einem Text, den sie dem Publikum vorlesen:* Der Traum von einem eigenen Pferd. *Dann stellen sie die geöffnete Schachtel an den vorderen Bühnenrand und nehmen die anderen Schachteln mit von der Bühne.*

Es ertönt Musik. Alle Wildpferde kommen auf die Bühne galoppiert, spielen miteinander, laufen zwei Runden auf der Bühne wild durcheinander. Die ganze Pferdeherde bleibt stehen und grast. Zwei Pferde legen sich auf den Boden. Jetzt kommt die Pferdejägerin auf die Bühne und schwingt ihr Lasso. Die Pferde schrecken auf und laufen als Gruppe davon. Die Pferdejägerin saust hinterher, schwingt ihr Lasso, will ein Pferd damit einfangen, schafft es aber nicht. Die Pferdejägerin ist außer Puste und bleibt stehen. Die Pferde bleiben auf der anderen Seite auch stehen und grasen wieder.

Nun schleicht sich die Pferdejägerin heran und will ein Pferd packen. Alle Pferde schrecken auf. Das Pferd, das festgehalten wurde, beißt die Pferdejägerin. Wieder beruhigen sich die Pferde, bleiben aber eng als Gruppe zusammen. Nun lockt die Pferdejägerin ein Pferd mit Futter an. Es kommt näher und als es ganz nah ist, wird es gepackt. Das Pferd schlägt so heftig aus, dass die Pferdejägerin hinfällt. Es läuft zur Herde zurück und alle Pferde grasen wieder. Die Pferdejägerin schleicht sich noch einmal an, zieht ein Pferd am Schwanz und will es fangen. Das Pferd reißt sich los und läuft davon. Die Herde steht auf der einen Seite der Bühne, die Pferdefängerin auf der anderen. Die Pferdefängerin sitzt ganz enttäuscht am Boden und lässt den Kopf hängen. Da geht ein Pferd zu ihr hin, schnuppert an

ihr, lässt sich streicheln und das Mädchen darf eine Runde reiten. Die Pferdejägerin ist sehr glücklich, bedankt sich bei dem Pferd und verlässt zufrieden die Bühne. Die anderen Pferde schauen zu, galoppieren zum Schluss noch eine Runde und laufen von der Bühne.

Kommentar: Die Schachtelkinder hatten keinen vorgegebenen Text, sollten aber auch nicht zu viel durcheinander sprechen. Die Schachteln hatten verschiedene Größen, von Streichholzschachteln bis Umzugskartons. Am Anfang standen alle aufeinander geschichtet auf der Bühne. In jeder Schachtel war ein Zettel, auf dem der entsprechende Traum angekündigt war. Jeweils ein oder auch mehrere Schachtelkinder lasen den Zettel vor. Bei der Pferdeszene war es wichtig, dass die Pferde am Anfang den ganzen Raum der Bühne ausfüllten und später, während der drohenden Gefahr durch die Pferdejägerin, deutlich als Herde zusammengedrängt standen. Das Reiten auf dem Pferd wurde nur angedeutet, indem die Reiterin ein Seil um das ‚Pferd' legte und sie neben ihm hergaloppierte.

Musik: Elmer Bernstein; Titel: Die glorreichen Sieben (Westernmelodie).

Szene 2: Kampf mit dem Zauber

Alle SCHACHTELKINDER *kommen wieder auf die Bühne, sind begeistert vom ersten Traum* (Das war ja toll! Ja, das hat mir auch gefallen! So etwas habe ich auch schon mal geträumt.) *und wollen die nächste Schachtel holen. Zwei Kinder laufen von der Bühne und rufen gleichzeitig:* Ich hole die nächste Schachtel! *Die beiden Kinder bringen von verschiedenen Seiten jeweils eine so große Schachtel, dass sie jedem Kind die Sicht versperrt. Die Kinder stolpern und sehen die anderen Kinder nicht auf der Bühne stehen. Sie laufen orientierungslos über die Bühne, bis die anderen ihnen helfen. Alle bilden einen Halbkreis um die beiden Schachteln und überlegen, welche sie öffnen wollen. Schließlich einigen sie sich und ein Kind öffnet eine Schachtel. Alle schauen staunend hinein. Das Kind liest den Zettel, auf dem der nächste Traum steht, dem Publikum vor:* Ein Kampf ohne Fäuste und Gewalt, sondern mit Zauberkraft. *Alle Kinder sind gespannt, wie der folgende Traum wohl aussieht* (Da bin ich aber gespannt! Ja, ich kann mir das gar nicht vorstellen! Was meinst du, wie der Traum verlaufen wird?). *Sie stellen die geöffnete Schachtel an den vorderen Bühnenrand und verlassen die Bühne.*

Es gibt zwei Gruppen mit jeweils fünf Kindern. Die Kinder von Gruppe 1 kommen von verschiedenen Seiten auf die Bühne, begrüßen sich und stehen beieinander. Gruppe 2 kommt gemeinsam auf die Bühne, will über die Bühne an den anderen vorbeigehen, aber Gruppe 1 steht im Weg. Jetzt stehen sich die beiden Gruppen gegenüber, pöbeln sich an, machen Drohgebärden, fast entsteht ein Kampf. Jede Gruppe stellt sich im Kreis auf, steckt die Köpfe zusammen und bespricht sich noch einmal. Die beiden Gruppen stehen mit einigem Abstand voneinander.

Nach der Besprechung (ohne Worte) zieht ein Kind aus Gruppe 2 einen Zauberstab aus der Tasche und gemeinsam wird Gruppe 1 verzaubert: Flöhe und Läuse plagen die Kinder. Sie kratzen und jucken sich überall, zappeln herum und fuchteln mit den Armen. Die Kinder der Gruppe 2 sind sehr zufrieden, deuten schadenfroh zu den geplagten Kindern und lachen. Ein Kind aus Gruppe 1 schafft es aber, auch einen Zauberstab aus der Tasche zu ziehen. Damit endet der Zauberfluch und gemein-

sam mit den anderen Gruppenmitgliedern verzaubert es nun Gruppe 2: Die Kinder müssen tanzen, obwohl sie es gar nicht wollen. Es scheint, als ob sich ihre Arme, Beine und Körper selbstständig bewegen. Diesmal sind die Kinder der Gruppe 1 schadenfroh. Nach einer Weile packen die Kinder der Gruppe 2 wieder ihren Zauberstab und verzaubern wieder Gruppe 1: Die Kinder erleben einen Sandsturm. So geht der Kampf mit der Zauberkraft einige Male hin und her. Gruppe 2 wird verzaubert und erleidet einen heftigen Lachanfall. Gruppe 1 erstarrt beim nächsten Zauber. Gruppe 2 ist überall mit Klebstoff überzogen, d.h. alles klebt, auch einige Kinder kleben aneinander. Beim nächsten Zauber gehorchen den Kindern aus Gruppe 1 die Arme und Beine nicht mehr. Alle schlagen sich selbst, geben sich selbst Kinnhaken und boxen sich in den Bauch.

Nach all diesen Zauberflüchen sind die Kinder beider Gruppen völlig erschöpft, wollen von der anderen Gruppe nichts mehr wissen und schleichen mit ihrer Gruppe von der Bühne, jede in eine andere Richtung.

Kommentar: Die beiden Gruppen sollten feindselig aufeinander reagieren und sich bei den Zauberflüchen schadenfroh zeigen und an dem Leid der anderen amüsieren. Mit dem nächsten Zauber endete jeweils der vorherige. Jeder Zauber wurde nicht nur durch das Schwingen des Zauberstabs ausgelöst, sondern auch von einem Gong begleitet. Dieses akustische Zeichen war die Orientierung für die Kinder, ab wann der nächste Zauber begann. Für die Wirkung auf die Zuschauer war wichtig, dass alle Kinder einer Gruppe bei einer Verzauberung gleichzeitig begonnen haben zu spielen.

Musik: Haindling; CD: Perlen; Titel: Noch in der Umlaufbahn.

Szene 3: Verrückte Welt

Es kommen alle SCHACHTELKINDER *auf die Bühne. Ein Kind sagt:* Ich habe die nächste Traumschachtel mitgebracht! *Die anderen schauen erstaunt, da sie keine Schachtel sehen und rufen:* Wo denn? Stimmt doch gar nicht! Glaub ich nicht! *Das Kind holt eine Streichholzschachtel aus der Hosentasche und zeigt sie her. Alle Kinder sind begeistert und rufen:* Ach, wie süß! Ist die aber klein! Welcher Traum könnte da wohl drin sein? *Dann öffnet das Kind vorsichtig die kleine Schachtel, alle anderen schauen neugierig zu, und das Kind liest den Text des kleinen Zettels vor:* Wie wäre es, wenn sich Erwachsene wie kleine Kinder benehmen würden und Kinder wie Erwachsene – ein verrückter Traum. *Das Kind stellt die kleine Streichholzschachtel an den vorderen Bühnenrand, die anderen Kinder kichern in freudiger Erwartung des nächsten Traums und gehen von der Bühne.*

Vier Kinder sind als Kindergartenkinder angezogen, fünf Kinder sind wie feine Erwachsene gekleidet (Kostüm, Anzug mit Krawatte, Handtasche, Aktenkoffer). Die Kindergartenkinder halten die Erwachsenen an der Hand und führen sie auf die Bühne, alle begrüßen sich gegenseitig. Es steht ein großer Tisch auf der Bühne, drum herum in einem

Halbkreis stehen Stühle. Die Kinder verabschieden sich von ihren Erwachsenen und gehen von der Bühne. Die Erwachsenen setzen sich an den Tisch, öffnen ihre Taschen und Aktenkoffer und holen verschiedene Sachen heraus (z.B. Bausteine, eine Puppe, einen Ball, ein Spielzeugauto, eine Brotzeitdose). Die Erwachsenen spielen mit den Sachen, sind neugierig, was die anderen auspacken und vergnügen sich sehr harmonisch miteinander.

Die Kinder kommen wieder auf die Bühne, bleiben aber mit etwas Abstand stehen und beobachten die Erwachsenen. Sie unterhalten sich, winken zu den Erwachsenen hin. Die Kinder gehen immer wieder zu den Erwachsenen hin, putzen ihnen die Nase, rücken deren Kleidung zurecht, stecken ihnen einen Schnuller in den Mund. Die Erwachsenen lassen sich alles gefallen. Dann fangen sie an, sich zu streiten und schlecht zu benehmen: Sie ziehen sich gegenseitig an den Haaren, bohren in der Nase, reißen an den Krawatten, nehmen sich das Spielzeug gegenseitig weg, schneiden Grimassen. Die Kinder weisen die Erwachsenen zurecht, mischen sich ein, schimpfen immer wieder und schlichten den Streit.

Schließlich eskaliert die Situation. Die Erwachsenen streiten immer wilder, raufen, werfen Spielzeug durch die Gegend und tanzen auf dem Tisch. Die Kinder packen ihre Erwachsenen völlig genervt an der Hand, diese wehren sich und werden schließlich von ihren Kindern von der Bühne geschleift.

Kommentar: Bei dieser Szene sollten die Kindergartenkinder und die Erwachsenen nicht nur über die Kleidung, sondern auch über das Verhalten erkennbar sein. Deshalb mussten wir typische Bewegungsmuster von Kleinkindern und von Erwachsenen erarbeiten. Das Verhalten der Erwachsenen sollte von wohl erzogen über ungezogen bis völlig chaotisch sein. Die jeweiligen Verhaltensstufen sollten gut erkennbar und voneinander zu unterscheiden sein. Vor allem das chaotische Verhalten sollte überzeichnet und damit überdeutlich werden.

Musik: CD: Spieluhrmusik für Babys; Titel: Ach, du lieber Augustin.

Szene 4: Frösche

Es kommen alle SCHACHTELKINDER *mit jeweils einer Schachtel in den Händen auf die Bühne und laufen kreuz und quer. Jeder möchte, dass seine Schachtel als Nächstes geöffnet wird:* Meine Schachtel soll drankommen! Nein, meine Schachtel soll drankommen! Ich habe eine interessante Schachtel! *Es entsteht fast ein Streit, bis ein Kind vorschlägt:* Lasst uns knobeln, welche Schachtel drankommt! *Alle Kinder sind einverstanden und knobeln. Das Kind, das gewinnt, freut sich, öffnet seine Schachtel und liest vor:* Ist es schön, ein Frosch zu sein? *Die anderen Kinder schauen interessiert. Sie rätseln, wie dieser Traum aussehen könnte und verlassen gemeinsam die Bühne.*

Das Bühnenlicht ist aus. Die Frösche liegen auf der Bühne. Das Licht auf der Bühne wird heller, die Frösche wachen auf, strecken sich, entdecken, dass sie Frösche sind. Sie betrachten ihre Arme und Beine, schauen sich gegenseitig und sich selbst von oben bis unten an und sind entsetzt. Sie wollen sprechen, öffnen den Mund, können aber nur quaken. Darüber sind sie ebenfalls entsetzt und wirken vollkommen durcheinander. Sie betrachten sich weiterhin von oben bis unten, bewegen sich ganz vorsichtig und hüpfen verunsichert auf der Bühne herum. Da entdeckt ein Frosch eine Fliege in der Luft. Der Frosch fängt sie und isst sie auf, erst mit

Ekel, entdeckt dann aber, dass sie ganz gut schmeckt und fängt sich die nächste Fliege mit Genuss. Die beiden anderen Frösche schauen zu und sind zunächst angewidert, machen es dann aber nach. Sie fangen sich auch Fliegen und sind schließlich begeistert.

Inzwischen gefällt es den dreien, ein Frosch zu sein. Sie hüpfen vergnügt durch die Gegend, fangen sich gegenseitig Fliegen und spielen Bockspringen und Fangen. Dann holt ein Frosch drei verschiedenfarbige Regenschirme und gibt jedem einen Schirm. Alle drei stellen sich nebeneinander und zeigen mit ihrem Regenschirm einen Tanz:

1. *Der Regenschirm ist geschlossen, jeder stellt ihn auf den Boden und geht drum herum.*
2. *Der Regenschirm wird aufgespannt.*
3. *Der Regenschirm wird über die Schulter gelegt, alle drei gehen nach vorne und zurück. Das Ganze erfolgt zweimal.*
4. *Eine Drehung rechts herum, eine Drehung links herum.*
5. *Der Regenschirm wird nach vorne geklappt und gedreht. Die Frösche schauen abwechselnd hinter ihrem Regenschirm hervor und winken ins Publikum.*
6. *Der Regenschirm wird wieder nach oben geklappt. Alle drei Frösche springen nacheinander hoch. Das erfolgt dreimal hintereinander.*
7. *Danach tanzt jeder Frosch selbstständig und frei über die Bühne.*
8. *Wenn die Musik leiser wird, wirft jeder Frosch seinen Regenschirm weg, wird ganz müde und ist erschöpft.*

Zum Schluss bauen die Frösche noch eine Dreierpyramide auf, die dann aber zusammenbricht. Sie hüpfen erschöpft und quakend von der Bühne.

Kommentar: Bei den Schachtelkindern sollte zunächst ein Durcheinander auf der Bühne herrschen, das sich erst dann ordnet, wenn ein Kind den Vorschlag mit dem Knobeln gemacht hat. Die Frösche hatten die schwierige Aufgabe, die Verwunderung darüber spielen zu müssen, auf einmal ein Tier zu sein. Dieses Entdecken (Was bin ich denn?) und das Entsetzen darüber, waren nicht einfach zu spielen, ist den Kindern aber hervorragend gelungen. Auch die Passage beim Fliegen fangen, in der der Widerwille kippt und sich in Wohlgefallen verwandelt, musste deutlich gespielt werden. Beim Regenschirmtanz war üben angesagt, denn die Choreographie musste natürlich synchron ablaufen, sonst hätte sie nicht gewirkt.

Musik: Haindling; CD: Perlen; Titel: Irgendwie und sowieso. Regenschirmtanz: Gene Kelly; Titel: I'm Singing in the Rain.

Szene 5: Große Maus und kleine Kinder

Die Schachtelkinder *bilden eine Kette (ohne sich an den Händen zu fassen) und geben eine Schachtel nach der anderen weiter. Das letzte Kind baut mit den Schachteln einen Turm. Nun stehen alle Kinder drum herum und beraten, welche Schachtel als Nächstes drankommt. Sie einigen sich auf die unterste, bauen den Turm wieder ab und öffnen die Schachtel gemeinsam. Ein Kind liest den Zettel vor:* Eine große Maus und kleine Menschenkinder haben Hunger. *Die Kinder rätseln, wie dieser Traum aussehen könnte, stellen die geöffnete Schachtel an den vorderen Bühnenrand, nehmen die anderen Schachteln mit und gehen von der Bühne.*

Ein Kind kommt als Maus auf die Bühne, putzt sich, leckt sich das Schnäuzchen, merkt, dass es

Hunger hat, ist auf der Suche nach Futter und holt sich schon mal Löffel und Gabel. Die Maus schleppt nacheinander einen Löffel und dann eine Gabel auf die Bühne, die beide genau so groß sind wie sie selbst. Dann lässt die Maus Löffel und Gabel liegen, saust von der Bühne und schiebt daraufhin einen Riesenteller mit Riesenspaghetti herein. Beides ist ebenfalls fast so groß wie sie.

Die Maus freut sich schon auf ihr Essen, will gerade anfangen, da merkt sie, dass ihr Lätzchen fehlt. Sie flitzt wieder von der Bühne. Eine Gruppe Kinder kommt auf die Bühne gelaufen. Sie spielen Fangen und haben sehr viel Spaß dabei. Sie bemerken den Teller mit den Spaghetti sowie Löffel und Gabel nicht, da diese am hinteren Bühnenrand liegen und die Kinder so in ihr Spiel vertieft sind. Dann werden die Kinder hungrig und schauen sich um. Da entdecken sie den Riesenlöffel, die Riesen-

gabel und den Riesenteller mit den Spaghetti. Sie erschrecken, da sie entdecken, dass sie selbst ganz klein sind. Die Kinder sind ratlos und haben auch ein wenig Angst. Da erinnern sie sich an ihren Hunger, wagen sich an die Spaghetti heran und versuchen, mit dem Riesenlöffel und der Riesengabel zu essen. Einige Kinder essen die Spaghetti auch mit den Fingern. Während des Essens verfangen sich die Kinder in den Spaghetti und sind schließlich alle darin gefangen. Sie zappeln herum, können sich aber nicht befreien.

Nun erscheint die Maus mit einem großen Tuch als Serviette um den Hals gebunden. Sie kommt fröhlich an und freut sich auf ihr Essen. Kurz vor dem Teller entdeckt sie die Kinder, die in den Spaghetti gefangen sind und wird fürchterlich wütend. Die Kinder entdecken die Riesenmaus, erschrecken und zittern vor Angst. Die Maus zerrt wütend an den Spaghetti, beißt hinein und befreit dabei unabsichtlich die Kinder. Jedes befreite Kind saust erleichtert von der Bühne. Die Maus ist weiterhin sehr wütend und schimpft den Kindern hinterher. Die Spaghetti liegen inzwischen verstreut auf der Bühne. Der Maus ist der Appetit vergangen. Sie verlässt wütend die Bühne und lässt Teller, Löffel und Gabel achtlos liegen.

Kommentar: Das Mäusekind war als Maus verkleidet, die anderen Kinder hatten zu große Kleidungsstücke an, damit deutlich wurde, dass sie geschrumpft waren. Löffel und Gabel, aus Besenstielen und Pappmaschee gebastelt, waren so groß wie die Maus. Der Teller war ein runder Tellerrodel, die Spaghetti waren weiße Seile. Die Entdeckung der Kinder, dass sie so klein waren, musste deutlich gespielt werden. Auch die Angst vor der großen Maus musste gut dargestellt werden. Das ist den Kindern nach eifrigem Üben gut gelungen.
Musik: Comedy Jingle.

Szene 6: Banküberfall

Die Schachtelkinder *bringen gemeinsam von verschiedenen Seiten die letzten vier Schachteln auf*

die Bühne. Sie überlegen, welche sie öffnen könnten und sprechen gemeinsam einen Abzählvers: Ene mene muh und raus bist du! *Ein Kind öffnet die Schachtel und liest den darin liegenden Zettel vor:* Keine Angst vor einem Banküberfall!

Auf der Bühne steht ein kleiner Tisch und ein Stuhl. Ein Kind kommt mit einem Aktenkoffer in der Hand als BANKDIREKTOR *auf die Bühne. Es setzt sich an den Tisch, öffnet den Aktenkoffer, holt eine Zeitung heraus und beginnt, die Zeitung vor das Gesicht haltend, zu lesen. Die* BANKRÄUBER *kommen auf die Bühne gestürmt, halten ihre Pistolen in Richtung Bankdirektor und rufen:* Hände hoch, Banküberfall! *Der Bankdirektor reagiert nicht. Die* BANKRÄUBER *schauen erst etwas irritiert und wiederholen dann noch lauter:* Hände hoch, Banküberfall! *Der Bankdirektor nimmt die Hände mit der Zeitung nach oben, sieht die Bankräuber aber immer noch nicht. Die* BANKRÄUBER *sind noch verwunderter und beraten sich kurz ganz irritiert. Dann rufen sie noch einmal und noch lauter:* Hände hoch, Banküberfall! *Endlich reagiert der Bankdirektor. Er nimmt ganz gemächlich die Zeitung nach unten, legt sie langsam und umständlich zusammen und nimmt dann die Arme nach oben. Die Bankräuber sind zufrieden, nicken sich zu.*

Nun wollen sie Geld fordern, können sich aber nicht einigen, wer es sagt. Sie deuten gegenseitig aufeinander und geraten fast ins Streiten. Bevor sie das Geld fordern können, kommen von der anderen Seite Polizisten hereingelaufen. Die POLIZISTEN *rufen:* Halt! Stehen bleiben! Polizei! *Die* BANKRÄUBER *rufen:* Mist, die Bullen! *und bleiben ein paar Sekunden wie angewurzelt stehen. Beide Gruppen liefern sich dann eine wilde Verfolgungsjagd um den Tisch des Bankdirektors herum und schießen dabei wie die Wilden. Der Bankdirektor ist völlig unbeeindruckt, er lässt sich nicht stören, holt seine Brotzeit aus dem Aktenkoffer und beißt in sein Brot. Die Schießerei wird immer wilder. Da ruft der* BANKDIREKTOR *ganz laut:* Schluss jetzt mit dem Geballer! Wenn Schießerei, dann aber richtig! *Die Bankräuber und die Polizisten bleiben sofort wie angewurzelt stehen, schauen erst ganz verwundert, stellen sich dann aber gegenüber auf.*

Es ertönt eine andere Musik. Die Bankräuber und Polizisten stehen breitbeinig da, ziehen wie in einem Duell die Pistolen. Alle schießen in Zeitlupe, werden getroffen, sinken in Zeitlupe zu Boden und sterben in Zeitlupe. Als alle am Boden liegen, klatscht der BANKDIREKTOR *und ruft:* Bravo! *Alle ‚Toten' springen auf, schütteln sich die Hände und gehen von der Bühne. Der Bankdirektor schaut auf seine Uhr, packt den Aktenkoffer und geht ebenfalls von der Bühne.*

Kommentar: Die Bankräuber sollten ernsthaft und gefährlich, gleichzeitig aber auch tollpatschig und ungeschickt wirken. Sie mussten wild entschlossen auf die Bühne stürmen, dann durch das unbeeindruckte Verhalten des Bankdirektors sofort verunsichert erscheinen. Der Bankdirektor dagegen war sehr routiniert im Umgang mit Banküberfällen und ließ sich nicht aus der Ruhe bringen. So ist Komik entstanden. Die Schießerei war genau organisiert, d.h. es war geprobt, wer wie und wann auf wen schießt. Auf den Zwischenruf des Bankdirektors „Schluss jetzt!" sollten Bankräuber und Polizisten sofort reagieren und ‚eingefroren' stehen bleiben. Es folgte der Musikwechsel, der Spannung entstehen ließ. Dann formierten sich alle gemächlich und stellen sich gegenüber. Die Schießerei und das ‚Sterben' wurde in Zeitlupe gespielt, um beides für den Zuschauer deutlich sichtbar zu machen und so ein neues Spannungsmo-

ment zu bieten. Schließlich sprangen alle beim Applaus des Bankdirektors wieder auf und waren quicklebendig – ein Umstand, der nur im Traum oder in Filmen möglich ist.

Musik: Filmmelodie James Bond Theme. Beim Duell: Ennio Morricone; Titel: Spiel mir das Lied vom Tod.

Szene 7: Popstars

Alle SCHACHTELKINDER *kommen auf die Bühne und rangeln um eine große Schachtel. Sie geraten fast in Streit. Da ruft ein Kind:* Also Traumschachteln und streiten, das passt nicht zusammen. *Das sehen die anderen Kinder ein und sind nun ganz rücksichtsvoll:* Mach du die Schachtel auf! Nein, du! Nein, du! *Schließlich wird das kleinste Kind ausgewählt und darf die Schachtel öffnen. In dieser Schachtel ist wieder eine Schachtel. Alle Kinder finden das lustig. Das nächste Kind macht die Schachtel auf und entdeckt wieder eine Schachtel. Das geht so weiter, bis jedes Kind eine Schachtel geöffnet hat und nur noch eine ganz kleine Schachtel zum Vorschein kommt. Diese wird geöffnet und darin befindet sich ein Zettel mit dem Text:* Einmal ein Popstar sein – ein wunderbarer Traum!

Drei Mädchen kommen als Schulkinder herein, unterhalten sich und haben je ein Poster mit einem Popstar in der Hand. Sie entdecken drei Stühle, auf denen Kostüme und Schminke für Popstars liegen. Sie ziehen die Kostüme an, schminken sich und haben viel Spaß dabei. Als die drei Mädchen fertig sind, kommt der MANAGER *auf die Bühne und sagt:* Los, Mädels! Auf die Bühne! *Die Mädchen erschrecken, da sie ja wissen, dass es sich um eine Verwechslung handelt und sie nicht gemeint sind. Sie winken erst ab, sind verunsichert und wollen nicht auf die Bühne. Dann überlegen sie kurz, nicken sich aufmunternd zu und übernehmen die Rolle der Popstars. Sie gehen ganz lässig an den vorderen Bühnenrand, winken und geben Autogramme. Auf der Bühne stürmen ihnen die Fans entgegen, wollen sie anfassen und Autogramme von ihnen haben. Alle jubeln ihnen zu.*

Der MANAGER *bahnt den drei Mädchen den Weg, kündigt sie als die Superstars an und übergibt ihnen einen Pokal als 1. Preis beim Gesangwettbewerb:* Liebe Gäste, es ist mir eine besondere Ehre, ihnen die Supergirls präsentieren zu können. Sie sind die Sieger des diesjährigen Wettbewerbs um die besten Popgruppen und sie erhalten nun den Pokal dieses Wettbewerbs. Bitte Applaus! *Die Fans jubeln, die drei Mädchen nehmen den Pokal entgegen und winken dem Publikum zu. Dann kündigt der* MANAGER *an, dass das Publikum noch in eine CD hineinhören kann:* Meine Damen und Herren, hier und heute können wir noch kurz in die neueste CD der Supergirls reinhören! Viel Spaß dabei! Bühne frei und Spot an für unsere Supergirls! *Die Mädchen singen Playback und tanzen zu dem Lied: ‚Like ice in the sunshine'. Das Lied wird abgebrochen, alle Fans jubeln und die Mädchen verlassen zufrieden und glücklich die Bühne.*

Kommentar: Die Verwandlung von Schulmädchen zu Popstars macht die Traumebene deutlich. Es war wichtig, deutlich zu spielen, dass die Mädchen zunächst völlig irritiert und verunsichert waren, sich dann aber in die neue Rolle hineingelebt haben und Spaß dabei hatten, ein Popstar zu sein. Die Fans wurden von den zuschauenden Theaterkindern gespielt.

Musik: Bei der Ankündigung der Popstars: Europe; CD: The Final Countdown; Titel:

The Final Countdown. Playback-Lied: No Angels; CD: Now ... Us!; Titel: Like Ice in the Sunshine.

Szene 8: Unter Wasser

Die SCHACHTELKINDER *tragen von beiden Seiten jeweils eine große Schachtel auf die Bühne. Da die Schachteln so groß sind und die Kinder nichts sehen, stoßen sie in der Mitte zusammen. Alle Kinder samt den Schachteln fallen hin. Nachdem sie sich wieder sortiert haben, stehen alle wieder auf und machen gemeinsam eine Schachtel auf. Ein Kind liest den Text aus der Kiste vor:* Auf Schatzsuche unter Wasser – ein fantastischer Traum! *Die Schachtel wird, wie immer, an den vorderen Bühnenrand gestellt und alle Schachtelkinder gehen von der Bühne.*

Vier Kinder schwingen eine Plastikfolie als Wasser auf der Bühne, dann gehen die zwei vorderen Kinder zu den Kindern am hinteren Bühnenrand. Zwei Kinder kommen als Fische auf die Bühne geschwommen. Sie schwimmen gemächlich und ruhig hin und her, begegnen sich und schwimmen weiter. Die drei Tintenfische kommen auf die Bühne, bewegen sich hin und her, drehen sich und schwingen hin und her. Zwei Taucher kommen auf die Bühne geschwommen, blicken sich suchend um, finden aber nichts. Da entdecken sie die Fische und Tintenfische, begrüßen sie, schwimmen mit ihnen hin und her und schließen Freundschaft. Die Taucher schauen sich immer wieder suchend um, schütteln aber immer wieder den Kopf und sind ratlos. Fische und Tintenfische beobachten die Taucher, kommen eng zusammen, beraten sich und zeigen dann den Tauchern eine Schatztruhe, die am hinteren Bühnenrand steht. Die Taucher schwimmen hin, öffnen die Truhe und freuen sich über den Schatz. Sie verabschieden sich von den Fischen und Tintenfischen und schwimmen mit der Schatztruhe und dem Schatz von der Bühne. Die Fische und Tintenfische schwimmen noch einmal im Kreis und verlassen dann ebenfalls die Bühne.

Kommentar: Diese Szene ist durch die Materialien einfach wunderschön anzusehen. Das Wasser wurde durch eine große durchsichtige Abdeckfolie dargestellt, die von vier Kinder ruhig auf und ab bewegt wurde. Zunächst füllt diese Folie die gesamte Bühne aus. Dann bewegen sich die zwei Kinder am vorderen Bühnenrand nach hinten und

schwingen weiterhin die Folie. Damit schiebt sich das ‚Wasser' zusammen, bleibt aber als Kulisse erhalten. Beide Fische hatten ein wunderbares, selbst genähtes Kostüm: ein schwarz-weißer Rochen und ein blau-grüner Fisch mit einigen glitzernden Schuppen. Die Tintenfische bestanden aus alten Regenschirmen mit blauen und grünen Stoffstreifen, die an den Regenschirm geheftet waren. Die Augen der Tintenfische waren weiße, kleine Luftballons mit schwarzen Kreisen. Mit langsamen, schwin-

genden Bewegungen tanzten die Tintenfische über die Bühne und waren sehr eindrucksvoll. Die Taucher waren mit Taucheranzug, Taucherbrille, Schnorchel und Flossen ausgerüstet.

Musik: Andreas Vollenweider; CD: Caverna magica; Titel: Mandragora.

Szene 9: Tänzerinnen der Nacht

Alle Schachtelkinder *schieben die letzte Schachtel auf die Bühne. Ein Kind fehlt allerdings dabei. Sie wundern sich, warum diese Schachtel so schwer ist. Sie öffnen die Schachtel gemeinsam und entdecken darin das fehlende Kind. Alle rufen:* Was machst denn du da? Darum war die Schachtel so schwer! Ja, so was! *Das Kind steigt aus der Schachtel, hält eine kleine Schachtel in der Hand und öffnet diese. Es liest vor:* Nicht nach einer anderen Pfeife tanzen, sondern tanzen, wie man will – die Tänzerinnen der Nacht. *Alle Kinder sind gespannt, wie dieser Traum wohl aussehen könnte und gehen von der Bühne.*

Das Licht auf der Bühne geht aus und Schwarzlicht strahlt auf die Bühne. Die Tänzerinnen der Nacht sind von oben bis unten schwarz gekleidet und haben weiße Kniestrümpfe und weiße Handschuhe an. Es ertönt rhythmische Musik. Ein Mädchen mit Stock und Trillerpfeife kommt auf die Bühne, klatscht und winkt den Tänzerinnen. Alle Mädchen marschieren hintereinander rein, die Arme schwingen mit. Sie stellen sich nebeneinander auf, die Arme in Warteposition verschränkt. Das Mädchen mit Stock und Trillerpfeife, die Anführerin, zeigt die erste Bewegungsform ‚an der Wand hochgehen' mit den Händen. Sie stellt die Hände übereinander auf, viermal, dann fängt sie wieder unten an. Die Anführerin pfeift und alle Mädchen machen die Form nach. Nächster Pfiff: Die Mädchen stellen sich wieder in Warteposition. Die Anführerin zeigt die zweite Form, den ‚Scheibenwischer', d.h. die Hände und Unterarme schwingen von rechts nach links und zurück. Auf Pfiff beginnen die Mädchen nacheinander mit dieser Form. Der nächste Pfiff bricht die Form ab. Die Anführerin zeigt die dritte Form, die ‚Schlange', d.h. alle Mädchen kippen ihre Hände seitlich und reihen sie ohne Zwischenraum aneinander. Dann bewegen sie sich als Schlange mit den Händen auf und ab und gehen langsam vorwärts. Auf den nächsten Pfiff hin explodiert die Schlange, d.h. alle Hände fliegen nach oben und gehen in Warteposition. Die Anführerin pfeift und zeigt die vierte Form: ‚Prinzengarde', d.h. Arme runter und Beine hoch. Alle Mädchen machen diese Form. Die Anführerin gibt mit den Pfiffen den Takt an, pfeift immer schneller, die Mädchen werden immer müder und wollen nicht mehr. Ein Mädchen geht zur Anführerin, nimmt ihr die Pfeife und den Stock weg. Es stoppt die Musik. Alle anderen Mädchen erstarren vor Schreck und halten sich eine Hand vor den Mund. Auch die Anführerin bleibt erschrocken stehen. Es setzt neue Musik ein. Die Anführerin sinkt traurig zusammen, aber die anderen Mädchen beginnen auf die Musik frei zu tanzen. Sie holen sich ihre bereit gelegten Tücher, Bänder und Reifen und tanzen damit, jede für sich, frei improvisiert. Die Anführerin sieht das, findet es auch schön und tanzt mit. Langsam tanzen die Mädchen von der Bühne.

Kommentar: Diese Szene war mit der Technik des Schwarzen Theaters gestaltet worden. Dazu brauchte man einen möglichst dunklen Raum, vor allem die Bühne musste völlig abgedunkelt sein. Mit einem fluoreszierenden Licht sind nur die reflektierenden, weißen Handschuhe und Strümpfe zu sehen. Das ergibt ein sehr effektvolles Bild.

Die Mädchen mussten sich erst daran gewöhnen, in der Dunkelheit zu spielen. Außerdem war es wichtig, dass die Kinder ihre Formen immer frontal zum Publikum zeigten, sonst wären sie nicht deutlich sichtbar gewesen. Exakte Bewegungen sind beim Schwarzen Theater sehr wichtig, da sonst die Effekte verschwimmen. Der Musikwechsel machte den Bruch der Szene deutlich: Zunächst die rhythmische, zackige Musik und dazu die eckigen, gleichförmigen Bewegungen aller Mädchen, danach eine fließende, weiche Musik und dazu die individuellen, schwingenden, drehenden und fließenden Bewegungen der Tänzerinnen mit ihren Geräten. Das war eine visuell sehr beeindruckende und schöne Szene.

Musik: Queen; Titel: Another One Bites the Dust. Später: Saltimbanco; Titel: Kumbalawé.

Szene 10: Finale

Nach dem letzten Traum kommen alle SCHACHTELKINDER *nochmals auf die Bühne und erinnern sich an die gesehenen Träume:* Was haben wir jetzt alles gesehen? Der Unterwassertraum war toll! Ach ja – und der Banküberfall. Der hat mir gut gefallen. Und die Superstars, die waren doch Klasse, oder?! *Alle reden kreuz und quer und sind begeistert von den erlebten Träumen. Da ruft ein Kind ganz laut:* Wisst ihr was, wir schauen uns einfach alles noch einmal an. Alles auf einmal – beim großen Finale! *Alle Schachtelkinder sind begeistert, setzen sich an den seitlichen Bühnenrand und warten. Es ertönt Musik und alle Gruppen kommen auf die Bühne, verbeugen sich am vorderen Bühnenrand und verlassen winkend die Bühne. Zum Schluss kommen auch die Schachtelkinder nach vorne, verbeugen sich und gehen winkend von der Bühne.*

Kommentar: Das Finale sollte nochmals alle Kinder zeigen, damit sie ihren wohlverdienten Applaus erhalten. Es sollte ein fröhliches letztes Bild ergeben, deshalb hüpften die Kinder winkend und lachend auf die Bühne. Auch das Finale musste geprobt werden. Es ist nicht, wie man vielleicht meinen könnte, ein ‚Selbstläufer'.

Musik: Mezzoforte; CD: Surprise, Surprise; Titel: Gardenparty.

Vorprogramm

- Eintritt ins Land der Schachtelträume
  Am Eingang sitzen zwei Kinder und verlangen von jedem Gast ein Traumbild oder einen Fantasiespruch (an eine Tafel gemalt oder geschrieben) als Eintrittskarte.

- Entspannungsmassage
  Einige Kinder gehen durch das Publikum und bieten einzelnen Gäste eine kleine Entspannungsmassage am Rücken an, damit diese besser für die Träume gerüstet sind.

- Traumschachtel füllen
  Zwei Kinder tragen eine Traumschachtel mit einem Schlitz im Deckel durch das Publikum und bitten einzelne Gäste, auf vorbereiteten Zetteln einen Traumtitel aufzuschreiben und in die Schachtel zu werfen.

- Schlafliedtest
  Einige Kinder, jeweils mit einer Spieluhr ausgerüstet, gehen durch das Publikum, spielen einzelnen Gästen ihre Spieluhr mit einem Schlaflied vor und bitten die Gäste, die Melodie zu erraten.

- Kissen und Schlafmützen
  An einer Station stehen zwei Kinder und bieten den ankommenden Zuschauern kleine Kissen und Schlafmützen an.

- Schlaftabletten
  Zwei Kinder gehen mit Schälchen, in denen sich weiße, runde Traubenzuckerbonbons befinden, und Wasserbechern durch den Raum. Sie bieten den Gästen Traubenzucker als Schlaftabletten für einen geruhsamen Schlaf an.

- Traumschachtel erraten
  Zwei Kinder tragen eine bunte Traumschachtel aus dem Bühnenstück durch das Publikum und fragen einzelne Gäste, welcher Traum in dieser Schachtel stecken könnte. Die Gäste sollen Vermutungen anstellen.

- Pillen gegen schlechte Träume
  Zwei Kinder verteilen bunte Smarties gegen böse Träume.

- Traumfänger basteln
  An einer Station stehen zwei Kinder bereit und ermuntern die ankommenden Gäste, an einem großen, gemeinsamen Traumfänger mitzubasteln.

Resümee

Bei diesem Stück haben mich die Ideen der Kinder sehr begeistert. Manche Idee war aber technisch auf der Bühne nicht umzusetzen (z.B. der Traum vom Fliegen oder ein großes Erfindertreffen) und musste deshalb fallen gelassen werden. Bei manchen Ideen war es schwierig, das Irreale eines Traumes deutlich zu machen, zum Beispiel beim Traum mit der Maus, deren Kinder so klein waren oder beim Traum von der verrückten Welt, in dem die Kinder Erwachsene spielten. Das Thema war einerseits wunderbar, weil es die Fantasie der Kinder ungemein beflügelt hat, andererseits war die Umsetzung auf der Bühne nicht einfach. Teilweise war ein ungewöhnlich großer Materialaufwand nötig. Besonders gelungen war bei diesem Stück die Moderation der einzelnen Träume durch die Schachtelkinder, die ihre Rolle sehr lebendig und überzeugend gespielt haben. Insgesamt ist ein sehr anspruchsvolles und abwechslungsreiches Bühnenstück entstanden, das den Kindern und mir viel Freude gemacht hat, und mit sehr viel Applaus belohnt wurde.

Tipps und Tricks rund um die Bühne

Viele Theaterleiter konzentrieren sich bei ihrer Arbeit nur auf das Theaterstück und vergessen dabei das ‚Drumherum' wie Bühnenausstattung, Licht und Musik. Auch wenn es natürlich vor allem um das Theaterstück geht, darf man die bühnentechnischen Elemente keinesfalls vernachlässigen, da sie einen wesentlichen Beitrag zur Wirkung der Aufführung leisten. Dies wird oft unterschätzt. Deshalb geht dieses letzte Kapitel auf die wichtigsten Punkte rund um die Bühne ein. Bei allen technischen Ausstattungen gilt wie bisher der Grundsatz: Mit einfachen Mitteln, unbedingt kostengünstig und dem Theaterstück der Kinder angemessen.

Bühne

Das Theaterstück muss auf einer geeigneten Spielfläche präsentiert werden, um richtig zur Geltung zu kommen. Oft verfügen Schulen über eine Bühne oder eine Aula mit passender Präsentationsfläche. Ist das nicht der Fall, müssen Sie sich ihre Bühne selbst schaffen. Grundsätzlich sollte die Bühne nach Möglichkeit etwas erhöht und von allen Zuschauerplätzen aus gut zu sehen sein. Außerdem wird ausreichend Platz für die Requisiten und die Kinder, die auf ihren Auftritt warten, benötigt. Gleichzeitig sollte der gesamte Theaterspielraum aber auch begrenzt sein, um den Zuschauern und kleinen Schauspielern die Atmosphäre eines geschlossenen Rahmens zu geben. So kann Stimmung entstehen und das nötige Ambiente geschaffen werden.

Eine große Turnhalle mit Neonbeleuchtung, in der zwar unendlich viel Platz ist, sich aber gleichzeitig alle verlieren, ist beispielsweise kein geeigneter Raum. Wenn es nicht anders geht, kann man auch dort Theateratmosphäre schaffen. Es ist aber viel Material und Arbeitszeit erforderlich, um einen solchen Raum theatertauglich zu machen. Grundsätzlich gilt, lieber klein und fein als zu groß. Das Publikum muss ganz nah an der Bühne sitzen. Nur so entsteht Theateratmosphäre, die die Zuschauer und die Darsteller zu einer Einheit werden und sie gemeinsam in Fantasiewelten eintauchen lässt. Wie sollen die Gestik und Mimik sowie die Sprache der Kinder vom Publikum verstanden werden, wenn es auf der Zuschauertribüne einer Dreifachturnhalle sitzt, während die Kinder unten in der Halle ihr Stück spielen? Das alles habe ich als Zuschauer schon erlebt und ich habe auch die fehlende Atmosphäre gespürt, die es schwer machte, sich in den Bann des Geschehens auf der Bühne ziehen zu lassen.

Zur Ausstattung der Bühne eignen sich zwei große, schwarze Vorhänge als hintere Bühnenbegrenzung. Die Vorhänge sollten so angebracht sein, dass die kleinen Schauspieler bei Bedarf dahinter vorbeigehen und die Bühnenseite wechseln können. Ferner benötigt die Bühne seitliche Bühnenbegrenzungen als Bühnenaufgänge, als Standort für wartende Schauspieler und Requisiten sowie als eventueller Standort für die Licht- und Tontechnik. Die seitlichen Bühnenbegrenzungen sollten ebenfalls schwarze Vorhänge sein, die an Schnüren angebracht sind oder einfach über Stellwände gelegt werden. Wichtig ist, dass die Bühne einen wirkungsvollen Rahmen für das Bühnenstück bildet und die Zuschauer auf das Geschehen konzentriert und nicht ablenkt. Deshalb sollten der Hintergrund und die seitlichen Bühnenbegrenzungen am besten schwarz sein. Wir arbeiten nie mit Bühnenbildern, da die Umgebungen der Szenen häufig wechseln, die Kinder die Umgebungen ohnehin durch ihr Spiel

ausdrücken und wir meist nicht die Zeit haben, große Bühnenbilder zu malen. Außerdem hat dies den positiven Nebeneffekt, dass der Bühnenumbau entfällt. Es ist aber selbstverständlich möglich, Bühnenbilder zu gestalten. Aber auch hier gilt der Grundsatz: Mit einfachen Mitteln und dem Stück der Kinder angemessen. Sollten Bühnenbilder als Hintergrund zum Einsatz kommen, muss man sich auf jeden Fall über den Bühnenumbau Gedanken machen, ihn ins Geschehen einplanen und bei den Proben auch üben. Da jeder Bühnenumbau Unruhe bringt und vom Bühnenstück ablenkt, sollte es so wenig wie möglich Wechsel geben.

Kulissen und Requisiten sind bei uns Mangelware und, wenn nötig, meist selbst gebastelt oder Gegenstände, die sowieso vorhanden sind. Beispielsweise gab es bei uns einmal eine Playbackband mit verschiedenen Instrumenten. Im Probenraum stand ein altes Bügelbrett herum, das sich hervorragend als Klavier eignete. Zunächst nur als Provisorium gedacht, kam das Bügelbrett dann aber auch beim Auftritt zum Einsatz, da die Kinder so viel Spaß daran hatten und es auch wirklich witzig war. Unsere Riesenmaus aus den Schachtelträumen hatte ein mannshohes Besteck aus Pappmaschee, der Teller war ein runder Schneerodel für Kinder.

Bei den Theaterstücken mit mehreren Requisiten hatten wir immer zwei Kinder als Bühnenarbeiter im Einsatz. Die Bühnenarbeiter sind nicht gleichzeitig Schauspieler, sondern kommen erst bei den letzten Proben zur Theatergruppe dazu. Während des Theaterstücks stehen sie immer am seitlichen Bühnenrand und bringen die benötigten Kulissen und Requisiten auf und von der Bühne. Beim großen Finale sind sie selbstverständlich auch dabei und ernten ihren verdienten Applaus.

Licht

Zu einer effektvollen Bühnenausstattung gehört auch die richtige Beleuchtung. Während der Aufführung sollte der Zuschauerraum dunkel und die Bühne gut beleuchtet sein. Dies lenkt den Fokus auf die Bühne und schafft die nötige Bühnenatmosphäre. Vielleicht verfügt Ihre Schule über eine kleine Lichtanlage mit Mischpult oder es gibt einen kleinen Etat für die technische Ausstattung. Wenn das so ist – wunderbar, wenn nicht, ist das nicht schlimm. Dann sollten Sie herumfragen, improvisieren und ruhig mit dem arbeiten, was da ist. Beispielsweise eignen sich einfache Strahler aus dem Baumarkt genauso wie helle Schreibtisch-Klemmlampen oder Stehlampen. Schauen Sie, was unkompliziert machbar ist, um das Theaterstück ins rechte Licht zu rücken. Der finanzielle Aufwand sowie die Arbeit, die mit der Beleuchtung der Bühne zusammenhängt, muss, wie alle anderen Elemente auch, dem Theaterstück der Kinder angemessen sein. Findet die Aufführung beispielsweise im Klassenzimmer im kleinem Kreis vor den Eltern und Freunden der Kinder statt, sieht die Ausstattung selbstverständlich anders aus als bei einer Schulaufführung mit vielen Zuschauern. Auf jeden Fall sollte die lichttechnische Ausstattung Beachtung finden. Oft findet sich auch ein technikbegeisterter Kollege, der die gesamte Licht- und Tonausstattung gerne in die Hand nimmt.

Grundsätzlich sollte die Bühne gut ausgeleuchtet sein. Dabei genügen oft schon zwei Scheinwerfer, die man vorne seitlich an der Bühne rechts und links auf Stative stellt. Je nach Stimmung der einzelnen Szenen kann es auch günstig sein, Farbfolien zum Einsatz zu bringen. Ein Dimmer, der die Lichtintensität regelt, ist ebenfalls empfehlenswert, da damit Spannung und Stimmung erzeugt werden kann. Bei meinen